KB154574

배반당한 과학기술 입국의 해부도

한국 테크노컬처 — 연대기

배반당한 과학기술 입국의 해부도

한국 테크노컬처 — 연대기

임태훈·이영준·최형섭·오영진·전치형

인문학협동조합 기획

alma

'테크노컬처' 고쳐 쓰기

미국의 정보통신 전문 웹진 《와이어드Wired》는 네트 자유주의자들에게는 예루살렘쯤으로 추앙받는 매체다. 정보통신 기술에 관련된 수많은 신조어가 지난 이십여 년 동안 이곳에서 명멸을 반복했다. '테크노컬처Techno Culture'라는 용어도 그중 하나인데, 《와이어드》의 열성 논객들은 '대중문화Mass Culture'의 20세기적 굴레를 벗어날 혁신적 문화동향으로 '테크노컬처'라는 말을 유행시켰다. 이 유행의 원년은 2006년이었다. 그해는 정보통신 환경의 패러다임이 바뀌었던 전환점이기도 하다. 트위터가 세상에 첫 선을 보인 해가 2006년이었고, 구글에 인수된 유튜브가 국가별 현지화 서비스를 막 시작하려던 시점이기도 했다. 페이스북이 야후의 10억 달러 인수 제안을 거부하고 파죽지세로 성장하던 무렵이자 애플의 시가총액이 720억 달러를 돌파하고 이듬해 출시될 아이폰 개발을 마무리하던 때이기도 했다.

그 시절로부터 십여 년이 흘렀지만 '테크노컬처'라는 용어는 여전히 쓸모가 있어 보인다. 앞으로 고쳐 쓸 수 있는 여지가 더 있기 때문이다. 뭘 어떻게 고쳐야 할까? 왜 고쳐 쓰는 일이 필요한 걸까? 이 질문에 대답하기 위해서는 우선 이렇게 되묻지 않을 수 없다. 밀레니엄의 두 번째 십 년대를 사는 우리는 2006년 그 시절에 그랬던 것처럼 디지털 테크놀로지에 기대를 품을 수 있을까? 이 기술은 더 나은 사회를 만드는 일에 도움이 되기는 하는 걸까?

불길한 변화가 벌어지고 있다는 진단이 곳곳에서 터져 나오고 있다. 지난 십여 년 사이에 스마트폰은 정점을 지난 한물간 기술이 되고 말았다. 스마트폰은 '테크노컬처'의 심화에 결정적인 역할을 한 장치였다. 스마트폰 이후로 새로운 대세를 형성하리라 기대받는 차세대 기술은 인간의 존엄과 자율, 건강한 사회 공동체의 다양성과 지속 가능성을 보장하기보다 독점기업과 금융자본의 이윤 극대화를 뒤쫓고 있다. 인터넷 환경도 심각하게 오염됐다. 인터넷은 집단지성을 활용하는 촉매제라고만 볼 수 없게 됐다. 일베와 그 아류들이 온갖 사이트에서 증식하는 집단저능 배양기로 전락했기 때문이다. 세태가 이럴진대 '디지털 테크놀로지'를 더 나은 사회를 향한 기대를 담은 개념으로 파악하는 건 순진한 일이다. 신자유주의의 온갖 수탈장치가 디지털 테크놀로지와 무관하지 않다. 오늘날의《와이어드》를 두고 힙스터들의 유치한 놀이터가 되었다고 손가락질하는 까닭도 특유의 낙관적 분위기에 파묻힌 채 비판정신을 상실해버렸기 때문이다. 디지털 테크놀로지를 둘러싼 한국 사회의 담론이라고 다를 게 없다. 돈

벌 궁리만 득실한 천박하고 황폐하기 짝이 없는 기술문화가 한국 테크노컬처의 현주소다.

디지털 테크놀로지를 비판적으로 상대화시킬 수 있는 기술 프레임이 필요한 시대다. 여러 겹의 서로 다른 기술 프레임에서 테크노컬처를 정의하고 맥락화할 수 있어야 한다. 테크노컬처를 2006년 맥락에 붙들린 채 이해해야 한다면 협소한 의미에 한정될 수밖에 없다. 이때 테크노컬처는 우리말의 '기술문화'에 대칭될 수 없다. 접두어 '테크노techno'가 지칭하는 의미의 맥락이 디지털 테크놀로지에 과도하게 경도되어 있기 때문이다. 존 바텔John Battelle을 비롯해 '테크노컬처'라는 말을 유행시킨 《와이어드》의 필자들은 디지털 테크놀로지를 기술생태계의 최종 진화형으로 간주하는 것을 당연하게 여기는 사람들이었다. 다른 기술사技術史의 흐름은 관심 밖이었다. 그들에게 역사란 큰돈이 움직이는 방향이나 다를 게 없었다.

그러나 기술은 인간만이 독점할 수 있는 영역이 아니다. 기술사는 바이러스에서 로봇에 이르는 비인간들의 역사이면서 바위와 산, 유기체의 세포 단위로 모였다가 흩어지기를 반복하는 무기화합물의 역사이기도 하다. 따라서 기술은 인간의 힘만으로 개발되지 않는다. 자연계를 형성하고 있는 수없이 많은 구성요소 간의 다양하고 유기적인 협동 현상의 일원으로서 인간은 기술을 촉발한다. 기술이 인간의 영역이라는 생각은 기술사의 인간중심주의 혹은 자본주의적 시장질서에 폐색된 사고로부터 비롯된 가설에 지나지 않는다.

디지털 테크놀로지는 이런 한계를 온전히 사유하지 못한다. 이 기술은 세계의 복잡성을 있는 그대로 처리할 수도 없다. 코드화, 표준화 과정을 거쳐 비트[bit]의 기호체계로 전환되는 과정에서 실제 세계의 아수라장 대신에 가상의 코스모스[cosmos]를 상대하게 되기 때문이다. 세계를 숫자로 바꿔서 권력을 행사하는 현대 금융 시스템 역시 디지털 테크놀로지와 히드라처럼 한 몸을 이루고 있다. 하지만 돈에 좌지우지되지 않는 기술세계는 언제나 존재할 뿐만 아니라 그 규모는 지구적 스케일의 역동이다. 그리고 그 사실이 끝없이 증명되고 있는 거대한 흐름이 《와이어드》의 트렌드 세터[trend setter]들이 보지 못한 기술생태계의 역사다.

얄팍하기 짝이 없는 맥락에 걸쳐 있는 2006년 버전의 '테크노컬처'는 이러한 안목을 담아낼 그릇이 되지 못한다. 이것은 어디까지나 디지털화된 문화적 데이터를 문제 삼는 용어이기 때문이다. 다양한 기술문화를 나눴던 일체의 구분이 디지털 테크놀로지에 의해 무화되었다는 것을 전제로 한다는 것도 결정적인 특징이다. 유튜브, 팟캐스팅, 페이스북, 트위터, 인스타그램, 블로그 등에서 사용자들이 활발하게 생산해내는 '사용자 가공 콘텐츠[User Modified Contents]', '사용자 재창조 콘텐츠[User Recreated Contents]'가 대표적인 테크노컬처로 지칭된 바 있다. 대량생산과 대량소비의 순환주기에 묶여 문화적 다양성과 자율성, 창조성이 억압되었던 20세기 매스컬처에 비해 테크노컬처가 진일보한 현상이라는 평가도 일면 일리가 있다.

그러나 테크노컬처에서 누가 돈을 벌게 되는지를 따져본다면 다른 평가를 생각하지 않을 수 없을 것이다. 어떤 이가 유튜브의 개인 채널에 유명 드라마의 패러디 영상을 올려서 몇 백만 명이 시청하는 인기를 얻었다 해도, 돈을 버는 건 콘텐츠 생산자가 아니라 유튜브다. 테크노컬처의 창조적 역량과 비전은 수많은 이들의 인지노동認知勞動을 빨아들여 부당한 이익을 얻는 플랫폼 사업에 전유되었다. 정치경제의 측면에서 봤을 때, 21세기 테크노컬처는 20세기 매스컬처보다 나아진 게 아니다.

일례로 음반산업이 붕괴되고 음원산업으로 미디어 환경이 재편되었을 때, 가장 많은 돈을 번 것은 뮤지션이나 음원 제작사가 아니었다. 아이팟으로 대표되는 MP3 플레이어 제작사와 음원을 유통하는 플랫폼 기업이 막대한 이익을 챙겼다. 문화는 권력이 작동하고 경제와 결합하여 담론의 중층적인 경쟁 속에서 끊임없이 재구성되는 세계다. 테크노컬처도 예외가 아니다. 이 용어를 마땅히 휩쓸려 들어가야 할 아수라장으로 되돌려 보내야 한다.

'기술문화'라는 무난한 용어를 선택하는 대신에 굳이 새로운 맥락을 덧붙여 '테크노컬처'라고 고집하는 까닭은, 우리 시대의 지배적 기술문화인 디지털 테크놀로지가 실패한 그 자리를 선명히 드러내 보이기 위해서다. 이를테면 이것은 흉터를 인지하는 방식일 것이다. 우리 시대의 디지털 테크놀로지는 어떤 세계를 보려고도 들으려고도 하지 않았던가? 그래서 필연적으로 실패할 수밖에 없었던 사유와 실천은 무엇이었던가? 이로 인해 세상은 어떻게 나빠졌고 되돌릴 수 없는 지경에 이르렀는가? 흉터 아래에 여전히 아픈 자리를 가리키며 이야기는 시작될 것이다.

이 책은 근대 초기부터 1960년대, 1970년대, 1980년대 그리고 1990년대와 2000년 이후의 기술사를 되짚어 '한국 테크노컬처 연대기'를 추적한다. 이렇게 지난 시대를 되돌아보려는 이유는 우리 시대에 벌어지고 있는 실패와 파국이 어쩌면 처음이 아닐 수 있으며, 오늘의 문제를 해결할 방법이 지난 시대에 있을지 모른다는 기대 때문이다. 그 과정에서 역사적 판결을 해야 하는 지난 시대의 어리석음, 무능, 탐욕, 부도덕의 장면과 마주하게 될 것이다. 인간의 역사를 에워싸고 상호 작용하는 산줄기와 강, 바다, 해류와 대기의 흐름, 동물, 식물, 광물, 바이러스와 박테리아가 뒤얽히고 와동하는 복잡한 시스템과 에너지의 흐름을 이해해야 하는 과제 역시 맞닥뜨리게 될 것이다.

압축 근대를 지나온 한국의 테크노컬처는 전대미문의 사건으로 점철된 극한의 아수라장이었다. 멀리 돌아볼 것도 없이 2010년대에 벌어진 일만으로도 위기는 임계점을 넘어선 것으로 진단된다. 100만 마리가 넘는 가축을 살처분했던 2010년 구제역 사태, 총체적인 부실이 확인된 이명박 정부의 4대강 사업(2013년 초 완료), 2014년 세월호 참사, 2015년 메르스 사태 등등 해마다 기술재앙, 환경재앙, 사회 시스템 붕괴의 연속이었다. 이런 기조라면 지금까지 벌어진 일보다 더

한 사태가 벌어진다 해도 새삼스러울 게 없을 지경이다. 정치적 이해와 시장논리에 휩쓸려 남용되고 왜곡된 기술은 인간뿐만 아니라 생태계 전체를 파국으로 몰아넣고 있다.

이 나라에서 인간적 존엄을 지키며 살기 어렵다고 투덜거리는 사람이 많다. 가축을 비롯해 인간 아닌 모든 동물에게 이 나라에서의 생존은 상상을 초월하는 고통의 연속이다. 형편을 반전시킬 내재적 제어나 성찰을 기대하기에는 한국 테크노컬처의 철학과 윤리는 만성 결핍 상태다. 돈만 되면 일어나서는 안 될 일이 얼마든지 벌어질 수 있는 나라가 대한민국이다.

우리 모두가 이런 현실에 책임감을 느껴야 한다. 못마땅한 대통령 욕하는 일쯤으로 면피할 수 있는 문제가 아니다. 작금의 현실은 2010년대 들어 갑자기 악화된 것이 아니라 한국의 근대화 과정 전체를 통틀어 점진적으로 진행된 결과물이기 때문이다. 다시 말해 한국에서 살아가는 누구도 지금의 위기와 무관할 수 없는 공범이다. 디지털 테크놀로지가 이런 현실에 무슨 도움을 줄 수 있을까? 디스플레이 화면에 넋을 뺏긴 채 집단저능의 행렬을 쫓는 일쯤을 두고 최첨단 운운하는 설레발은 어지간히 떨어야 한다.

이 시대에는 다른 기술이 필요하다. 온갖 존재와 더불어 살아가기 위한 공존공생의 기술을 준비하고, 그 일을 확산시킬 수 있는 테크노컬처의 구축이 시급하다. 이 책의 공동저자들인 이영준, 최형섭, 전치형, 오영진, 임태훈 다섯 명은 지난 시대와 오늘의 기술사를 검토해 이 기획에 힘을 보탤 방법을 찾고자 한다. 디지털 테크놀로지도 무작정 배제될 기술이 아니다. 자본의 요구에 복무하느라 억압되어 있던 해방적 역량을 발휘할 방법이 디지털 테크놀로지에도 충분히 잠재해 있기 때문이다. 그러나 이 기획의 시작은 거창한 발명이나 발견 같은 것이 아니라 머뭇거림에서 시작될 수 있음을 기억하자. 오늘날의 파멸적 테크노컬처로 말미암아 죽어간 온갖 존재, 부서지고 불타고 수장되어 사라지고 있는 것들에 대한 생각을 멈추지 말아야 한다. 독일의 극작가이자 시인인 귄터 아이히^{Günther Eich}는 이 '머뭇거림'에 대해 다음과 같은 글을 남겼다.

"이 세계라는 원동기 속의 기름이 되지 말고, 모래가 돼라!"

이 책은 인문학협동조합과 《주간경향》의 공동기획으로 2015년 12월부터 2016년 6월까지 연재된 원고를 골자로 구성과 내용을 대폭 보강한 작업이다. 이 기획은 근현대사를 테크놀로지 발달사이자 기술을 둘러싼 사회적 협치의 실패사로 다루는 첫 번째 시도다. 한국 사회의 특수한 맥락을 진단한 작업이라는 점에서 이 분야 교양서에 새로운 방향을 제시할 수 있기를 기대한다.

삶과 앎, 일의 행복한 공생을 꿈꾸는
조합원 동지와 저자들을 대신해
임태훈 씀

차례

책을 펴내며 —— '테크노컬처' 고쳐 쓰기 5

1부 인간농장의 테크놀로지 —— 임태훈

1 고리 1호기 '핵에 대한 무책임의 산물' 17

2 원자시계와 컴퓨터 시간의 탄생 27

3 1990년 골리앗 크레인 35

4 초미세먼지 시대, 토템이 된 공기청정기 43

5 4차 산업혁명, 인간농장의 새 슬로건 53

2부 동력의 기술, 이동의 변주 —— 이영준

6 전차 381호의 추억 65

7 한국철도 3000마력 디젤기관차의 책임감 77

8 제트여행기 보잉747, 여행의 지도를 바꾸다 89

9 10000마일 유조선 오디세이 103

10 드론과 자율주행 자동차 113

3부　저항과 순응의 테크노스케이프 —— 최형섭

11　제국의 시멘트, 친환경 재료로 거듭날까 127

12　농기계 소리 메아리치는 농촌 139

13　대중화된 복사기, 저항의 미디어가 되다 152

14　김치냉장고의 탄생과 한국적인 것의 기술 이데올로기 163

15　인터넷 이후의 대한민국 175

4부　놀이의 기술, 노동의 기술 —— 오영진

16　1970년대 수출품 1위 이끈 여방직공의 엘레지 193

17　산업전사 기능공들의 자주적 자기계발 205

18　전자오락실 점령한 갤러그 전성시대 218

19　전자상가의 흥망성쇠, 세운상가 그리고 다시 세운상가 231

20　'사이버대학'이 의미하는 것 244

5부　거친 시대의 매끄러운 테크놀로지 —— 전치형

21　신소재 플라스틱, '원래의 것'들을 대체하다 261

22　아스팔트 따라 흐르던 권력, 경부고속도로 273

23　인체공학적 사무용 가구, 노동의 무게를 덜어주었나 286

24　공공성의 테크놀로지, 공중전화 299

25　거친 세상을 가리는 매끄러움, 스마트폰 터치스크린 310

인간농장의 테크놀로지

임태훈

1_____ 고리 1호기, '핵에 대한 무책임의 산물'

_____ 게임 값을 치르지 않은 역사

고리 원자력발전소 1호기가 2017년 6월 18일 영구 정지되었다. 고리 1호기는 노후 원전 문제 해결의 시험대다. 2012년에 설계 수명 30년이 만료된 월성 원전 1호기를 비롯해 대한민국에서 가동되고 있는 24곳의 원전 모두가 언젠가 고리 1호기의 전철을 따를 수밖에 없기 때문이다. 대한민국의 지난 현대사를 통틀어 역사의 게임 값이 한꺼번에 청구되는 겹겹의 고비가 노후 원전 문제가 될 것이다.

고리 원전 1호기는 설계수명대로라면 2007년에 가동이 중단됐어야 했다. 안 그래도 이곳은 사고 고장 건수가 많기로 악명 높은 발전소였다. 공식적으로 알려진 것만 해도 130건에 달한다. 2012년에는 충격적인 사고가 있었다. 원전 냉각 시스템이 12분간 작동을 멈췄다. 외부 전원 공급이 끊기고 비상 디젤 발전기마저 움직이지 않는 최악의 상황이었다. 조직적인 은폐 의혹이 제기되었다가 뒤늦게 알려진 사례라는 점도 경악할 일이다. 원자로 냉각을 위한 냉각수 펌프가 멈춰버린 상태에서 원자로 내부 압력과 온도가 계속 올라갔다면, 후쿠시마 제1원전에서 벌어진 대참사가 한국에서도 벌어질 수 있었다.

그린피스Green Peace는 고리 1호기의 위험성이 후쿠시마 제1원전보다 높다고 경고한 바 있다. 구체적인 내용을 들여다보면 말도 안 되는 위치에 원전이 가동되고 있음을 알게 된다. 고리 원전 30킬로미터 안의 인구는 후쿠시마 원전의 2배가 넘는 341만 명이나 되고, 21만 평 부지 안에 고리 원전 1호기를 포함해 총 6기의 상업용 원자로가 가동되고 있다. 이곳은 세계 최악의 원전 밀집지역이기도 하다. 이런 환경이 언제까지라도 안전하게 통제될 수 있다고 주장하는 건 어처구니가 없는 일이다.

——— 한국 정부의 무책임한 원전 정책

원전 해체가 순조롭게 완료될 거라고 장담하기도 어렵다. 무엇보다도 해체기술이 없기 때문이다. 짧게는 15년, 길게는 60년까지 소요될 원전 해체과정은 아직 없는 기술을 발명하며 진행해야 한다. 그 일을 어떻게 할 건지 연구할 '원자력 해체기술 종합연구센터'는 2019년에야 완공된다고 한다. 폐로 절차를 뒷받침할 법제와 예산 역시 제대로 준비된 게 없다. 해체비용으로 한수원에서는 1조 원을 예상했지만, 일부에서는 캐나다의 사례를 들어 4조 원 이상이 들 거라고 주장했다. 그러나 원전 1기 해체를 위한 현행 법정 비용은 6천 33억 원에 불과한 형편이다. 시작도 안 한 상태에서 스텝이 늦었고 꼬였다.

정부에서는 적어도 20년 전에 노후 원전 문제 해결을 위한 구체적인 조치를 시작했어야 했다. 하지만 역대 정권은 10년 앞도 못 내다보는 근시안들이었다. 원전의 설계수명 만료 이후를 책임지는 정치도 기대할 수 없었다. 극성스럽게 원전 수출을 밀어붙였던 이명박 정권은 말할 것도 없고, 핵폐기장 건설을 진행하면서 '3,000억 플러스 알파'를 운운하며 돈으로 국민을 유혹한 노무현 정권도 한심스러웠다. 소위 민주화 정권조차 핵산업 정책에서는 독재정권의 행태와 다를 게 없었다.

지난 2012년 대선은 후쿠시마 사태가 있고나서 불과 1년밖에 지나지 않은 시점이었음에도 핵산업에 유리하게 돌아갔다. '탈핵'은 별다른 영향력을 발휘하지 못했다. 후쿠시마 사고의 직접적인 피해국인 일본에서조차 아베 신조安倍晉三 정권이 들어섰다. 그나마 후쿠시마 사고가 아니었다면 한국 사회는 핵산업의 위험성에 대해 비판적으로 생각해볼 계기조차 갖지 못했을 것이다.

──────── 원전 보유국이 되기 위한 사전작업

1950년대부터 2010년대 초까지 한국 사회에서 '원자력 발전'은 '성장'이나 '국력'의 동의어였다. 1953년 아이젠하워 미국 대통령이 원자력의 평화적 이용을 주창한 이후, 원자력 발전의 과업은 대한민국 사회에서도 조국 근대화의 필연적인 성장과정이라는 인식이 퍼져 나가기 시작했다. 이승만 정권뿐만 아니라 1950년대 말 혁신정당이었던 진보당조차 강령에 "해방된 원자에너지의 동력을 활용한 산업혁명의 조속한 완수"를 내세웠다. 이러한 분위기에 힘입어 1956년 2월에 '한미원자력협정'이 체결되고, 1959년에는 미국 정부의 지원으로 연구용 원자로가 기공됐다. 이듬해에는 서울대학교에 원자력공학과가 생겼다. 학부 과정에 설치된 원자력공학과는 서울대가 세계 최초였다.

원전과 핵산업에 대해 한국의 대중사회가 긍정적인 인식을 갖게 된 것은 1960년대부터였다. 1961년 5월 16일 군사 쿠데타로 정권을 잡은 박정희는 이듬해인 1962년부터 원자력발전대책위원회를 만들어 연구 차원이 아닌 발전發電을 위한 원자력 육성방안을 모색했다. 그해 원자력발전소 후보지 선정이 진행되었고, 1965년에 경남 양산군 장안면 월내리 일대(지금의 고리 원자력발전소 인근)가 후보지로 정해졌다. 건설은 1971년 3월에야 시작될 수 있었다.

원자력발전소보다 먼저 구축되어야 할 뿐 아니라, 시간과 공도 발전소 건립보다 많이 드는 과정은 핵산업을 위한 원자력공학자와 각계의 조력자 그룹 양성, 그리고 각종 법적 · 제도적 장치의 마련이었다. 우선 문교부 과학교육국에 원자력과를 만들고 원자력법을 제정한 것은 이승만 정부의 성과였다. 1959년의 일이었다.

박정희 정권에서는 1967년에 장기전원개발계획이 수립된다. 여기에는 두 기의 원전을 건설하는 안이 포함되어 있었다. 1969년에는 원자력연구소를 통해 '핵개발 12년 계획'이 수립됐다. 원자력학회의 결성도 같은 해 3월의 일이었다.

1960년대부터 '원자력 발전'은 '핵폭탄'에 비교해 상대적으로 순도 높은 긍정의 이미지를 획득하게 된다. '핵폭탄'과 '원자력 발전'이 선과 악의 구분만큼이나 이분화되던 시점이기도 하다. 나쁜 핵폭탄의 대안은 착한 원자력 발전이라는 바로 그 공식이다. '핵' 대신에 '원자력'으로 고쳐 부르는 레토릭도 한국에서는 이 시기부터 형성된 감각이다. 이러한 인식 변화의 과도기를 감지할 수 있는 매체가 1965년에 창간된 《학생과학》이라는 잡지다. 1960년대에 십 대와 이십 대 시절을 보냈던 이들에게 핵은 냉전의 공포를 상기하는 단어이면서 국가발전의 비전과 열망을 함축한 슬로건이기도 했다. 이 시기 이들 세대가 체험한 핵을 둘러싼 대중서사는 오늘날 대중을 지배하고 있는 원자력 신화의 원형이기도 하다.

이 잡지는 1960년대 말까지 한국 출판계의 거의 유일한 학생 대상 과학잡지였다. 1960년대에 십 대와 이십 대 시절을 보냈던 한국의 과학도라면 모를 수가 없었던 잡지였고, 지금까지도 그들 세대에게 추억의 잡지로 회자되고 있다. 핵에 대한 여론 변화를 주도하면서 달라진 인식과 세태를 기민하게 지면에 반영했던 매체이기도 했다.

_____ 한국 핵 마피아의 초기 네트워크

이 잡지에 참여했던 필자들은 1970년대에는 교과서 필진이 되어 원자력 발전의 프로파간다를 이어 나갔다. 다시 말해, 1960년대의《학생과학》은 훗날 교과서에서 전개될 핵 프로파간다의 프로토타입prototype이면서, 학계와 정부 기관, 주한 미국 공보처를 잇는 핵 마피아들의 초기 네트워크였다.

《학생과학》의 초대 편집위원이었던 박익수(1924~2006)는 정부의 원자력 위원이었다. 이후 그는 1970년 과학기술처 원자력발전계획위원회 위원장으로 일하면서, 한국원자력산업회의 설립을 주도했다. 그의 대표 저서 중 하나가《한국원자력창업비사》(1999)라는 점도 눈여겨볼 만하다. 《학생과학》에 글을 실었던 필자들의 이후 경력을 살펴보면 유독 핵과 관련된 분야가 눈에 띈다.

박익수를 포함해《학생과학》의 편집위원은 문교부 편수관 최영복, 서울대 사범대학 교수이자 생물학자인 최기철, 휘문고등학교 화학교사 전광일, 경북대 물리학 교수 이우일 등이다. 정부 기관 두 명, 교육계 세 명이다. 필진으로는 일간 신문사의 과학기자뿐만 아니라 정부 기관의 공무원, 심지어 공군본부 정보국의 소령까지 참여했다. 국립원자력연구소 연구원 이창건(현 한국원자력문화진흥원 원장)이《학생과학》 2호(1965년 12월)에 기고한 '원자로와 원자력발전소'라는 글을 보면 이런 대목이 나온다. "우리나라에도 조그만 원자로나마 설치된 것이 1959년이고, 1970년대 초에는 원자력 발전소가 건설된다", "하

——— 《학생과학》에는 원자력과 관련된 기사가 창간호에서부터 한 호도 빠지지 않고 매호 실렸다. 특히 창간호에 실린 '운하건설을 수소탄으로'를 주목해야 한다. 이 기사는 미국의 대중 과학잡지인 《Popular Mechanics》 1960년 3월호에 실린 기사를 옮긴 것이다. 제2의 파나마운하를 수소폭탄으로 파자는 과격한 글을 쓴 사람은 악명 높은 수소폭탄의 아버지 에드워드 텔러(Edward Teller, 1908~2003)였다. 스탠리 큐브릭 감독이 영화 〈닥터 스트레인지러브〉에 등장시켰던, 스트레인지러브 박사의 실제 모델이 바로 이 사람이다.

늘은 스스로 돕는 자를 돕는다. 우리도 열심히 공부하여 남의 나라들처럼 잘살아보자." 한국 정부의 핵개발에 대한 의지를 함축한 문장이다.

핵에 대한 이러한 관점은 1940년대 말부터 미국 정부와 기업이 전 세계로 확산시킨 담론의 결과물이다. 제너럴 일렉트릭과 웨스팅하우스는 핵에너지 홍보에 가장 앞장섰던 기업이다. 두 기업 모두 대형 일간 신문사와 유력 잡지, 라디오와 텔레비전 방송 등 거의 모든 매체에 영향력을 행사했는데, 이중 웨스팅하우스는 미국과학진흥회의 과학 보도상 후원사이기도 하다. 1950년대뿐만 아니라 1960년대까지도 핵산업에 대해 부정적인 목소리를 내는 매체는 거의 없다시피 했다. 문제는 이러한 미국발 과학 기사를 채집해 국내에 소개할 때, 《학생과학》의 편집위원들은 일말의 거리낌도 없었다는 점이다. '미국'은 《학생과학》의 '과학', 더 나아가 당대 한국 사회의 '과학'을 이해하는 데 결코 빼놓아서는 안 될 절대 변수다. 1969년 1월 한국의 첫 번째 원자력발전소 건설사로 선정된 회사가 웨스팅하우스라는 사실도 기억해야 한다.

《학생과학》에는 원자력과 관련된 기사가 창간호에서부터 한 호도 빠지지 않고 매달 실렸다. 그리고 이 잡지는 창간 이래 반핵이나 탈핵의 포지션을 취한 일이 단 한 번도 없었다. 이곳에서 전개된 '과학'의 개념과 서사는 언제나 냉전 반공주의, 국가주의, 민족주의 이데올로기 위에 배치됐다. 《학생과학》의 편집위원 가운데 국가주의와 비판적 거리를 유지하며, '다른 과학'에 대한 의견을 내놓을 수 있는 인물 역시 단 한 사람도 없었다.

_____ '과학'이라는 이름의 주술

1960년대에 박정희 정권은 과학기술의 중요성을 항시 강조하기는 했으나, 변죽만 올릴 뿐 별다른 진척이 없었다. 이 시기 '과학'은 대한민국의 일상적 현실을 지시하는 것이 아니라, 정권이 제시하는 국가 비전을 설명하기 위해 동원되는 개념어이자 당의정을 입힌 정치적 상상력의 서사였다. '지금은 없지만 앞으로는 생긴다', '지금은 못하지만 앞으로는 할 수 있다', '지금보다 미래가 더 나을 것이다'. 대한민국 사람이라면 이런 명제를 무조건 긍정하고 지지하게 하는 '국민

—— 2011년 4월에 있었던 고리 원전 1호기 폐쇄를 위한 시위 장면. 시민사회의 끈질긴 요구가
결실을 맺어 고리 원전 1호기는 2017년부터 폐로 절차에 들어갔다. 사진 녹색연합

됨'의 전략이 1960년대까지 박정희 정권의 '과학'이었다. 그런 의미
에서 이 시기 남한 사회의 '과학'은 연구소의 실험실보다도 공보부와
대중매체에서 가장 활발히 이뤄졌다고 해도 과언이 아니다.

하지만 이 시기를 지나 1970년대에 이르면 대한민국은 핵 자본
주의에 최적화된 나라로 성큼 진입하게 된다. 국민에게 원자력발전
소는 국력과 경제성장의 핵심 동력으로 받아들여졌다. 그 주술은 오
늘날까지도 효력이 발휘되고 있다. 한국 최초의 원자력발전소인 고
리 원전 1호기는 한국 사회가 지난 수십 년에 걸쳐 대면하기를 꺼려

인간농장의 테크놀로지

왔던 핵에 대한 무지와 무책임, 무관심, 편견을 한꺼번에 질문하고 있다. 대답을 회피할 수 있었던 시대는 끝나버렸다.

2_____ 원자시계와 컴퓨터 시간의 탄생

_____ 당신의 캘린더

시간 단위계의 기준으로 세슘133 원자의 진동이 국제적으로 공인된 것은 1967년의 일이었다. 바로 그해에 미국과 소련 간에 NPT^{Nuclear} Non-Proliferation Treaty, 핵비확산조약 합의가 이루어졌고, 체스 프로그램 '맥핵' 과 철학자 드레퓌스가 맞붙은 인류 최초의 게임 대결에서 인간이 패 배했다. 이 세 사건은 핵과 디지털 테크놀로지가 현대사회를 장차 어 떻게 결정지을지 예시^{像示}한다.

NPT는 1967년 1월 이전에 핵무기를 보유한 미국, 영국, 러시아, 프랑스, 중국 5개국만을 핵무기 보유국으로 공식 인정하는 체제다. 이들 국가를 제외한 전 세계 대부분 나라는 비핵무기 국가로 규정된 다. 새로운 표준시간의 단위가 확정된 원년은 NPT체제라는 세계질 서의 기제가 형성된 해였다. "당신의 캘린더를 선택하는 것은 곧 당 신의 정치체제를 선택하는 것과 다름없다"라는 말은 무섭도록 정확하게 현실을 반영한다.

세슘133 원자가 91억 9천2백63만 1천7백70번 진동할 때마다 1초가 된다는 시간주기는 컴퓨터와 전자 네트워크가 전 지구로 확장하고 상호 접속하는 과정에도 결정적인 역할을 했다. 그 중요성은 기억장치나 연산장치의 기술적 발달에 우선한다고 말해도 지나치지 않다. 가령 데이터를 주고받는 교환장치들이 서로 다른 표준시간으로 작동된다면 통신은 불가능하다. 백만 분의 일 초에서 어긋나는 미세한 시간차만으로도 데이터는 심각한 손상을 입는다. 전화 통화를 하다가 잡음이 섞인다거나 팩시밀리에서 글자가 뭉그러져 나오는 것도 '부정확한 시간'이 문제의 한 원인이다.

오늘날 정보환경은 수학적으로 정확하고 정량화될 수 있는 시간으로 엮인 연쇄체계이면서, 지리학자 나이젤 스리프트Nigel Thrift가 창안한 용어를 빌리자면 '컴퓨터 시간computational time'의 거대한 보급장치가 되었다.

이에 반해 인간의 경험적 시간은 소외되고 있다. 그 극명한 장면이 구글의 인공지능 알파고와 이세돌 9단의 바둑대결이었다. 이들의 대국은 컴퓨터적 대상과 절차의 시간이 인간의 경험시간과 대립하는 상징적 장면이었다. 알파고가 1분 1초도 쉬지 않고 하루에 처리하는 바둑 게임 연산은 인간의 35.7년에 해당하는 약 3만 판에 달한다. 4주면 무려 1백만 번의 대국을 치를 수 있다. 이런 컴퓨터들이 총력으로 가동되고 있는 정보환경의 흐름을 인간의 경험적 시간은 도무지

쫓을 방법이 없다. 바둑 명인이 일평생을 대국에 쏟아부어도 못 찾아 낼 신수新手를 10의 170제곱에 달하는 경우의 수에서 찾아내는 것이 컴퓨터 시간이기 때문이다.

이 승부에서 곱씹어봐야 할 점은 알파고에게 인간이 지고 말았 다는 승부의 결과가 아니다. 이 게임이 벌어진 대한민국에서 컴퓨터 시간이 지난날 어떻게 성립되고 확장되었는가를 되짚어봐야 한다. 그것은 이 사회에서 더는 체험할 수 없게 된 '시간(들)'에 대한 탐색이 기도 할 것이다.

_____ 표준시보 제도의 변곡점

우리나라에서 세슘 원자시계에 의한 표준시보 제도가 운용된 것은 1980년 8월 15일의 일이었다. 해방 후 처음으로 독자적인 표준시보 제도가 시작되었지만, 공교롭게도 그해는 세대교체된 파시즘 시대가 개막된 때이기도 했다. 1980년에만 22억 원의 예산이 표준시보 제도 에 투여됐다. 2년 뒤인 1982년 1월에 전두환 정권은 야간 통행금지 제도까지 폐지했다. 대한민국의 시간체제를 36년 4개월이나 제약했 던 굴레가 해체된 것이다. 표준시보 제도와 통금 폐지는 대한민국 기 계와 국민 모두에게 변화의 기점이 되었다.

1980년 8월 15일 이전에는 표준시보를 일본에서 따와야 했다. 방송국마다 수정발진 시계가 설치되어 있기는 했지만, 이것으로는 하루에 0.1초씩 오차가 생겼다. 천문관측시와 비교해도 하루에 0.09

초가량 차이가 있었다. 방송국에서 쓰는 수정시계는 육각형 기둥 결정체를 일정한 각도로 얇게 잘라 수정판자(수정발진기)를 만든 뒤, 여기에 힘을 가해 작동시키는 일종의 전자시계였다. 1억 분의 1초 단위까지 측정할 수 있는 정밀한 상치로 제작할 수도 있지만 어디까지나 이론상의 스펙이었다.

방송국 시보는 원자시계로 시보를 발사하는 일본 전파연구소 표준전파국JJY의 전파를 받아 시간을 교정해야 했다. 이마저도 제대로 할 수 없었다. JJY의 시보전파는 전리층에 반사되어 대한민국에 수신되는데, 이때 전파가 지상에 도달하기까지 1천 분의 4초가량 지연시간이 생긴다. 수신 상태가 좋지 않을 때는 오차가 더 컸다.

그래서 방송국 시보에 1~1.5초가량 오차가 생기는 건 늘 있는 일이었다. 더러는 방송국별로 30초까지 차이가 나기도 했다. 항공관제나 항해처럼 고도의 정확도가 있어야 하는 분야에서는 국내 방송국 시보는 거들떠보지도 않았다.

1978년 4월 20일 승무원과 승객 110명을 태우고 파리에서 서울로 오던 대한항공 KAL 707기가 앵커리지로 향하다 항로를 이탈해 소련 영공을 침범했던 것도 시보時報 시스템이 원인이었다. 대한민국의 부정확한 표준시 관리 때문에 로란스LORANS, 무선원거리 항행원조시설 등의 항공관제 시스템을 이용하는 데 한계가 있었던 탓이다.

제4차 경제개발 5개년 계획(1977~1981)의 목표와 방침을 수행하기 위해서도 표준시보 문제는 반드시 해결되어야 했다. 이 기간에 기계, 전자, 조선을 중심으로 하는 산업구조 고도화를 달성하고자 했는데, 이 분야 제품의 품질은 표준시보를 비롯해 범국가적인 표준기술 정책이 뒷받침되어야 가능했다. 1980년이 되어서야 표준시보가 실시되었다는 것은 산업발전 속도에 비해 뒤늦은 대응이었다.

예를 들어 시간이 정확하지 않으면 주파수가 어긋나 전자제품이 제 기능을 하지 못한다. 우리나라의 교류 전기는 주파수 60헤르츠, 다시 말해 1초에 60번을 발진하게 되어 있다. 1초 단위가 부정확하면 60헤르츠의 주파수를 지킬 수 없게 된다. 시간 표준이 정해져 있지 않으면 주파수 교정이 어렵고, 주파수 난립에 대한 규제도 쉽지 않다. 정밀가공 작업에서도 심각한 문제를 초래한다. 주파수가 바뀌면 전기 모터의 회전속도가 바뀌게 된다. 이렇게 되면 작업 결과물에 큰 오차가 생길 수밖에 없다. 1970년대까지 대한민국의 전기 주파수는 전력 공급량 부족과 발진장치의 부정확성 문제로 인해 경쟁력이 떨어졌다.

철도, 선박, 트럭, 버스, 항공기의 표준화된 국제적 교통망, 제시간에 운항하는 선박에 의존하는 지구적인 공급망, 수많은 텔레비전과 라디오 네트워크도 정확하고 정밀하게 산출된 표준시간이 없으면 제 기능을 발휘하지 못했을 것이다. 컴퓨터 시간도 대한민국에서 사회 전 영역으로 퍼질 기회조차 얻지 못했을 것이다. 하지만 경제와 정치 영역에서 시간이 자본이자 자원으로 관리되는 동안, 인간적 존엄과 더욱 철저한 민주주의를 위해 '시간'을 고민하는 사회적 노력은 부족했다. 그런 질문을 왜 해야 하는지 깨닫는 일은 표준시보의 필요성을 절감하는 일보다 더 오랜 기다림이 필요했다.

———— Y2k가 알려준 것

1980년대를 지나 1990년대에도 '시간 정확히 맞추기' 사업은 범국가적인 과제로 꾸준히 추진되었고, 지금 이 순간에도 '한국 표준 주파수'는 여러 통신망을 통해 24시간 중계되고 있다. 사회 곳곳을 관통하며 기준이 되는 박자와 리듬을 불어넣는 기반 시설인 셈이다.

공장, 기업, 관청처럼 거대하고 정치한 시스템이 파탄 없이 온전히 기능하려면 공통의 계량화된 시간을 따라 각종 자원과 사람들의 행위가 배치되고 질서가 잡혀야 한다. 출근, 업무 개시, 휴식, 마감기한이나 계획 및 종료에 관한 모든 절차뿐 아니라 증권시장에서 도시 교통 시스템에 이르기까지 현대사회의 메커니즘은 계량화되어 일차원적으로 변한 시간의 지배를 받아 일사불란하게 움직이고 있다.

시간은 미디어와 컴퓨터적 시간으로 분할되고 있다. 이런 시간화 작업은 필연적으로 시간을 공간에 봉합시킨다. 자본 흐름의 글로벌 네트워크를 추적 감시하는 GPS와 라디오 주파수 식별 체계[RFID, Radio-Frequency Identification], 그리고 유비쿼터스 컴퓨터 같은 기술은 시간과 공간 봉합의 구체적 사례다. 네트워크에 접속할 수 있는 바로 그 순간이 세계의 사건이 일어나는 모든 장소가 된다. 이제 표준화된 컴퓨터 시간의 영향력에서 자유로운 곳은 어디에도 없다. 컴퓨터 시간이 세계경제를 지배하고 그 경제에 휘말려 있는 우리는 그것을 아주 당연하게 받아들이고 있다.

하지만 Y2k^{밀레니엄 버그}는 1999년에서 2000년으로 넘어가는 밀레니엄의 길목에서 대단위 컴퓨터 체계의 작동 중단사태가 앞으로 어떤 형태로든 벌어질 수 있음을 대중적으로 각성한 사건이었다. 서기 0년과 2000년을 컴퓨터 운영체계가 혼동하게 되면 기본적인 작동조차 불가능해질 거라는 예상이었다. 비록 해프닝으로 끝나기는 했으나 Y2k를 통해 진단된 우리 시대의 한계는 명확하다. 세상 전부가 컴퓨터 시간에 속박되어 있고, 이 시스템에 오류가 생기면 우리는 속수무책으로 파국에 처한다. Y2k 문제를 겪으며 우리가 얼마나 많은 자율성을 컴퓨터 체계에 이전시켰는지 명백해졌다.

우리는 컴퓨터 체계를 통제하고 있지 못한다. 오히려 컴퓨터 체계가 우리를 통제하고 있다. 컴퓨터가 없다면 더는 사회를 제대로 작동시킬 수 없다. Y2k는 십 수 년 전에 안전하게 극복했을지 몰라도, 새로운 수준으로 정교화된 기술에 대한 통제력은 그 실상과 문제점을 온전히 각성하기조차 어려운 상태다.

지금의 정보환경이 무엇으로 변해가고 있는지 진단하려면, 컴퓨터 시간이 오늘날 세계 속 경험의 기술적 무의식, 즉 물질적 기반을 이룬다는 사실을 놓쳐서는 안 된다. 이것은 인간의 시간이 아니다. 인간적인 인지·이해 방식과 인간 경험에 의존하지 않고 시간과 공간을 객관적으로 정의할 수 있는 시대가 됐다. 인간은 허겁지겁 이 변화에 적응할 수밖에 없는 형편이다.

인간에게는 앞으로도 오랜 시간 다양한 노동의 시간이 필요하다. 이것은 삶의 다양성이 앞으로도 지켜져야 한다는 말과 다르지 않다. 하지만 그 노동을 컴퓨터로 자동화했을 때는 완전히 성질이 달라질 시간이다. 인간에게는 세슘 원자의 진동과 함께 포착할 수 없고, 수량화·계량화할 수도 없는 시간이 있다. 그러나 디지털 신자유주의의 착취장치가 되어버린 컴퓨터 시간이 인간의 시간 지향에 어떤 요구를 하고 있을까? 우리가 높이고 줄이기 위해 아등바등하고 있는 숫자가 이 질문에 대답하고 있다.

3_____ 1990년 골리앗 크레인

_____ 골리앗과 노동자

1990년 늦봄의 일이다. 울산 현대중공업에서는 공장점거 투쟁이 벌어지고 있었다. 백 명의 노동자가 82미터 높이의 골리앗 크레인에 매달려 절규했다.

"우리는 죽을 수 있으나 물러서지 않기로 결의하고 기름통과 산소 탱크와 아세틸렌 가스통을 품에 안고 있다. 당국이 계속 우리를 천대한다면 이곳에서 모두 죽겠다."

그해 전·월세 값이 폭등했다. 임금 인상은 한 자릿수를 넘지 못했다. 비교적 임금수준이 높다는 대기업 블루칼라 가족의 살림살이가 중학생 자녀의 학비 감당조차 쉽지 않은 형편이었다. 1990년대에도 계속 그렇게 살 수는 없었다.

같은 시기 전국 30대 재벌 일가는 부동산을 3조 8천억 원어치나 사들이고 있었다. 이들 기업 상당수가 빚으로 연명하는 부실기업이었다. 30대 재벌의 부채 총액은 1988년에 나라 예산의 3배에 달하는 58조 원을 넘어섰다. 참고로 2016년 30대 기업의 부채 총액은 1,740조 원에 육박한다. 회사는 빚더미를 떠안아야 하고 노동자들의 임금은 쥐꼬리 신세인데, 재벌 일가의 곳간은 우주적인 스케일로 불어났다.

1970년대 말부터 1990년대 초까지 대형 조선소마다 세계 최대 규모의 골리앗 크레인이 경쟁적으로 설치됐다. 하지만 노동자들의 작업환경은 열악하기 짝이 없었다. 백무산 시인과 김진숙 지도위원의 증언에 따르면, 1980년대의 조선소는 사흘에 두 명꼴로 사람이 죽어 나가는 참담한 일터였다. 사고가 났다 하면 즉사가 대부분이었다. 금융권에서 조 단위의 투자금을 끌어와서 건설된 조선소지만 의무실은 소독약이나 발라주는 곳에 지나지 않았다. 배 한 척 완성될 때마다 사람을 갈아 넣는 것이나 다름없었다. 이렇게 일해도 노동자들은 가난을 면하기 어려웠다. 이런 현실은 반드시 바뀌어야 했다. 1987년 노동자 대투쟁에서 끓어오르기 시작한 변화의 요구는 1988년과 1989년의 128일 파업투쟁과 1990년 울산 현대중공업 투쟁으로 이어졌다.

———— 거대한 질문

싸움은 아직도 계속되고 있다. 2009년 1월 용산 남일당 옥상에 설치되었던 망루는 1990년 골리앗 크레인 투쟁의 역사와 맞닿아 있다. 같은 해 7월에 있었던 쌍용자동차 평택 공장 옥쇄파업에서는 1990년 울산 현대중공업에서 벌어졌던 무자비한 노동탄압보다 더한 참사가 벌어졌다. 1990년대를 지나 2000년대를 넘어 2010년대가 되었지만, 세상은 갈수록 더 잔인해졌다. 김진숙은 한진중공업 노동자 해고에 항의하며 2011년 1월 5일부터 11월 10일까지 309일간 고공농성을 했다. 스타케미칼 해고자 차광호는 45미터 높이의 굴뚝에서 무려 408일 동안 고공농성을 계속했다.

모든 기계는 사회적 관계를 생산하는 장치다. 이 사실의 가장 지난한 증명이 골리앗 크레인이다. 새로운 사회에 아주 조금씩 다가가고 있지만 고통스러운 난산의 과정이 계속되고 있음을 하늘에 매달려 세상과 싸우고 있는 사람들로부터 배운다. 그들은 골리앗 크레인을 완전히 다른 방향에서 선용할 방법을 발명했다. 이 기계는 거대한 물음표가 되었다. 체제와 사람에 대한 물음을 증폭하고 모든 이들에게 생각하라고 재촉하는 장치로 쓰일 수 있게 한 것이다. 이런 발명과 발견의 순간은 한국 테크노컬처 연대기에서 매우 소중하다. 노동의 문제를 사유하지 않는 기술론은 공허하기 때문이다. 의식적으로든 무의식적으로든 노동을 빼놓고 기술만을 이야기한다는 것은 그 자체로 지배체제의 생산물이다.

_____ 그들의 기계

그날을 기억해야 한다. 울산 현대중공업 공장점거 투쟁은 1990년 4월 28일 아침 6시에 중대한 기로에 서게 된다. 이날 경찰은 불도저,

다연발 최루탄 발사차, 헬기, 화학차, 소방차, 구급차 그리고 73개 중대 1만 명의 경찰력을 동원해 진압작전을 시작했다. 작전명은 '미포만 작전'이었다. 쇠파이프와 안전 헬멧, 사정거리 120미터의 사제 박격포인 '민주포' 6문으로 무장한 정당방위대가 정문 방어벽에 시너를 뿌리고 불을 지르며 필사적으로 막아섰지만 역부족이었다.

경찰은 5개 출입구와 4, 5도크 입구 등 7개 방면에서 최루탄을 쏟아부으며 밀고 들어왔다. 하늘에서는 헬기가 농성을 중단하라는 방송을 했다. 미포만 앞바다로 군함이 들어와 전경이 상륙했다. 7분 만에 1차 저지선이 뚫렸다. 16분 뒤에는 노조 사무실을 뺏겼다. 6시 50분에는 4, 5도크가 경찰에 장악됐다. 훗날 용산 참사, 쌍용차 평택 공장 참사에서도 벌어지게 될 장면이었다.

정부의 무력진압에 노동자들은 엄청난 충격을 받았다. 일부는 울분을 못 이기고 투신자살을 시도하기까지 했다. 경찰은 파업 노동자를 보호해야 할 '국민'이 아니라 '간첩' 취급하고 있었다. 그들이 원하는 건 정부 전복이나 전쟁이 아니었다. 열심히 일해도 가난을 벗어날 수 없는 비참함을 해결해 달라는 것뿐이었다. 하지만 사회적 합의와 해결책을 찾을 능력도 정의도 없는 국가는 폭력과 매도로 국민을 내버렸다.

이것은 공권력이 기계를 사용하는 방법이기도 하다. 2010년대에도 달라진 건 없다. 골리앗 크레인의 정치적 잠재성과 공권력의 야만적인 폭력은 한국 테크노컬처에서 함께 기억해야 할 역사다. 우리의 일상은 그 양극의 테크놀로지 사이에 붙박인 채 체제에 길듦과 동시에 바깥을 꿈꾸는 일의 반복일 것이다.

4월 28일 경찰 진압이 시작되자 전국 각지에서 울산에 거주하는 친인척의 안부를 묻는 전화가 쇄도했다. 울산전화국은 통화 폭증으로 통신망이 한때 마비됐다.

미포만 작전 이후, 농성은 골리앗 크레인으로 장소를 옮기게 된다. 4월 29일에도 경찰의 진압작전이 이어졌다. 비상대책위의 이갑용 위원장을 비롯한 파업지도부 3백여 명은 '무기한 항전'을 선언했다. 하지만 5월 3일이 되자 골리앗에 비축했던 식량이 바닥나고 말았다. 경찰에 봉쇄된 상태에서 식량 보급이 원활하게 이뤄지기도 어려운 상황이었다. 낮에는 쩔쩔 끓고 밤에는 얼음장이 되는 무쇠 바닥에서 지내다 보니 환자가 속출했다.

5월 7일부터 골리앗 크레인은 단식투쟁을 시작했다. 라면, 쌀, 물 등의 보급품은 모두 아래로 내려 보냈다. 죽기를 각오한 것이다. 투신 사고에 대비해서 경찰은 크레인 아래에 폭 9미터 길이 150미터 크기의 대형 그물망을 설치했다. 이 모습을 지켜보는 가족들은 속이 타들어가는 심정이었다. 이 시점에서 경찰은 가족들의 불안과 공포 그리고 목소리를 진압도구로 활용했다. 대형 확성기가 장착된 픽업 차량을 골리앗 크레인 가까이에 대고 심리전을 전개했다. 회사 간부들이 파업 노동자들의 가족과 일가친척을 회유해서 설득 방송에 동원했다. 협조하지 않으면 아이들 장래에 지장이 생길 거라고 협박하기도 했다.

5월 8일에는 가족들이 식수, 쌀, 과일, 의약품을 전달하려 했지만 회사 측에서 반입을 막았다. 설득 방송을 위해 가족들을 동원할 때와는 돌변한 태도였다. 이 때문에 안으로 들어가려는 가족 30여 명과 이를 막는 경찰 경비원 1백여 명 사이에 몸싸움이 벌어졌다. 다른 단위의 울산 지역 노동자들과 가족들도 현대중공업의 몰상식에 분개했다. 연일 대규모 가두시위가 이어졌다. 5월 3일에만 가두시위 관련 연행자가 730명을 넘어섰다. 전국적 차원의 전노협 총파업도 이어졌다. 5월 10일까지 골리앗 크레인에 남아 싸웠던 사람들은 51명이었다. 고공농성을 해산하면서 노동자들은 〈동지가〉와 〈현중노동조합가〉를 부르며 땅으로 내려왔다. 더부룩한 수염과 지친 모습이었지만 모두 당당했다.

_____ 광장이 된 골리앗

싸움의 경험은 싸움의 기술을 발전시켰다. 1993년 전면파업에서 현대중공업 노동자들은 강력한 세 과시를 위해 오토바이를 적극적으로 활용했다. 콧수염에 선글라스를 쓰고 머플러를 뗀 수십 대의 오토바이를 동원해서 청각적 효과를 극대화했다. 전면파업을 하지 않으면서도 그에 필적하는 효과를 낼 방법도 다채롭게 모색됐다. 조선소 안을 움직이는 수백 대의 운반기기를 정지시키는 방법이었다.

많은 인원이 대오를 유지하고 농성을 지속하기에 골리앗 크레인이 적합하지 않은 장소라는 당연한 사실도 철저히 분석해볼 수 있게 되었다. 불가피하게 고공농성에 나서게 되더라도 최소 인원의 장기 농성을 위한 보급선 확보가 대단히 중요했다. 그리고 이 싸움은 골리 앗 크레인을 강력한 상징적 메시지로 활용하는 방법에서 승패가 결정되는 것이었다.

1990년 9월과 10월에 춤패 '불림'의 〈무노동 무임금 춤판〉과 극단 '한강'의 〈노동자, 골리앗, 크레인〉이 공연됐다. 두 작품 모두 현대 중공업 골리앗 투쟁을 소재로 했다. 전국 순회공연을 위해 과감하게 무대장치를 생략하고 골리앗 크레인과 공권력 투입 장면 등을 담은 사진 콜라주 슬라이드가 공연장 바닥과 배경에 비춰졌다고 한다. 울산 골리앗 크레인이 세상에 던진 질문을 예술이 새로운 감각을 더해 되묻는 작업이었다. 역사는 그렇게 강렬함을 충전받고 더 오래 기억 될 수 있게 된다.

그로부터 20년 뒤, 연극과 춤판보다 훨씬 더 강력한 확산력을 지 닌 골리앗 크레인 싸움법이 발명되었다. 김진숙의 309일간의 고공농 성이 1990년 투쟁과 결정적으로 달랐던 것은 스마트폰과 SNS였다. 전파가 대기를 가로지르며 수십만, 수백만 명의 마음을 골리앗 크레 인에 연결했다. 그러자 골리앗 크레인은 고립된 장소가 아니라 광장 으로 변했다. 전파만 오간 것이 아니었다. 희망버스를 타고 사람들 이 직접 찾아왔다. 더불어 행복해지기 위해, 내 이웃의 비탄을 함께 아파하기 위해, 상처 입은 삶을 소생시키기 위해 목숨 걸고 의로움을

행하는 이가 있음을 확인한 사람들은 큰 용기를 얻었다. 자신도 그렇게 행동할 수 있다고 신념을 갖게 된 이들도 적지 않았다. 그 자신이 한때 조선소 노동자였던 백무산 시인은 그 감동을 이렇게 적었다.

노동은 현실에 없다 그래서 머물 곳이 없다
현실의 노동자는 인간이 아니다
노동은 언제나 미래에 있으며
미래의 노동자가 인간이라는 사실을 그가 보여준 것이다

보라! 그가 미래다
그가 올라간 곳은 크레인이 아니라 미래의 한 지점이다
절망의 늪에서 미래를 끌어올리는 크레인이다

그에게 가야 한다
그에게 가는 길은 인간의 미래를 만나러 가는 길이다.

4_____ 초미세먼지 시대, 토템이 된 공기청정기

_____ **세 차원의 초미세먼지**

2015년은 전국 단위의 미세먼지 주의보가 시작된 첫해였고, 그해 열두 번의 미세먼지 주의보가 발령되었다. 공기청정기는 대박을 쳤다. 2015년 한 해에만 전년 대비 150% 가까이 판매량이 증가했고, 2016년에는 시장규모가 1조 원으로 늘어났다. 환경재앙이 새로운 시장을 창출한 것이다. 이것은 역설적인 블루 오션이다. 전국 미세먼지 배출 원인의 40.4%가 다름 아닌 제조업에서 발생하기 때문이다. 공장 굴뚝과 공기청정기가 뫼비우스의 띠처럼 연결되어 있다. 초미세먼지는 병 주고 약 주는 '녹색 자본주의'의 한 단면이다.

초미세먼지는 '정보'이기도 하다. 대기 오염도를 알리는 통합 대기정보 서비스 이용도 2015년 이후 순식간에 대중화되었다. 보이지 않고 냄새를 맡을 수 없는 미세먼지의 세계 역시 시각정보로 변역된다. 그날의 대기상태가 파란색, 녹색, 주황색, 붉은색 중에서 무엇에 해당하느냐에 따라 마스크를 비롯한 소지품 목록을 정하고 옥외 활동의 시간과 동선이 조정된다. 공공 정보라고는 하지만 대중의 활동을 쥐락펴락하는 강력한 명령체계이기도 하다. 건강을 살피는 사람 누구라도 이 시스템에 순응하지 않을 이유가 없겠으나, 정보체계와 전달내용의 신뢰성, 신속성, 지속 가능성에 대한 요구는 대단히 높을 수밖에 없다. 정부는 이 모든 사회적 기대에 철저하게 부응해야 한다. 공중보건과 경제문제가 상충하더라도 공공에 우선하는 조정자 구실을 하는 것이 정부의 임무다.

하지만 우리 정부의 역량을 총동원해도 한반도를 뒤덮은 초미세먼지의 창궐을 해결한다는 것은 불가능하다. '초미세먼지'는 공기역학적 지름이 2.5㎛ 이하인 대기 중에 떠도는 고체나 액체의 작은 입자상 물질이면서, 지구 공간에 거대하게 분포되어 있어서 시간과 공간에 관한 우리의 관념들을 왜곡하는 '거대객체hyper objects'이기도 하다.

근대국가 시스템은 이런 종류의 괴물을 다루는 방법을 모른다. 미세먼지의 개별 입자는 머리카락의 30분의 1 크기밖에 되지 않지만, 분포도는 동아시아 전체를 뒤덮을 만큼 광활하다. 게다가 이것들이 확산하는 과정은 인과 연쇄가 너무 복잡하게 얽혀 있어서 인간의 인지능력으로는 쫓을 수 없는 스케일이다. 따라서 초미세먼지에 대응하기 위해서는 일국적 단위를 넘어 전 지구적인 협치를 기획하고 실행해야 한다. 이것은 국가의 탄생에 버금가는 세계사적 도전이 될 것이다. 근대를 넘어 새로운 시대로 향하는 패러다임 전환의 본격적인 도정이 될 수 있다.

그러나 이 도전에 의욕적인 나라는 어디에도 없다. 현실은 비루하기 짝이 없고 시대의 한계는 명확하다. 환경재앙은 분명히 매일 벌어지고 있다. 초미세먼지도 어디에나 있다. 그런 소식은 텔레비전에서 뉴스로 접하고 일상에서도 직간접적으로 느낄 수 있다. 그런데 별 감이 오지 않는다. 콘크리트 큐브에 갇혀 모니터 화면으로 세상을 기웃거리는 현대인은 거대객체의 존재감을 감당하기는커녕 무사유thoughtlessness로 일관하는 편을 택한다. 내가 머무는 장소의 실내 공기만 청정하게 유지할 수 있다면, 그밖에 세계는 내가 감당할 수 없는 영역의 문제다. 내가 소유한 장소가 내가 책임져야 할 세상의 대기다.

공기청정기가 오염물질을 걸러내는 사용 면적은 현대인이 자신을 가둔 생활방식과 존재감의 반경에 비례한다. 이런 식의 대응으로는 미세먼지의 위협으로부터 우리의 일상은 언제까지라도 자유로울 수 없다. 이대로라면 공기청정기는 현대인의 외부화된 허파꽈리가 될 것이다. 오염되지 않은 공기를 호흡하기 위해 매달 돈을 쓰는 일을 당연하게 여기는 시대가 코앞에 다가온 것이다.

_____ 공포 제조기 PM2.5

뉴스 미디어 역시 거대객체인 초미세먼지를 장사 밑천으로 삼는 법을 잘 알고 있다. 공기청정기가 녹색 자본주의의 한 단면이라면, 뉴스를 통해 증폭 확산하는 공포는 재난 자본주의의 전형이다. 시청자를 자기 채널에 붙잡아 두기 위해서는 그들을 두려움에 떨게 해야 한다. 물론 초미세먼지의 심각성은 밑도 끝도 없이 사람을 현혹하는 거짓말은 아니다. 실체가 있는 위협일 뿐만 아니라 쉽게 바뀌지 않는 엄혹한 현실이다. 하지만 바로 그 점이 뉴스 미디어가 절실히 요구하는 공포의 요건이기도 하다. 1년 내내 온종일 벌어지는 진짜 재난이 필요하기 때문이다. 지난 시대의 뉴스가 언제 끝날지 모를 냉전의 현실에 기생했다면, 오늘날의 뉴스는 경제위기와 환경문제에 매달려 연명하고 있는 형편이다.

초미세먼지가 전 세계적으로 주목을 받는 과정이 트위터가 한창 인기를 끌었던 시기와 맞물려 있다는 사실도 흥미롭다. 중국 주재 미국 대사관 직원이 2012년에 트위터 계정 @BeijingAir를 통해 베이징의 초미세먼지 농도를 발신하면서 이 문제는 세계적 이슈로 부상했다. 한국 언론에서도 2012년에서 2013년 사이에 집중적으로 중국발 초미세먼지 문제를 보도했다. 이 시기는 한반도 대기에서 초미세먼지의 농도가 급격히 짙어진 때이기도 했다. 당시 보도에서는 중국에서 날아온 초미세먼지가 전체의 3분의 1 이상이라고 주장했는데, 중국 정부가 반론을 제기하면서 논쟁이 벌어지기도 했다.

앞으로도 '초미세먼지'를 둘러싼 정보는 수명이 긴 유행이 될 것이다. 이 유행이 보장하는 흥행은 결국 자본으로 창출된다. 5조 원 규

@BeijingAir. 베이징에 주재하는 미국 대사관 직원이 트위터로 발신하는 베이징의 초미세먼지 정보. 2012년 베이징에서 생긴 초미세먼지 문제를 전 세계에 알리는 계기가 되었다. 이 정보는 매시간 갱신된다.

모의 전 세계 공기청정기 시장도 미디어 환경과 밀접한 관계가 있다. 두려움이 소비자가 제품을 사지 않을 수 없게 하는 니즈를 형성한다. 이 시장이 앞으로 더 성장하려면 더 많은 사람이 숨 쉬는 일에 공포와 불안을 느껴야 한다.

　　미디어에 의해 유포되는 '초미세먼지'라는 대중서사는 웬만한 공포영화 줄거리 못지않게 살벌하다. 우선 초미세먼지는 'PM2.5' 라고 표기한다. 총알처럼 입자 크기로 이름을 나눠 부른다. P는 'particulate미립자 상태', M은 'matter물질'의 머리글자다. 한국에서 채취된 초미세먼지는 황산암모늄과 질산암모늄의 질량이 가장 크다고 한다. 두 물질의 구성비율은 계절에 따라 차이가 있는데, 겨울에는 37%, 여름에는 76%까지 높아진다. 인체에 흡수되면 강한 산성을 띠기 때문에 건강을 해친다.

초미세먼지는 지름 $10\mu m$ 이상의 황사 미세먼지보다 위험하다. $10\mu m$ 이상이면 어쩌다가 기관에 들어왔어도 기침이나 가래와 함께 몸 밖으로 배출되지만, 초미세먼지는 이게 안 된다. 호흡을 통해 들어오는 이물질은 점막의 점액과 섬모운동을 통해 걸러진다. 기관에는 섬모로 불리는 가는 실 같은 털이 나 있는데, 이물질이 들어오면 섬모가 움직여서 이물질을 밖으로 밀어낸다. 점막의 점액도 외부에서 이물질이 들어오면 기침이나 가래의 형태로 이물질과 함께 몸 밖으로 내보낸다. 하지만 공기역학적 지름이 $10\mu m$보다 작은 물질은 섬모 사이를 통과해 폐에 이르게 된다. 폐에 도달한 뒤에는 폐포에 부딪혀 조직을 망가뜨리고, 다른 장기에까지 들어가 문제를 일으킬 수 있다. 우리 몸에는 구멍과 주름이 무수히 많다. 털구멍과 땀샘뿐만 아니라 폐·장·혈관에는 산소와 영양분이 공급되는 구멍들이 있다. 초미세먼지는 이런 구멍으로 들어가거나 혈관을 막을 수 있다.

초미세먼지의 입자 크기가 작을수록 연마력도 강해진다. 크기가 작으면 물체에 부딪히는 면적이 커진다. 쪼개면 쪼갤수록 부피는 작아지지만 모서리는 늘어나는 원리다. 깨지면 전체 겉넓이가 커져서 그만큼 물체에 닿는 부분이 많아지니, 초미세먼지가 몸속을 흘러다니면서 작은 상처를 낸다. 각종 만성질환의 원인으로 대기오염과 초미세먼지의 영향을 따지는 까닭이 여기에 있다.

그런데 초미세먼지를 둘러싼 가장 무서운 이야기는 다름 아닌 정보 부족이다. 우리나라의 경우, 초미세먼지 배출량에 대한 인벤토리가 제대로 구축되어 있지 않을 뿐만 아니라, 2차 입자 생성에 대한 연구도 대단히 부족한 상태다. 엄밀한 연구가 부족한 상황에서 초미세먼지의 원인으로 중국만 탓할 수도 없게 되었다.

공포와 불안은 무지를 먹고 자라는 법이다. 소리도 냄새도 없이 인체와 들어와 심각한 상처를 입히는 위험요소가 PM2.5라는데, 알려진 내용보다 모르는 것이 더 많은 상황에서 의지할 거라곤 공기청정기뿐인 형편이다. 공기 장사꾼들이 이 상황을 어떻게 악용할지 냉정하게 따져봐야 한다. 이를 위해서는 실체로서의 초미세먼지와 미디어가 실어 나르는 대중서사 혹은 마케팅 언어가 된 '초미세먼지'를 각각 분리해서 생각해야 한다.

불과 십 년 전만 해도 10㎛ 크기의 미세먼지도 끔찍한 재앙으로 여겨졌다. 하지만 지금은 점점 더 작은 크기의 입자를 경계하게 되면서, 10㎛급은 상대적으로 덜 심각한 위험요소가 되었다. 그리고 이런 식의 상대적 차이가 새로운 모델의 공기청정기를 구매할 동기로 작동한다.

미세먼지 PM2.5는 1990년대 후반에 미국이 미세먼지 PM10을 대기환경기준에 포함하면서 처음으로 세상에 알려졌다. 일본은 2007년 무렵부터 PM2.5 문제를 주목했고, 2009년에 대기환경기준

───── 에어코리아. 환경부에서 운영하는 사이트로 전국의 대기현황 정보를 얻을 수 있다.
https://www.airkorea.or.kr/

이 설정되었다. 한국은 2011년 3월 29일 「환경정책기본법」 시행령을 개정했고, 대기환경기준 신설과 전국 단위의 미세먼지 주의보를 2015년부터 시행했다.

이보다 앞서 공기청정기 업계에서는 각국 정부 기준보다 높은 수준의 정화 능력을 갖춘 제품을 경쟁적으로 출시했다. 2.5㎛ 크기의 초미세먼지를 정화하는 능력은 한물간 구모델도 할 수 있는 기본 기능이 된 지 오래다. 그러나 정말로 이들 제품은 믿을 수 있는 것일까? 내가 산 공기청정기는 오염된 공기를 정화하는 장치가 아니라, 숨을

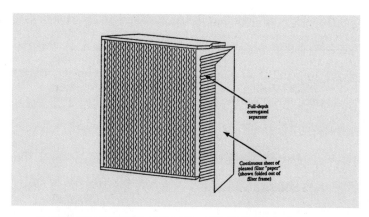

___ 헤파 필터. 헤파 필터HEPA Filter란 공기 중의 미세한 입자를 제거하는 고성능 필터의 일종
이다. 이때 '헤파HEPA'는 '고효율 미립자 공기 필터High Efficiency Particulate Air Filter'의 줄
임말이다. 미국 원자력위원회US AEC, U.S. Atomic Energy Commission의 정화 기준으로는
0.3μm 크기 이상의 입자를 99.97% 제거할 수 있으면 헤파 필터로 인정한다.

쉬는 일에 대한 공포와 불안을 누그러뜨리기 위한 일종의 토템에 불
과한 것은 아닐까?

_____ 공기청정기 토템

시장에 출시된 공기청정기 중에서 가장 많이 사용되는 헤파 필터High
Efficiency Particulate Air filter 제품은 0.3μm 크기의 입자까지 걸러낼 정도로 성
능이 우수하다. 하지만 공기청정기를 이용해서 실내 공기를 수시로
정화하는 노력만으로는 초미세먼지 문제를 근본적으로 해결할 수 없
다. 우리 시대가 작동되는 삶의 방식 전체를 총체적으로 재편해야 하
는 과제이기 때문이다.

초미세먼지에 대한 우리나라의 국가 기준농도는 24시간 평균 농도를 기준으로 중국보다 3배나 높고, WHO 기준과 비교해도 무려 4배 차이가 난다. 연평균 농도도 2배 차이가 난다. 오염도가 아니라 대기환경기준이 이런 수준이다. 서울의 초미세먼지 오염 수준은 오늘이라도 '재난 지대'나 '긴급대피 지역'으로 진단한다고 해도 새삼스러울 게 없다. 그런데도 정부의 환경 관리능력은 한심하기 짝이 없다. 옥시 사태에서 보여준 우리 정부의 대응을 보더라도 무사안일과 무책임의 극치였다. 실내 공기의 안정성을 관리 감독하는 일조차 제대로 못 했다. 이런 나라에서 살아야 하는 사람들에게 공기청정기는 토템이 되고 있다. 제대로 작동하고 있는지 자꾸만 의심하게 되지만, 없는 것보다는 낫다는 안도감에 매달릴 수밖에 없는 2010년대의 유사 신앙이다.

이런 식의 기조라면 산업적 솔루션을 되풀이하는 경제논리에 생태학은 이용만 당할 것이다. 민주주의가 합리적 조정자 역할을 할 수 있을까? 대자연과 건강, 웰빙을 걸고넘어지는 정치가 선거에서 인기를 얻을 수는 있겠지만, 경제논리와 정치공학의 굴레에 갇혀 있는 한 근본적인 문제 해결은 요원하다. 죽은 마르크스가 이 시대의 공기를 마시고 깨어난다면, '미세먼지'라는 유령이 전 지구를 배회하고 있다고 탄식하지 않을까. 우리 시대의 공기가 심상치 않다.

5_____ 4차 산업혁명, 인간농장의 새 슬로건

_____ **강제된 미래**

문재인 정부가 추진하게 될 4차 산업혁명 생태계 구축 정책은 박근혜 정부의 '창조경제'와 많은 부분에서 겹친다. 공약으로 제시된 내용만 놓고 본다면, 정부의 전문성과 신뢰성을 보강해 본격적으로 제대로 하겠다는 태세 전환에 더 가깝다.

　문재인 정권이 종료된 뒤에 확인하게 될 결과가 이름만 바꾼 창조경제 2기에 그치지 않으려면 어떤 고민이 필요할까? 촛불항쟁에서 폭발한 새 시대를 향한 열망에 부합할 수 있는 경제정책은 4차 산업혁명보다 더 나은 것일 수는 없는 걸까? 문재인 정부의 4차 산업혁명론이 결핍한 미래는 무엇일까?

　앞으로 나아갈 방향을 가늠하기 위해서는 지나온 길을 되짚어봐야 한다. 2010년대를 넘어 2020년대의 대한민국을 준비하는 지금이야말로 복기復棋가 필요한 시점이다.

_____ **실패한 모방**

문재인 정부의 4차 산업혁명의 비전이 박근혜 정부의 창조경제와 뭐가 다르냐는 지적은 선거운동 단계에서도 제기되었던 문제다. 안철수 캠프의 공세가 가장 적극적이었다. 국가 컨트롤타워가 4차 산업혁명을 주도하게 하겠다는 문재인의 공약은 박정희 시대의 발상에 불과하다고 깎아내렸던 것도 안철수 측이었다. 서로 대립각을 세우기는 했으나 문재인과 안철수 캠프 모두가 박근혜 정부의 창조경제가 포괄했던 4차 산업혁명의 필요성을 부정하지 않았다. 박근혜 정부가 제대로 흉내 내지 못한 창조경제론의 오리지널을 좀 더 본격적으로 펼치겠다는 것이 양쪽 캠프의 공통된 전략이었다. 이는 이를테면 원조 맛집 경쟁과 비슷하다.

2013년까지만 해도 박근혜 대통령의 '창조경제'는 대통령 자신을 비롯해 장·차관 누구도 제대로 설명 못 하는 괴상한 국정철학이었다. 주창되자마자 세간의 웃음거리로 전락한 '창조경제'가 독일 제조업 진화 전략이자 메르켈 정부의 역점사업인 인더스트리 4.0 Industry 4.0의 한국판 유의어쯤으로 정립된 것은 이듬해인 2014년의 일이었다. 내비게이션, 스크린 골프, 스마트폰 메신저 등에 적용된 기술에 대한 유치한 감상이 조합된 박근혜 버전의 '창조경제'를 정보통신과 생명공학을 아우르는 9대 전략산업과 4대 기반산업 육성 프로젝트로 바꿔놓은 것은 미래창조과학부의 솜씨였다. 문재인 정부의 4차 산업혁명 정책 역시 이 계획안에 기초하고 있을 정도로 새로운 창조경제론의 전체적인 그림 자체는 훌륭했다. 문제는 이만 한 사업을 건실하게 끌어나갈 수 있는 리더십이 박근혜 정부에 부재한다는 것이었다.

무능한데다 끝내 무모했다. 2013년부터 3년간 21조 5천억 원의 창조경제 예산이 투입되었다. 22조 원의 예산이 투입된 이명박 정부의 4대강 사업과 비슷한 규모다. 정권의 치적으로 내세울 성과물을 조급하게 재촉했다는 것도 창조경제가 실패한 주요 원인이었다. K-유튜브, K-알파고 등의 국책사업이 졸속으로 추진되다가 예산만 낭비하고 흐지부지되는 일이 반복되었던 것도 박근혜 정권 특유의 조급증 때문이었다. 새로운 분야를 개척하고 장기간에 걸쳐 꾸준히 지원하는 일보다는 해외 성공사례를 따라하는 것이 박근혜 대통령 임기 내에 가능한 창조의 최대치였다. 메르켈 총리를 롤모델로 삼고자 했던 박근혜는 그이의 정책도 흉내 내고자 했지만 어림없는 일이었다.

박근혜 정부의 창조경제는 과학기술 진흥이나 경제정책이라기보다는 공보정책에 훨씬 충실했다. 문재인 대통령이 대선 후보 시절에 박근혜 창조경제를 두고 '말잔치'에 불과하다고 비판한 것은 정확한 지적이었다. 빅데이터, 사물 인터넷, 인공지능, 증강·가상현실 등의 첨단기술 이슈를 연이어 띄우고, 2016년 다보스 포럼 이후 세계적 유행어로 부상한 '4차 산업혁명'까지 재빨리 선점해 창조경제론에 등치시켰다. 기업가, 정치인, 교수들이 창조경제의 말잔치에 끼어 맞장구를 쳤는데, 이들 대다수는 눈먼 나랏돈을 줍는 일에 관심이 많았다.

　박근혜 정부 4년 동안에 창조경제가 대체 무엇이었는지 평가하려면, 그토록 문제 많은 사업임에도 부조리와 비리에 기대서 돈을 번 자들이 누구였던가를 따져봐야 한다. 이런 일은 어느 정권에서나 반복되기 때문이다. 문재인 정부라고 예외일 수는 없을 것이다.

──────── 사기꾼들의 은어隱語

박근혜 정부는 창조경제의 성과로 키워낼 우수 중소기업 육성 정책을 정권 초기부터 적극적으로 펼쳤는데, 3조 4천억 원대의 사기 대출 사건을 일으키고 파산한 모뉴엘MONEUAL INC도 정부로부터 각별한 지원을 받은 회사 중 하나였다. PC와 소형가전 제조사로 2004년에 설립된 모뉴엘은 이명박 정권 시기에 이례적인 급성장을 거듭한 뒤, 창사 10주년이자 박근혜 정권 1년차였던 2013년에 매출 1조 원 달성에 성공한다. 이 시기를 전후로 국무총리 포상, 지식경제부장관상, 미래창조과학부 표창 등을 연이어 받으며 창조경제 시대를 대표할 스타 기업으로 주목받았다. 미국 라스베이거스에서 열린 가전 전시회CES, Consumer Electronics Show에서는 2014년까지 무려 6년 동안 혁신상을 받았다. 이 시점까지만 해도 박정희와 전두환 정권 시기를 거치며 대기업으로 성장한 대우그룹 사례에 비교될 만큼 모뉴엘을 향한 정·재계의 관심은 대단했다. 모뉴엘 박홍석 대표는 《니혼게이자이》 신문이 뽑은 2014년 주목되는 아시아 대표 경영자로 선정되기도 했다.

박근혜 정부는 모뉴엘의 성공이 이른바 근혜노믹스의 성과로 평가받기를 바랐다. 박홍석 대표도 판을 정확하게 읽고 있었다. 정부와 언론에서 극찬하고 '히든 챔피언'이라며 치켜세우다 보니 금융권에서는 큰 의심 없이 모뉴엘에 쉽게 돈을 빌려줬다. 박홍석 대표는 회사 임원들과 짜고 분식회계와 수출 채권을 부풀리는 방식으로 은행권에서 거액의 돈을 융통했다. 박홍석 대표에게 뇌물을 받은 금융권 고위 인사들은 모뉴엘이 단기수출보험 및 보증총액 한도를 상향조정 받는 혜택을 누릴 수 있도록 도왔다. 위조된 실적을 근거로 무역보험공사로부터 신용보증을 받고, 한 곳에서 빌린 돈으로 다른 금융기관의 대출금을 갚는 돌려막기가 되풀이되었다. 그렇게 시중은행 열 곳에서 받은 대출금이 3조 4천억 원이었다. 결국 2014년 10월에 박홍석 대표가 사기죄로 구속되면서 모뉴엘의 실체가 만천하에 드러났다. 기술력은 과대평가되었고 매출은 천문학적인 단위로 위조되었으며 정부와 언론, 금융계의 검증과 관리 감독이 총체적으로 실패한 가운데 대출 사기로 연명해온 최악의 부실기업이 무너진 것이다. 조 단위의 사기 대출금 중에서 끝내 상환되지 못한 최종 피해액은 5,400억 원이었다.

모뉴엘 사태는 박근혜 정부의 창조경제가 맞이할 파국이 압축되어 있다. 내실 없이 구호뿐인 정부정책, 단기 성과에 급급한 보여주기식 행정의 한계, 정·재계와 금융권의 마피아식 결탁, 정작 문제가 생기면 책임 회피에 급급한 컨트롤타워의 무능과 부도덕이 적나라하게 드러난 창조경제의 축소판이었다. 이후에도 비슷한 사태가 또 벌어졌다. 박근혜 정부 선정 히든 챔피언 기업이었던 디지텍시스템스도 2016년에 1,160억 원대의 대출 사기를 저질렀다. 그러나 모뉴엘 사태를 능가하는 창조경제 최악의 경제 참사는 대한민국을 대표하는 세계 일류 브랜드 삼성이 저질렀다.

이재용 체제로 경영 승계를 시작한 삼성그룹은 2015년 제일모직과 삼성물산의 합병을 감행했다. 이 과정에서 삼성물산의 최대 주주였던 국민연금이 합병에 찬성표를 던졌다. 제일모직 상장가인 11만 3천 원을 합병가액으로 보고 환산했을 때, 합병의 결과로 국민연금은 2,130억 원, 삼성물산 소액 주주들은 무려 1조 9,192억 원의 손해를 입었다. 반면에 이건희 일가는 1조 3,621억 원의 부당이득을 취하고 삼성전자의 지배력까지 강화할 수 있었다. 이런 일이 가능했던 배경에는 박근혜와 최순실 그리고 삼성의 총수였던 이재용 사이의 검은 결탁이 있었다.

이재용이 이끌었던 2016년 삼성전자의 행보 역시 박근혜 정부의 창조경제가 그랬던 것처럼 조급증과 과시욕에 들떠 있었다. 그해 8월에 출시된 갤럭시 노트7은 이재용 시대의 삼성전자를 상징하는 야심작으로 출시되었지만, 배터리 폭발 사고로 인해 출시 54일 만에 단종되었다. 충분한 기술 테스트와 제품 안정화 과정을 거치지 않고 출시일정에 맞춰 무리하게 시제품을 내놓으면서 생긴 사태였다. 정경유착과 근시안적 성과주의에 집착하다 끝내 파국을 맞이했다는 점에서 이재용의 삼성과 박근혜 정부는 쌍생아처럼 닮았다.

문재인 정부는 4차 산업혁명 정책을 진행하면서 삼성과 어떤 관계를 맺게 될까? 문재인 정부의 전신이라고 할 수 있는 노무현 정부가 삼성과 긴밀한 관계를 맺어왔다는 지적을 뼈아프게 반성해야 할 것이다. 이 나라는 2000년대 중반의 대한민국으로 되돌아가려는 것이 아니라 도달하지 못한 새로운 미래를 준비해야 하기 때문이다.

_____ 토건족의 창조경제

건설업계와 부동산 재벌들도 박근혜 정부의 창조경제 덕분에 돈을 벌 수 있었다. 전국 19곳에 설치된 창조경제혁신센터와 이에 연관된 지역개발사업은 빅데이터, 사물 인터넷 등으로 요란하게 포장하기는 했으나 기본적으로 토건족을 위한 부동산 시장 진흥책이었다.

정치인이 임기 내에 경제성장률을 올리고 정치적 입지를 강화하려면 토목 경기 부흥은 빼놓지 않고 실행해야 하는 정책이다. 한국경제는 부동산을 중심으로 돈이 흐르기 때문이다. 돈 있는 사람들에게는 창업이나 생산 투자, 금융자산 투자보다 부동산이 수익성과 안정성 면에서 유리하다. 따라서 대한민국 토건족의 질서를 전략적으로 잘 이용하지 않고서는 산업현장과 기술 분야에 사람과 돈을 모으기 쉽지 않다.

문재인 정부의 4차 산업혁명 공약이 발표된 2017년 2월 1일, 싱크탱크 5차 포럼에서의 대통령 발언도 같은 맥락에서 곱씹어볼 필요가 있다. 그날 그는 이렇게 말했다.

"21세기형 뉴딜을 대대적으로 시행하겠습니다. 새 정부에서는 공공건물 한 채도 그냥 짓지 않겠습니다. 스마트 하우스, 스마트 도로, 스마트 도시를 짓겠습니다. 우리 주변 모든 곳에 4차 산업혁명 기술이 적용될 수 있게 하겠습니다."

이날 그의 발언을 가장 반색하며 들은 사람들은 누구였을까? 토건족과의 관계 설정에서 문재인 정부의 4차 산업혁명 정책을 창조경제 2기로 보지 않을 이유가 없다.

_____ 다른 선택지

지금과 같은 추세라면 4차 산업혁명의 최대 수혜자는 플랫폼 자본을 장악한 소수의 기업으로 집중될 것이다. 소득 상위 1%가 전체 소득의 14.2%를 차지하고, 소득 상위 10%가 48.5%의 부를 장악한 대한민국은 초독점사회로 진입할수록 한층 더 가혹한 소득격차에 직면할 것이다. 가계부채는 2016년 4분기를 지나며 1,300조 원을 돌파했다. 이 상황에 금리가 1%만 올라도 전체 가계의 추가 이자 부담은 9조 원에 달하고 7만 가구가 파산한다.

2017년은 생산가능인구(15~64세)가 줄어들기 시작하는 인구절벽 원년의 해다. 바닥을 친 출산율은 오를 기미가 보이지 않는다. 18세에서 29세 청년 중에서 정규직은 단 7%에 불과하다. 도대체 이런 나라에서 청년이 미래를 꿈꿀 수 있을까? 대한민국의 이런 현실을 바꾸는 일에 4차 산업혁명이 뭘 약속할 수 있을까? 4차 산업혁명은 이 나라가 준비해야 할 불가피한 미래인가? 선택할 수 있는 다른 미래는 없는 건가? 2016년 다보스 포럼에서 클라우스 슈밥Klaus Schwab은 4차 산업혁명이 세계경제의 대세라고 선언했다. 그들이 말하는 미래가 우리를 더불어 행복하게 할 수 있을까? 그들이 대세라고 정하면 우리는 매질을 당하는 가축처럼 끌려갈 수밖에 없는 신세일까? 문재인 대통령의 선한 의지를 믿고 선정善政이 이뤄지기만을 기다릴 게 아니라, 우리들이 살고자 하는 사회에 대한 비전을 공유하는 과정이 절실하다. 4차 산업혁명을 당위가 아니라 선택지의 하나로 놓고 따져보는 논의가 이번 대선에서는 절망적으로 결핍되어 있었다.

문재인 정부가 박근혜 정부 시절의 창조경제를 극복할 경제정책을 내놓고자 한다면, 재벌과 토건족의 이익보다 노동자들의 삶을 우선적으로 챙겨야 한다. 노동의 질서가 곧 세상의 질서이기 때문이다. 99%의 노동자가 일평생 가난의 비참에서 헤어날 수 없는 사회는 정상적인 세상이라고 할 수 없다. 그러니 외국 정책과 성공사례를 모방하는 일에 더는 한눈팔 때가 아니다. 우리의 엄중한 현실에 집중할 단어는 '4차 산업혁명'이 아니라도 아주 많다.

2

동력의 기술, 이동의 변주

이영준

6_____ 전차 381호의 추억

_____ 기계비평가란 호칭을 낳은 전차의 위용

1961년생인 필자가 후배들하고 말싸움하다 밀리면 꺼내는 궁극의 카드가 "너 전차 타봤어?"다. 대부분 타보지 않았거나, 설사 탔다고 해도 너무 어렸거나, 나이가 좀 있었다고 해도 1960년대의 전차와 버스가 구조와 기능에서 어떻게 달랐는지 기억하는 사람은 없을 것이다. 필자가 오늘날 '기계비평'라는 자작 호칭을 쓰게 된 가장 결정적인 계기는 예닐곱 살 때 봤던 전차의 경험이 아주 컸다.

필자는 서울 성북구 안암동에서 나고 자랐는데, 안암동에서 서울 시내로 나가는 출구는 돈암동이었다. (지금 '성신여대입구역'으로 잘못 알려진 그 동네다. '돈암역'이 되어야 맞다.) 돈암동에는 시내 쪽에서 온 전차가 서는 종점이 있어서 우리 식구들은 '돈암동 전차종점'이라는 말을 많이 썼었다. 돈암동 이북은 가파른 미아리고개가 있어서 전차는 그 구배를 극복할 수 없었던 것으로 보인다. 전차에는 철도 차량같이 레일에 미끄러지지 말라고 모래를 뿌리는 살사^{撒砂}장치도 없었기 때문이다. 6.25 때 인민군이 T34 전차를 몰고 넘어왔다던 그 미아리고개 말이다. 그래서 돈암동 전차종점은 마치 문명의 경계 같은 느낌이 들었다.

어릴 적 돈암동 전차종점에서 본 전차의 위용은 대단했다. 짐을 가득 실은 덤프트럭보다 가벼운 13톤의 중량을 가진 전차였지만, 당시에는 우르릉하면서 육중하게 땅을 구르는 소리가 무시무시했다. 아마도 전차의 특성상 땅에 침목을 깔 수 없었기 때문에 완충작용을 해줄 것이 없어서 바퀴가 구르는 소리가 그대로 땅을 울렸기 때문에 그렇게 웅장한 소리가 나지 않았나 싶다.

전차선로는 일반 도로에 설치되기 때문에 침목을 깔면 도로 면적을 더 잡아먹게 되어 차량통행에 방해가 된다. 1968년 11월 서울과 부산의 전차가 철거된 이유도 급증하는 도시교통의 방해물이 된다는 것이었는데, 가뜩이나 복잡한 도로에 침목까지 깔려 있었다면 도로에 끼치는 방해 정도가 더 컸을 것이다. 그리고 침목을 깔면 유지보수에 상당한 비용과 인력이 필요하다. 그래서 전 세계의 모든 전차는 침목이 없는 선로 위를 달린다. 암스테르담의 전차선로는 도로의 일부를 이루고 있어서 차들이 그 위로 마구 달린다. 그러나 쇠로 된 레일과 노면 사이에 간격이 있기 때문에 전차선로 위를 차로 달리면 승차감이 안 좋다. 그리고 뒤에서 바로 전차가 쫓아오기 때문에 결코 편안한 마음으로 차 안에 타고 있을 수는 없다.

우렁찬 소리에 위엄을 더해주는 것은 집전기펜타그래프에서 나는 불꽃이었다. 그래서 600볼트의 전기로 구동되는 전차는 전기를 먹는 괴물같이 보였다. 1974년 개통한 지하철 1호선의 집전기에서도 많은 불꽃이 났는데 요즘 안 나는 이유는 전차선과 집전기 사이의 밀착도가 좋아져서라고 한다. 요즘은 전기를 공급하는 가선이 적절한 압력을 유지하고 펜타그래프와 밀착되도록 설비가 되어 있지만, 그저 얼기설기 늘어져 있던 1960년대의 가선은 펜타그래프와 닿았다 떨어졌다 했기 때문에 많은 불꽃이 발생했던 것이다. 어쨌든 그런 기술의 미비가 전차의 강렬한 이미지를 만들어냈다는 것은 아이러니한 일이다.

———— 싼 맛에 타고 다니던 대중교통수단

서울역사박물관 앞에 전시된 381호 전차는 필자가 어릴 적 돈암동 전차종점에서 시내까지 타고 다니던 바로 그 모델이다. 전차의 궤도는 1067mm의 협궤다. 이는 요즘 우리가 타는 철도의 표준궤인 1434mm보다 좁고 수인선에 쓰였던 협궤철도의 762mm보다 넓다. 이 차는 일본 나고야의 일본차량제조주식회사에서 제작해 1929년에 도입된 이후 1968년까지 서울 시내를 달리던 모델이다. 사실 많이 훼손되었기 때문에 많은 노력을 들여 복원한 것이다.

이 차의 특징은 반강제대형보기차半鋼製大形bogie車라는 점이다. '반강제'라는 것은 반은 철제로 되어 있고 반은 나무로 되어 있다는 뜻이

——— 서울역사박물관 앞에 전시된 전차 381호. 전면에서 뒤쪽으로 테이퍼 진 형태가 멋스럽다.
사진 이영준

다. 그리고 대형의 '보기bogie', 즉 대차가 달려 있다는 뜻이다. 차체가
무겁지 않고(얼마나 무거운지 정확한 데이터는 없지만 외형으로 봤을 때 그리 무거
운 차체로 보이지는 않는다) 속도가 빠르지 않았기 때문에(이에 대해서도 정확
한 데이터는 없지만 대차의 형상으로 봐서 그리 빠르지 않았을 것으로 보인다. 13톤의
차량을 100마력 남짓의 모터로 끌었으니 아마도 최고속도는 시속 60킬로미터를 밑돌
았을 것으로 보이며, 평균 운행속도는 시속 40킬로미터 미만이 아니었을까 싶다), 바
퀴를 떠받치는 대차도 그리 무겁거나 튼튼해 보이는 구조는 아니다.
4각 프레임으로 된 대차에 두 개의 축이 달려 있고 각 축의 끝에는 바
퀴가 달려 있는 구조다. 대차에는 양 옆에 완충용으로 판스프링이 달

려 있고 바퀴축은 코일형 스프링으로 지지되어 있다. 아마도 승차감이 그리 좋지는 않았을 것으로 보인다. 요즘 철도 차량에는 당연히 설치되는 충격흡수용 댐퍼들이 없었기 때문에 차량의 진동이 실내에 그대로 전달되었을 것으로 보인다. 1930년대에서 1960년대 사이의 서민들이 싼 맛에 타는 대중교통인데 너무 많은 것을 요구할 수는 없겠다.

_____ 스쳐 지나간 일상의 우아한 문화

이 전차의 내부는 모두 나무로 되어 있어서 무척이나 푸근하고 인간적인 느낌을 준다. 창문의 위 양쪽 끝은 둥글게 처리되어 있어서 우아한 느낌을 준다. 필자는 어릴 적 버스 마니아여서 매일같이 마당에 버스를 그리고는 했는데, 당시의 버스들도 둥근 선이 참 예뻤던 기억이 난다. 실내등도 흰색의 둥근 플라스틱 케이스 안에 백열등이 들어 있어서 그 불빛이 참 따스했던 기억이 난다. 옛날 버스는 오늘날 상상할 수 없을 정도로 덜컹거렸고 매연도 심했고 사람을 짐짝 취급했고 아저씨들은 그 안에서 담배도 피웠지만, 그 따스한 불빛 덕에 타고 다녔던 것 같다. 요즘은 지하철 전동차건 버스건 첨단 컴퓨터로 설계하겠지만 옛날 차량에 있던 로망이 없는 것은 아쉬운 일이다. 물론 실내가 나무로 처리되어 있다는 것은 공학적으로는 그리 좋은 것은 아니다. 1960년대의 버스도 실내가 나무로 되어 있었는데, 나무로 된 창문틀이 정교하게 맞지 않아서 버스가 달리는 동안 진동으로 끊

——— 전차 381호의 운전석. 나무로 된 둥근
창문이 멋스럽다. 사진 이영준

임없이 딱딱딱딱하는 소리를 냈던 것은 괴로웠던 기억이다. 아마 전
차도 사정은 비슷하지 않았을까 싶다.

　이 전차의 디자인에서 가장 멋진 부분은 차체 앞부분에서 뒤쪽
으로 가는 바깥 선이다. 앞쪽이 좀 좁고 뒤로 갈수록 점점 넓어지다
가 어느 지점에 이르면 탁하고 꺾여서 차체의 원래 폭이 된다. 기술
적인 용어를 쓰자면 차체의 형상이 앞에서 뒤쪽으로 테이퍼taper, 즉
경사가 져 있는 것이다. 위에서 내려다보면 둔중한 8각형을 이루는
멋진 형태다. 버스건 전철이건 KTX건 맨 앞에서 맨 뒤까지 같은 폭
으로 되어 있는 요즘의 대중교통 차량에 비하면 정말로 멋스러운 디
자인이라고 할 수 있다. 사실 요즘의 대중교통 차량들도 뭔가 장식적

인 요소를 가지고 있긴 하지만, 381호 전차에 비하면 첨단인데도 불구하고 그 형태가 천박하니 이해할 수 없는 노릇이다.

1920년대에 전차 디자인에 무슨 일이 일어났던 것일까? 운전석에는 구리로 된 제어상자가 있고 속도를 제어하는 주간제어기主幹制御器, master controller, 전진과 후진을 제어하는 방향제어기와 브레이크용 레버 해서 모두 세 개의 레버가 달려 있다. 레버들도 적당한 곡선을 이루고 있는데 이상하게 곡선이 참 아름답다. 식당에 있는 카드 단말기에서부터 부산 영화의 전당 건축물까지 요즘 산업디자인에 이상하고 역한 선들이 참 많은데, 왜 1920년대에 만들어진 산업디자인의 선은 그렇게 예뻤던 건지 역사만이 설명할 수 있을 것 같다. 제어상자 위에는 '미쯔비시전기주식회사'라고 선명하게 새겨져 있다. 사실 어릴 적에는 노면전차가 어디서 생산된 것인지 전혀 신경 쓰지 않았다. 필자뿐이 아니라 누구도 노면전차를 담론화하는 것을 보지 못했다. 그것은 교통수단이 문화의 일부가 되지 못했음을 의미하는 것이다. 전차가 사라지고도 50년이나 다 되어서야 비로소 얘기가 된다는 것은 만시지탄晩時之歎이라 할 수 있다.

_____ 최고의 테크놀로지 스펙터클

노면전차가 어릴 적의 필자에게 가장 강렬하게 다가온 것은 땅을 울리는 소리나 집전기에서 나는 불꽃이 아니었다. 돈암동을 출발해 삼선교와 혜화동을 거쳐 창경원(필자는 창경궁보다 창경원이라는 이름이 여전히

———— 한영수, 〈서울 동대문〉, 1957. 사진 한영수문화재단 제공

더 익숙하다. 어릴 적 창경원에 소풍 가서 동물 구경하는 것이 제일 즐거운 일이었기 때문이다. 창경궁으로 되돌아온 것은 한참 나중의 일이라 기억 속에 그리 깊이 침전되어 있지 않다) 앞을 지난 전차는 동대문 전차기지에 모이게 되는데, 그 기지가 장관이었다. 지금의 메리어트호텔 자리쯤 될 듯한 곳에 있었던 것으로 추정되는 기지에 수많은 전차들이 모여 있는 모습은 장엄하기까지 했으며 하늘을 어지러이 뒤덮은 전차선들도 장관이었다. 그것은 1960년대 서울에서 볼 수 있는 최고의 테크놀로지 스펙터클이었다. 그리고 테크놀로지가 이 세상을 지배하는 모습이었다.

사진가 한영수의 사진에 그 모습이 생생하게 남아 있다는 것은 무척이나 다행한 일이다. 그도 전차선에 강렬한 인상을 받았는지 거의 땅바닥에 드러눕다시피 해서 낮은 앵글로 모든 것을 올려다보며 사진을 찍었다. 그래서 전차선들이 서울의 하늘을 뒤덮은 모습이 더 압도적으로 묘사되어 있다. 흡사 이 전차선을 통하지 않으면 어디에도 갈 수 없을 듯한 인상을 주는 사진이다. 1957년에 찍은 이 사진 속 사람들은 남루해 보이지만 이미 전차라는 싼 값의 전기 운송 테크놀로지의 수혜를 받고 있었다. 한영수가 느꼈던 전차선의 충격이 하도 강렬하게 남아서 필자는 이후 지금까지 궤도 위를 달리는 것만 보면 무조건 흥분이 된다. 심지어 빈 궤도만 봐도 흥분이 될 지경이었다. 필자가 지금 하는 기계비평이란 그런 충격을 설명하려는 시도일 뿐이다.

_____ 전차를 둘러싼 담론의 변화

지금 전차는 어떤 평가를 받고 있는가? 요즘 인터넷에서 전차를 다룬 블로그가 있는 것을 가끔 보지만 항상 추억의 일부로 다룰 뿐이다. 그러나 전차는 추억이 아니라 지금도 계속되는 문제다. 즉 도로가 혼잡한 상황에서 도로율을 높이는 데는 한계가 있고, 그럴 때 어떻게 교통혼잡을 피하면서 효율을 높일 것인가 하는 문제는 1960년대나 21세기에나 똑같이 중요한 일이다. 전차가 사라지고 곧바로 지하철 1호선 공사가 시작되어 1974년에 개통되었고, 그 후로 수없는 노선들이 신설되었지만 서울과 위성도시는 여전히 혼잡한 도시다. 그것은 전차로 해결 못한 문제를 지하철이나 신설도로로 해결하는

데 한계가 있음을 뜻한다. 한국에서 전차는 1968년에 철거되었지만 도로교통 혼잡의 문제는 여전히 우리 머리 위를 맴돌고 있는 것이다.

그래서 요즘 전차가 새로운(그러나 낡은) 교통수단의 대안으로 부각되고 있는 것은 참 아이러니한 일이다. 그러나 옛날의 전차와 요즘의 전차는 같은 물건이 아니다. 우선 전차를 둘러싼 담론이 많이 바뀌었다. 1968년 서울과 부산의 전차가 폐지될 때는 '교통의 방해물이 된다'는 것이 주된 이유였는데, 요즘 전차를 다시 등장시키려는 사람들이 드는 이유는 '교통난 완화, 대기오염 해소, 도시미관 개선, 장애인 배려, 녹색산업 발전'(새누리당 정두언 의원)의 다섯 가지다. 어떤 전차 전문가는 도로 중앙을 대중교통수단이 달리는 것은 중앙 버스전용차로나 노면전차나 똑같은데, 환경 측면에서는 매연을 배출하지 않는 노면전차가 더 낫다고 주장한다.

결국 애초에 노면전차를 없앨 필요가 없었다는 것이다. 엄청난 역사의 아이러니다. 오늘날 각광받을 수 있는 테크놀로지를 옛날에 없애버리다니. 그러나 스마트폰이 옛날에도 존재할 수 있었는데 요즘에서야 나타난 것이 아니듯이, 요즘 기술자들과 정치인이 한 입이 되어 말하는 전차는 옛날 경성전기주식회사가 운영하던 그런 전차는 아니다. 전차는 그냥 부활할 수 있는 것이 아니라 새로운 피를 수혈해야 했다. 그것이 바로 '환경, 장애인, 미관'이라는 요소들이다. 요즘 신설될 전차는 배터리를 쓰기 때문에 전차선이 필요 없어서 도시미관에도 좋은 모델이라고 한다. 그래서 서울특별시 위례선, 경기도 수원시, 성남시, 화성시, 부산광역시 강서선, 정관선, 씨베이-파크 선, 대전광역시 대전 2호선, 스마트 트램 A선, B선 등 수많은 노면전 차들이 신설될 계획이라고 한다.

파리에 설치하려다 오랜 논란 끝에 결국은 많은 연구개발비만 쓰고 폐지된 '아라미스'라는 자동주행 시스템을 다룬 책인《Aramis, or the Love of Technology》에서 브뤼노 라투르Bruno Latour는 어떤 기술이 실현되는 과정에 얽혀 있는 복잡한 요소들에 대해 쓰고 있다. 그 요소란 '기술+정치+경영+사용자의 요구' 등이 얽혀 있는 복잡한 것이다. 이 책이 흥미 있는 이유는 아라미스가 쓸모 있는 것임을 주장하는 사람들의 기술적 · 경영적 · 정치적 입장과, 아라미스가 쓸모없음을 주장하는 사람들의 기술적 · 경영적 · 정치적 입장이 어떻게 기술의 팔을 이리저리 잡아끌어 자기 것으로 만들려고 하는지 보여주기 때문이다.

노면전차도 마찬가지다. 1960년대에 없어지고 40년 이상을 잠자고 있던 그 낡은 테크놀로지가 살아나려면 많은 요소들이 추가되어 노면전차라는 기술이 '새 것'으로 보여야 한다. '환경, 장애인, 미관'이라는 새로운 요인들이 노면전차를 부활시키려는 것을 보면서 좀 씁쓸한 생각이 들었다. 저 세 가지 요인들이 언젠가는 다른 요인들로 대체될 텐데, 그때는 또 무슨 담론 혹은 변명거리가 생겨서 전차를 없애자고 할까. 그때 가면 또 국회의원과 기술자가 세미나에 나와서 한 목소리를 낼 것이다. 불도저로 불리며 서울시 개발을 정력적으로 밀어붙여 박정희 전 대통령의 신임을 얻은 김현옥 시장이 '교통에 방해가 된다'는 이유로 철거한 그 전차가 (사실 똑같은 전차는 아니지만) 새로운 교통의 대안으로 떠오르는 것은 정치인과 기술자들이 한 목소리를 내기 때문이다. 전차의 폐지와 부활에는 다 정치와 기술이 결탁한 수상한 냄새가 난다. 겉으로는 순박해 보이는 전차라는 테크놀로지가 정치와 얽혀 있다는 사실이 무척이나 흥미롭다.

7_____ 한국철도 3000마력 디젤기관차의 책임감

_____ 사라지는 철도수송의 역사

'GMC EMD GT26CW'라는 이름을 아는 사람이 얼마나 될까. 아마도 한국에서 가장 많은 사람을 실어 나른 이 디젤기관차의 이름을 아는 사람은 철도에 종사하는 사람을 빼고는 일반인 중에는 거의 없을 것이다. 심지어 철도 마니아들 사이에서도 이 기관차는 모델명보다는 '특대형 기관차'로만 알려져 있는 정도다. 우리가 앞으로 GMC EMD GT26CW를 볼 수 있는 시간은 그리 많지 않다. 철도산업의 전화電化를 위해 시커먼 매연을 내뿜는 GMC EMD GT26CW는 점차로 사라져 갈 것이고, 누구도 그 사라짐을 기억하지 않을 것이다. 그러나 GMC EMD GT26CW는 1980년대 초반부터 새마을호, 무궁화호, 통일호, 비둘기호 등의 객차와 화물차를 끌어온, 한국의 철도수송의 대표적인 얼굴이다. 3천 마력의 이 엔진은 한반도에서 사람과 물자를 실어 나르는 고된 일을 도맡아 해왔다.

——— 서울역에서 찍은 두 가지 다른 디젤기관차의 모습. 오른쪽은 특대형 디젤기관차 두 대가 앞뒤로 물려 무궁화호 객차를 끌고 있고, 왼쪽에는 'PPpush-pull' 동차가 새마을호 객차를 끌고 서울역에 들어오고 있다. 사진 이영준

　　디젤기관차라고는 했지만 정확한 형식명칭은 디젤전기기관차다. 디젤엔진에서 나오는 힘을 바로 차륜에 전달하는 것이 아니라, 발전기로 전기를 만들어 그 전기가 견인전동기를 돌리고 그 전동기가 차륜을 돌리기 때문이다. 발전기와 전동기의 무게가 꽤 나갈 텐데도 불구하고 이런 복잡한 시스템을 쓰는 이유는 3천 마력이라는 막대한 힘을 제어하기 위해서다. 우리가 타는 자동차 엔진의 출력은 100~200마력 내외인데, 이 정도의 힘은 바퀴에 바로 전달되어도 제어에 큰 무리가 없다. 그러나 3천 마력으로 1천 톤이나 되는 중량을 이끄는 디젤기관차에게는 얘기가 다르다(디젤기관차 자체의 무게는 140톤

이다). 그 엄청난 힘을 바퀴에 직접 걸면 제어가 힘든 것이다. 그래서 기관사가 기관실에서 디젤엔진의 출력을 조절하는 스로틀throttle을 올리면 조속기가 연료의 양을 놋치notch 단수에 따라 조절해 속도를 제어한다. 견인전동기에 공급되는 전력은 여섯 구간으로 나뉘는데, 주 발전기와 전동기 간의 결선 배치를 조절해 기관차의 주행 특성을 상황에 따라서 최적화시키는 제어를 하게 된다. 이런 구동을 전이제어라고 부르는데, 이를 통해 주 발전기, 전동기 간 결선을 직렬 또는 병렬로 전환하여 기관차의 성능을 조절한다. 그러면 다량의 무거운 객화차를 견인하고 발차 시에도 최대의 출력을 얻을 수 있게 된다.

_____ 망각과 단절의 근대

2016년이 지나면 이 기관차를 기억하는 사람은 거의 없게 될 것이다. 우리가 지난날의 증기기관차나 버스의 모델을 하나도 기억하지 않듯이 말이다. 우리의 문명은 분명히 산업문명이고, 우리는 산업을 토대로 일구어진 문화 속에 살고 있다. 그리고 문명이나 문화란 과거에서부터 이루어진 업적을 기억하고 기념하고 간직하면서 미래로 나아가는 것이다. 그러나 너무나 빨리 발전해온 한국의 근대는 기억과 지속보다는 망각과 단절로 점철되어 있다. 그래서 산업문명은 있었는지 몰라도 산업문화란 존재하지 않는다. 우리가 과거의 문화유산이나 유물을 기억하면서 한 순간에만 존재하지 않고 시대의 변천에도 불구하고 면면히 이어오는 삶의 연속성을 기리듯이, 산업문명과 산업문화도 기억되고 보존되어야 한다.

그런 점에서 한때는 한반도의 구석구석을 동맥과 실핏줄같이 누비고 다닌 힘의 원동력 GMC EMD GT26CW는 당연히 기억되어야 한다. 디젤기관차는 산업유산으로 지정되어 이 땅의 산업을 일으킨 원동력으로 기억되어야 한다는 것이 필자의 생각이다. 철도는 이 땅에 들어온 최초의 근대적 교통수단으로서 그 역사적 의미는 아무리 강조해도 지나치지 않다. 철도는 가장 기본적인 국가 기간 수송수단으로서 산업, 경제, 일상과 문화에 미치는 영향과 파급력이 크다. 따라서 철도문화에 대한 이해는 우리 삶을 이끌어온 과학기술에 대한 이해의 바탕이 된다.

외국의 선진 각국은 철도에 대한 풍부한 자료들을 통해 철도문화의 꽃을 피우고 있으나 국내에서는 철도기술과 역사에 대해 대중들이 볼 책이 거의 없는 실정이다. 아울러 철도기술이 가지는 풍부한 역사적, 문화적 의의에 대해 이해하도록 도와주는 자료가 절대적으로 부족하다. 2004년 고속철도의 개통으로 KTX의 기술적 특성(동력집중식, 관절대차, 여압장치, 각종 스펙 등)에 대해 많이 알려져 있으나, 한국의 철도수송의 상당 부분을 맡고 있는 디젤기관차에 대해서는 대중적으로 알려진 것이 거의 없다.

_____ **디젤기관차를 향한 짝사랑**

필자는 초등학교 들어가기 전부터 디젤기관차를 사랑했으니 50년

———— 필자에게 어릴 적 디젤기관차의 로망을 심어준 일명 호랑이 도색의 특대형 기관차. 경상북도 청도의 새마을운동 발상지 기념관에 전시되어 있는데, 아쉽게도 오리지널 도색은 아니고 최근 새로 칠한 것이다. 사진 이영준

간의 짝사랑이라고 할 수 있다. 1960년대에는 이 차종이 아직 한국에 들어오기 전이어서 필자가 좋아했던 모델은 ALCO사에서 만든 5000호대였을 것으로 추정된다. 하여간 필자는 50년이라는 세월에 걸쳐서 수많은 모델의 디젤기관차들을 사랑해왔다. 그러던 필자에게 2005년 5월 28일은 평생 꾸어온 꿈이 실현되는 날이었다. 어릴 적부터 동경하던 디젤기관차를 타보는 날이었기 때문이다. 청량리역에서 경춘선을 따라 춘천까지 갔다 오는 디젤기관차 여행은 하나의 여행으로서도 독특했을 뿐더러 디젤기관차의 겉과 속을 속속들이 관찰하

―― GMC EMD GT26CW의 운전실. 특이하게 앞뒤로 다 보며 운전할 수 있게 배치되어 있다. 왼쪽의 밝은 부분은 브레이크, 오른쪽의 중간에 있는 큰 레버가 엔진의 출력을 조절해주는 스로틀 레버다. 사진 이영준

고 열차의 운행 시스템에 대해서도 알아볼 수 있는 좋은 기회였다.

디젤기관차의 감각적 체험은 그 층위가 다양하다. 디젤엔진의 낮고 무거운 공회전 소리에서부터 가속할 때 나는 쇳소리, 힘차게 달릴 때 고동치는 엔진소리, 열차가 선로 위를 천천히 지나갈 때 뿌지지직하고 침목이 눌리면서 나는 작지만 무서운 소리에 이르기까지, 그것은 청각적으로 다양할 뿐 아니라 시각적으로도 다양했다. 그 후로도 계속 디젤기관차에 상사병을 앓던 필자는 사랑을 고백하기 위해 대전에 있는 코레일 본사까지 찾아갔었다. 그리고는 곧 사라질 GMC EMD GT26CW에 대해 책을 내자고 제안했었고, 보기 좋게

퇴짜를 맞았다. 지금은 아쉬움이 없는 것이, 철도 전문지 《Railers》 2012년 13호에 이 기관차에 대한 아주 자세한 기사가 나가서 필자의 한을 어느 정도는 풀어주었기 때문이다.

날로 발달하는 제어 시스템은 열차를 더욱 지능적으로 만들어주고 있다. 열차 제어 시스템은 현재 달리는 열차를 위급 시 제동시킬 수 있는 ATS^{automatic train stop, 자동열차정지장치}가 보편적으로 쓰이고 있다. 그보다 진보한 것이 자동으로 열차를 제어할 수 있는 ATC^{automatic train control, 자동열차제어장치}이며, 이는 제어실에서 열차의 속도가 허용속도를 초과할 경우 적절한 속도로 조절할 수 있는 기능을 가지고 있다. 가장 진보된 제어 시스템이라 할 수 있는 ATO^{automatic train operation, 자동열차운전장치}는 자동으로 열차를 운행할 수 있게 하는 시스템이다. 바로 이런 발전이 현재 한국의 철도를 디젤 동력으로 표상되는 과거와 전력화·지능화·고속화로 표상되는 미래로 딱 갈라놓고 있다. 그런 점에서는 디젤은 1960년대에 영원한 과거의 영역으로 사라진 증기동력과 같은 운명을 가지고 있다고 할 수 있다. 그리고 철로 주변의 경관도 테크놀로지의 발달과 맞물려 둘로 갈라져 있다.

——— 책임감의 기계

몇 년 전 필자는 디젤기관차의 운전실에서 달리는 기관차를 관찰할 기회를 얻을 수 있었는데, 경춘선을 달리는 기관차에서 본 풍경은 승객의 입장에서 객차의 창문을 통해 보는 것과 많이 달랐다. 승객의

_____ 기관사들이 뒤가 안 보인다 하여 '먹통'이라고 부르는 FT36 기관차와 GMC EMD GT26CW
가 수색 차량기지에서 서로 마주 본 채 연결기에 물려 있다. 사진 이영준

눈에는 열차의 운행을 위해 필요한 데이터나 규칙들은 보이지 않는
다. 쓰레기를 버리지 말라거나 핸드폰을 쓰지 말라는 등 다른 승객에
게 방해가 되는 행동을 삼가달라는, 승객으로서 지켜야 할 규칙만 눈
에 띌 뿐이다. 반면 기관사의 눈에는 훨씬 많은 것들이 띈다. 그는 선
로의 모든 디테일을 외우고 있어야 한다.

시속 100킬로미터로 달리다가 급브레이크를 걸었을 때 2.4킬로
미터를 그냥 미끄러져 나가는 열차의 특성상, 그는 앞에 갑자기 경사
나 커브가 나타났을 때 급브레이크를 잡을 수 없으므로 앞으로 몇 킬
로미터 전방에 몇 퍼센트의 구배가 나타나며, 현재 곡률반경은 얼마

나 되며, 기관차의 스로틀은 얼마나 열어야 하는지, 발전제동은 얼마나 걸어야 하는지 일일이 외우고 있어야 한다. 그리고 단선인 경춘선의 경우에는 마주 오는 열차와의 교행관계, 지켜야 하는 시간표 등등을 다 외우고 있어야 한다. 물론 자신이 모는 디젤기관차의 기계·전기 계통에 대한 지식도 어느 정도는 다 알고 있어야 한다. 거기다가 뒤에 끌고 오는 객차의 무게를 다 합한 1천 톤에 가까운 무게가 100 킬로미터 이상의 속도와 곱해졌을 때의 운동에너지가 의미하는 바는 무엇인지, 또 수백 명의 승객의 목숨의 무게를 곱했을 때 생겨나는 의미가 무엇인지에 대해서도 알고 있어야 한다.

그 지식은 비상대처능력이기도 하고 책임감이기도 하다. 그래서 기관실에서 보는 하찮은 건널목이나 역의 플랫폼도 마음 편히 지나칠 수 없는 1천 톤의 책임감의 장소로 다가오는 것이다. 디젤기관차는 운전실 뒤쪽으로 문이 나 있어서 뒤쪽에 나가볼 수 있는데, 무궁화호 객차 6량이 기관차에 이끌려오는 모습은 감동적이기까지 했다. 그래서 필자는 디젤기관차는 책임감의 기계라는 생각을 하게 된 것이다.

_____ 독특한 체험의 공간

이 관찰여행에서 강렬하게 느낀 점은 디젤기관차가 아주 독특한 시각기계라는 점이었다. 그것은 항상 승객으로서만 세상을 보던 관점과는 많이 다른 관점을 제공해주었다. 하지만 지구의 구석구석을 누비는 항공기와 인공위성, 각종 감시장치로 말미암아 시각장치로서의 철도의 중요성은 많이 사라졌다. 그렇다고 해서 시각장치로서의 철도의 의미가 다 사라진 것은 아니다. 과학이나 군사, 사업 등 우리의 생활에서 철도가 가지는 위치는 예전에 비하면 많이 주변화되기는 했지만, 철도는 여전히 다른 형태의 이동수단이 가지지 못하는 독특한 시점을 가지고 있는 것이 사실이다. 그 시점이란 철도 테크놀로지가 만들어낸 풍경이다.

어떤 교통기관이든 그 특성에 맞는 풍경을 만들어내는데, 예를 들어 1980년대 말 이후로 한국의 시골 풍경을 도시화하고 번잡하게 만든 것은 자가용 승용차의 급격한 보급이었다. 그렇다면 한국에서 철도는 어떤 풍경을 만들어냈는가? 철도는 철저하게 근대의 산물이고 근대를 가져온 원동력이었다. 그것은 단순히 인간과 재화를 포함하는 물질의 순환이 빨라지고 규칙적이 되고 능률적이 되었다는 점에서 뿐 아니라, 인간이 느끼는 속도감에 일대 혁신을 가져왔기 때문이다.

《철도 여행의 역사Geschihite der Eisenbahnreise》에서 볼프강 쉬벨부쉬 Wolfgang Schivelbusch는 철도의 발달과 더불어 자연의 경관은 추상화되고 시간과 공간의 체험은 사라진다고 썼지만, 경춘선의 기관차 여행은 그의 이런 주장이 옳지 않다는 것을 증명해주었다. 경춘선의 기관차 여행이 가르쳐준 것은 철도의 발달로 인한 경관의 변화가 그렇게 단선적으로 추상화되는 것이 아니며, 근대화와 기계화의 경로도 그렇게 단일한 목표를 향해 가는 것도 아니라는 점이다. 경춘선 철도는 아주 많은 불연속성들을 품고 있는 시각적·감각적·기계적 체험의 공간이다. 그것은 한국의 철도가 발전해온 경로를 압축적으로 품고 있는 풍경이다.

——— 아쉬운 산업문화적 능력

한국의 철도는 1960년대 이래로 지금까지 디젤 동력에 의존하고 있으며 현재는 급속하게 전력화가 진행되고 있는 상황이다. 디젤에 비하면 전기 동력은 훨씬 효율적이고 깨끗하고 비용이 적게 든다는 장점이 있다. 2004년 프랑스의 TGV를 면허 생산한 고속철도 KTX의 개통으로 본격적인 고속철도 시대가 열렸으며, 한국형 고속철도인 'KTX 산천'이 개발되어 운행되고 있는 중이다. 사실 오늘날의 모든 기술이 그렇듯이, 무식한 힘은 아무 의미가 없다. 중요한 것은 3천 마력이 아니라 그것을 제어하는 지혜와 기술이다.

운송수단의 전력화電力化라는 면에서는 철도가 가장 앞서 있다. 그 다음이 자동차이고 항공기는 제일 나중이다. 철도는 전차선에서 전기를 공급받으면 되고 자동차는 배터리를 싣고 다니면 되는데, 하늘을 나는 항공기에서는 무게가 생명인지라 배터리가 큰 부담이 되기 때문에 개발이 제일 늦은 것이다. 지금 한국의 철도는 상당 부분 전력화되어 있어서 대부분 선로에 전차선이 깔려 있다. 이는 디젤기관차의 퇴출을 의미한다. 시커먼 매연 속에 많은 탄소를 배출하는 디젤기관차는 환경오염이라는 관점에서 공공의 적처럼 취급될 기세에 있다. 하지만 언제나 기존 테크놀로지는 미운 자식 취급해서 뒤로 밀어버리고 새로 나오는 테크놀로지는 환대하는 분위기 속에서 우리는 테크놀로지의 역사를 기억할 수단을 별로 가지고 있지 않다. 마지막 남은 디젤기관차마저 폐차되고 나면 디젤기관차가 근대를 이끌어온 엔진이었다는 사실을 기억할 사람이 얼마나 될까? 심지어 우리에게 근대라는 것이 있었다는 사실을 기억하는 사람은 얼마나 될까?

디젤기관차를 몇 대 남겨놓기는 할 모양인데, 그 이유는 과거를 기억하기 위해서가 아니라 전쟁이나 유사 시 전차선이 파괴되어 동력 공급이 어렵게 될 경우 비상용으로 쓰기 위해서라고 한다. KTX의 선로를 까는 공사현장에서 GMC EMD GT26CW가 레일들을 싣고 움직이는 장면을 보고는 저것이 미래의 디젤기관차의 용도라고 생각하니 좀 씁쓸해졌다. 즉 전기로 움직이는 철도가 대세가 되면서 디젤기관차는 보조적인 머슴으로 전락할 것이다. 이제 디젤기관차가 사라지고 모든 기관차가 전철화되면 우렁찬 엔진소리도 들을 수 없게 되고 우리는 근대를 더 기억하기 힘들어진다. 운송기계인 디젤기관차를 기억의 기계로 탈바꿈시켜줄 산업문화적 능력이 우리에게 있을까?

8_____ 제트여행기 보잉747, 여행의 지도를 바꾸다

_____ 생필품이 된 제트여객기

요즘 인천공항은 고속버스 터미널 이상으로 붐빈다. 포화상태라고 할 수 있을 정도다. 온갖 계층의 사람들이 전 세계의 온갖 행선지로 떠나는 모습을 보면 이제 항공기는 대중교통수단이 되었다는 생각이 든다. 해외여행이 자유화되기 전인 1989년 이전만 해도 그렇지 않았다. 그때는 업무나 유학 같은 특별한 사유가 없는 한 해외여행은 하기 힘들었으며, 여권도 딱 한 번만 쓸 수 있는 단수여권이 발급됐었다. 누가 외국에 나가면 직계가족뿐 아니라 친척들까지 공항에 송영을 나갔던 게 당시의 풍경이다.

학생들도 바람 쐬러 휙하고 외국에 여행 다니는 요즘, 대형 제트여객기는 전 국민의 생활필수품이 되어버렸다. 해외에 가는데 제트여객기를 타지 않고 간다는 것은 상상도 할 수 없는 일이기 때문이다. 그런 점에서 제트여객기는 프로펠러 여객기와 차별되는 위상을 가지고 있다. 사실 요즘의 프로펠러 여객기의 엔진은 구닥다리 피스톤 엔진이 아니라, 속은 제트여객기와 똑같이 터빈이 있고 거기서 발생되는 강력한 배기가스의 추력으로 프로펠러를 돌리는 터보 프롭 방식이지만, 이런 사연을 잘 모르는 일반인들은 베트남 같은 데서 프로펠러 여객기를 타면 구식 비행기를 탔다고 불평을 하곤 한다.

사업이든 유학이든 신혼여행이든 대부분 대륙을 넘는 비행을 하기 때문에 당연히 대형 제트여객기가 생활필수품이 된 것이다. 보잉747의 대당 가격이 3천억 원쯤이니, 생활필수품치고는 상당히 고가인 셈이다. 보잉747은 항공여행의 지형도를 대폭 바꾼, 아주 중요한 생활필수품이다. 이 비행기가 생활필수품이 된 데는 경제성이 중요한 면을 차지한다. 최초의 광동체wide body 여객기인 보잉747은 전 세계인의 여행산업에 큰 영향을 미쳤다. 좌석을 배치하기에 따라서는 최대 520명, 평균적으로는 400명의 승객을 실을 수 있는 크기 덕분에 전 세계의 중산층들이 보잉747을 통해 세계여행을 할 수 있게 된 것이다.

1969년 보잉747이 미국 시애틀에서 첫 비행을 했을 때, 그것은 항공의 역사의 새 장을 여는 사건이었다. 그 후로 지금까지, 보잉747은 1,500대 이상 생산되어 대형 여객기의 베스트셀러 자리를 굳게 지키고 있다. 보잉747보다 훨씬 큰 에어버스 A380이 2005년에 등장했지만(A380의 최대이륙중량은 590톤, 현재까지 160대 생산됐다), 보잉747은 여전히 여객기의 베스트셀러 노릇을 하고 있다. 전 세계의 여객기 시장

———— 1975년의 대한항공 광고에 등장한
보잉747

이 보잉과 에어버스로 양분되어 있는 지금, 보잉747이 에어버스와 치열하게 경쟁하며 계속 새로운 모델을 내놓고 있는 보잉의 플래그십 모델(즉 대표주자)이라고 할 수 있을 것이다.

_____ **보잉747의 모험들**

보잉이 1960년대 중반 이렇게 큰 여객기를 만들기로 한 것은 대담한 결정이었다. 이를 위해 보잉은 2억 달러를 대출받아야 했는데, 이는 당시로서는 한 기업이 받은 융자 중 가장 큰 액수였다고 한다. 보잉은 또한 이 거대한 비행기를 만들기 위해 300만 제곱미터의 부지에 새 공장을 지어야 했다. 보잉747의 모험은 다른 곳에도 있었다. 이

_____ 파리의 르부르제공항에 있는 항공박물관에 전시된 에어프랑스의 보잉747. 엔진이 착륙 직후 역추진 장치를 작동시키는 방식으로 되어 있다. 무거운 항공기가 활주로에서 제대로 정지하려면 엔진의 분사방향을 거꾸로 바꿔주는 역추진장치를 써야 한다. 사진 이영준

비행기가 첫 비행하던 1969년, 지금은 사용되지 않는 초음속 여객기 콩코드도 첫 비행을 한다. 당시의 여객기 추세는 초음속이었기 때문에 사람들은 콩코드가 여객기의 대세가 될 것으로 내다보았다. 그래서 초음속 여객기가 대중화될 때를 대비해서 보잉은 아음속(음속 이하)의 747을 언제라도 화물기로 개조할 수 있는 형태로 만들었다(지금 사용되는 747의 상당수는 화물기다). 그러나 콩코드가 엄청난 연료비와 유지비 때문에 더 이상 사용되지 않게 되자 하늘은 보잉747을 비롯한 아음속 비행기들의 차지가 되었다.

보잉747이 엔진을 네 개 달고 있는 것은 1970년대 당시로서는 안전성 면에서 큰 이점이었다. 엔진의 신뢰도가 오늘날보다 떨어졌던 당시에는 엔진 두 개를 단 비행기는 만일에 대비해서 공항이 가까운 항로로 비행해야만 했다. 혹시라도 두 개의 엔진 중 하나가 고장 나면 바로 인근의 공항으로 비상착륙할 수 있도록 하기 위해서다. 덕분에 엔진을 두 개 단 비행기의 항로는 길어져야만 했지만, 보잉747은 그런 문제가 없었으므로 짧은 직선 항로를 택할 수 있었다. DC10이나 록히드L1011같이 엔진 세 개 달린 여객기들도 있었으나 꼬리날개에 달린 엔진을 정비하는 것이 까다로워서 오늘날에는 쓰이지 않고 있다. 요즘은 엔진의 신뢰성이 좋아지면서 보잉777이나 787드림라이너같이 두 개의 엔진을 달고도 대륙 간 이동을 하는 비행기들이 점차 대세가 되고 있다. 그 덕에 길이 70미터의 초대형 보잉747은 경제성이라는 면에서 더 작은 다른 기종으로부터 많은 위협을 받고 있는 것이 사실이기도 하다. 필자의 경험으로 봐도 외국 여행할 때 747보다 777을 탄 적이 더 많은 것으로 보아 이제 대세는 슬슬 엔진 두 개를 단 기종으로 바뀔 것으로 보인다.

_____ 테크놀로지의 아이콘

1969년 첫 비행을 한 후 지금까지 거의 50년을 세계의 하늘을 누비고 있는 보잉747은 테크놀로지의 역사적 연속성의 상징이기도 하다. 초기의 보잉747 중 하늘을 날 수 있는 것은 남아 있지 않고 지금 쓰이는 것들은 다 개량형들이기는 하지만 보잉747이라는 이름으로 거의 같은 형태의 항공기가 반세기 동안 쓰이고 있다는 것은 테크놀로지가 자고 일어나면 바뀌는 요즘 세상에 대단히 의미 있는 일이다.

그러나 속을 들여다보면 거기에는 무수한 테크놀로지의 혁신들이 있다. 첫 비행에 쓰였던 프랫 앤 휘트니 JT9D 엔진은 1990년에 사용이 끝나고 지금은 같은 회사의 PW4062나 제너럴 일렉트릭의 GE CF6, 롤스로이스의 RB211을 쓰고 있다. 그리고 아날로그 방식이었던 초기의 계기판은 모두 디지털 디스플레이로 된 글라스 칵핏으로 바뀌었다. 보잉747은 이름과 겉모양은 50여 년을 같은 형태를 지속하고 있지만 속의 것은 죄다 바뀐, 테크놀로지의 연속성과 불연속성이라는 양면을 가진 기체다. 그 긴 역사를 이끈 사람은 1969년의 초도비행 때부터 보잉747의 개발을 이끌었으며 '보잉747의 아버지'라고 불리던 설계팀장 조 서터Joe Sutter다. 그는 고령인 95세까지 설계고문으로 최신모델인 747-8의 개발을 이끌었다. 2016년 8월 30일 세상을 뜰 때까지 평생을 보잉747에 매달렸다.

보잉747은 747-100, 200, 300, 400 등의 변종이 있으며 현재까지 다 합하여 1,500대 이상이 생산됐다. 현재까지 가장 최신형인 747-8형이 개발되어 있다. 대형 여객기의 베스트셀러인 보잉747(모든 여객기 중 최고의 베스트셀러는 737로, 1만 대 이상 팔렸다)은 다른 항공기 기종과는 다른 위상을 가진다. 기계 중에는 아이콘 노릇을 하는 것이 있는데 보잉747이 그렇다. 지금은 보잉777과 에어버스 A380 등 후속 기종에 밀리는 느낌이지만, 그래도 글로벌한 여행을 가능케 한 대표적인 기종은 보잉747이다. 그래서 보잉747은 항공기의 평면에서 이륙해서 더 큰 상징성의 영역으로 순항한다. 그것은 소니 워크맨이나 현대 쏘나타 같이 특정한 기계의 범주를 대표적으로 표상하는 아이콘 노릇을 하는 기계다.

_____ 센세이션을 일으킨 괴물 기계의 도입

대한항공은 1972년 10월에 보잉 747-2B5을 처음 도입하여 미주 노선에 투입했는데, 서울-도쿄-호놀룰루를 경유해 로스앤젤레스로 가는 장거리 노선의 비행시간은 총 17시간이었다. 1972년에 무슨 일이 일어났을까? 그해 7월 4일 7.4남북공동성명이 발표되어 통일 분위기를 대폭 끌어당긴다. 당시 이후락 중앙정보부장이 평양에 갔다 왔다는 발표를 했을 때 전 국민은 정말 놀랐다. 이는 남북한 당국이 분단 이후 최초로 통일에 대해 합의한 사건이었기 때문이다.

그러나 10월 17일 정치활동과 언론 및 표현의 자유에 제한을 두는 소위 10월유신이 시작됐다. 그해 겨울 열린 유신헌법에 대한 국민투표에서 투표율 91.9%, 찬성률 91.5%라는, 북한에서나 볼 수 있는 해괴한 결과가 나온다. 그리고 박정희는 제8대 대통령에 취임한다. 보잉747은 이런 스산한 시대적 분위기 속에서 한국에 도입됐다. 아마 당시 보잉747을 탈 수 있었던 사람은 사업하는 사람들과 정부 관료 등 지극히 제한되었을 것으로 보인다. 필자 주변에 그런 사람이

——— 파리 샤를드골공항에서 본 대한항공의 보잉747. 둔중하면서도 매끈한 몸매를 자랑하고 있다. 사진 이영준

없기 때문에 당시 대한항공의 보잉747의 기내 분위기가 어땠는지 들을 기회가 없는 것이 아쉽다.

비록 일반인이 타볼 수는 없었어도 보잉747의 도입은 당시로서는 센세이셔널 했다. 그것은 단순히 비행기가 아니라 미국이라는, 아무나 갈 수 없는 아주 먼 곳에 있는 꿈의 나라로 가는 통로였다. 열 명의 승객을 한 줄에 태울 수 있을 정도의 폭 넓은 동체에 2층으로 된 구조, 110톤의 연료를 싣고 최대이륙중량 400톤이나 나가는 이 괴물비행기는 전 세계 공항의 시설기준을 바꿔놓을 정도로 파격적인 규모였다. 이 비행기의 동체 길이가 70미터, 날개 폭이 60미터니 그 전까지 제트여객기를 대표하던 보잉707(동체길이 46미터, 날개폭 40미터)에 비해서 주기장에서 차지하는 면적, 회전반경 등이 다 대폭 커졌기 때문이다.

김포공항도 점보기의 취항으로 2,468미터의 활주로를 3,200미터로 확장하고 공항청사도 부분적으로 확장해야 했으나 그것으로 충분치 않았다. 여러 가지 방안을 강구한 끝에 1980년 8월 지금의 국제선 제1청사를 개청하여 비로소 국제공항으로서 숨통이 트이게 됐다. 물론 점보기의 취항은 단순히 비행기가 커졌다는 것만을 의미하는 것은 아니었다. 그것은 대륙 간 항공여행의 보편화와 대중화를 의미했고, 인도차이나반도를 탈출하여 제3국으로 가는 보트피플에서부터 미국으로 언어연수를 떠나는 대학생, 노트북 컴퓨터를 든 비즈니스맨에 이르기까지 많은 부류의 사람들이 보잉747을 매개로 해 다른 나라를 체험하게 되었음을 의미하는 것이다. 보잉747은 테크놀로지의 아이콘을 넘어 문화와 역사의 아이콘이 되었다. 아마존에 검색해보면 보잉747에 대한 책은 몇 권인지 셀 수 없을 정도로 많았다.

_____ 보잉747의 구조

그런데 최대이륙중량이 400톤이라는 어마어마한 무게의 이 괴물이 어떻게 하늘에 떠서 시속 약 1천 킬로미터의 순항속도로 열 몇 시간이라는 긴 시간 동안 날아갈 수 있는 걸까? 그것은 한마디로 무지막

—— 1968년 보잉747의 프로토타입이 시애틀에 있는 공장에서 공개됐다.

지한 추력의 터보팬 제트엔진 덕분이다. 보잉747의 초기모델은 플랫 앤 휘트니의 JT9D 엔진을 장착했었고 제너럴 일렉트릭의 CF6, 롤스로이스의 B211을 장착한 모델도 있었다. 엔진 모델은 항공기를 주문하는 항공사의 요구에 따르게 되는데, 영연방 항공사들은 영국 회사인 롤스로이스 엔진을 장착한다. 중국에 반환되기 전 홍콩의 항공사인 캐세이 퍼시픽도 영연방이었기 때문에 롤스로이스 엔진이 장착된 보잉747을 운용했었다(JT9D의 추력은 46,000파운드, 가장 최근 모델에 쓰이는 GEnx 엔진의 추력은 68,000파운드로 늘었다. 제트엔진의 추력이란 배기 노즐로 빠져나가는 강력한 속도의 공기덩어리가 가지는 운동에너지다. 그것은 공기덩어리의 질량과 속도의 곱으로 표시된다).

넉 대의 JT9D 엔진의 추력을 합하면 약 10만 마력에 이르는데, 이 엄청난 힘이 400톤의 무게를 하늘로 떠우는 역할을 한다. 그러기 위해 보잉747은 막대한 양의 연료를 싣는다. 1만 4천 킬로미터를 가기 위해 2만 4천 리터의 연료를 싣는데, 흥미로운 것은 이륙을 위해 계류장에서 활주로 끝까지 가는 1킬로미터 남짓의 여행에 1톤의 연료를 쓴다는 사실이다. 앞쪽의 공기흡입구로 들어오는 공기의 양과 속도에 따라 추력이 정해지는 제트엔진의 특성상, 시속 1천 킬로미터의 속도로 비행할 때에 비하면 유도로를 따라 기듯이 가는 지상활주에서는 그렇게 많은 공기가 흡입구로 들어오지 않는다. 그래서 막대한 양의 공기를 지상에서 쓰는 것이다. 그러나 일단 이륙하면 속도가 붙고, 막대한 양의 공기가 유입되어 추력이 늘고, 그러면 또 더 많은 공기가 유입되어 추력은 더 늘고, 마침내 순항고도에 이르면 최고의 효율을 발휘하게 되는 것이다. 그런 식으로 보잉747은 우리를 미국으로, 유럽으로 실어 나른다.

필자가 보잉747을 처음 타본 것은 1989년 생애 첫 해외여행 때였다. 그 전까지 사진으로만 보고 플라스틱 모델로만 접하던 유나이티드항공의 보잉747이 김포공항 출국장에 우아하고 긴 날개를 펼치고 있는 모습에 필자의 가슴은 터질 것만 같았다. 엄격한 보안 때문에 출국장에 들어서기 전에는 활주로나 비행기의 모습을 일체 볼 수 없었던 공항 구조였기 때문에 출국장에서 처음 대면한 보잉747의 모

습은 더 감동적이었다. 1970년대에는 송영대가 있어서 송영객들이
활주로와 계류장이 보이는 전망대에서 떠나는 승객들을 배웅했었다.
1971년 필자의 작은아버지와 어린 사촌남매가 거기서 손을 흔들고
브라질로 이민을 갔던 기억이 지금도 생생하다.

_____ 큰 테크놀로지, 큰 사고

보잉747은 최대 524명의 승객을 태울 수 있는 초대형 항공기지만 또
한 비극적인 대형사고의 주인공이 된 적도 많다. 테크놀로지의 철학
적인 면을 다룬 저술로 유명한 폴 비릴리오Paul Virilio는 "큰 테크놀로지
는 큰 사고를 유발한다"고 말했는데, 이는 보잉747에 딱 들어맞는 얘
기인 것 같다. 단일 항공기로 최악의 사고는 1985년 도쿄 하네다공항
을 출발해 군마현의 산에 추락한 일본항공의 경우다. 당시 보잉747
SR100은 승객을 524명까지 태우도록 설정되어 있었으니 생존자 단
네 명을 제외한 520명이 희생되는 참사가 되고 말았다.

　1977년 대서양의 테네리페에서 일어난 사고는 더 많은 목숨을
앗아갔다. 두 대의 보잉747이 충돌했기 때문인데, 총 583명이 희생
된 이 참사는 공교롭게도 하늘이 아닌 땅에서 벌어졌다. 활주로에 진
입하려는 팬암항공의 보잉747을 짙은 안개로 인해 보지 못한 KLM의
보잉747이 충돌한 이 사고에서 양쪽의 승객들이 큰 희생을 당한다.
이 사고 이후 조종석과 관제탑 사이의 교신규칙이 바뀌어 불분명한
용어 사용이 금지된다. 그런데 이 기체는 최초로 상업용으로 운항에

쓰인 보잉747이었다고 한다. 영광의 기체가 처참한 최후를 맞았다는 것은 아이러니한 일이다.

한편 두 번째의 보잉747도 팬암항공으로 인도된 후 1993년 퇴역하여 경춘국도 옆에서 카페로 개조되어 운영되었다. 필자도 예전에 경춘국도를 지나다가 그 아름다운 보잉747의 기체가 처참한 몰골로 있는 모습에 너무나 안타까웠는데 지금은 없어진 상태이다. 대체 어쩌다가 역사적으로 중요한 이 기체가 한국의 시골까지 흘러들어오게 되었는지 알 수 없는 노릇이다.

──────── 가장 안전한 교통수단

한국의 항공사가 운용하던 보잉747도 몇 차례 사고를 당하게 되는데, 1983년 소련의 전투기가 쏜 미사일에 격추된 대한항공 007편의 비극적인 사고, 1997년 괌공항에 착륙 접근하다 조종사의 과실로 충돌한 대한항공 801편 사고 등이 있다. 그러나 이 사고들은 보잉747의 기체결함 때문은 아니었고, 기체결함으로 인한 사고 중 대표적인 것은 1997년 TWA항공의 보잉747이 뉴욕 케네디공항을 이륙한 직후 롱아일랜드 앞바다에 추락한 사고다. 이 사고의 원인은 동체 중앙부에 있는 연료탱크 내부에서 전기 스파크가 일어나 폭발한 것이었다. 이 사고는 추락 직전 미사일이 항공기를 맞추는 것을 보았다는 목격자들의 진술 때문에 테러범의 소행이 의심되기도 했으나 연방수사국이 장기간 조사한 결과 테러는 아닌 것으로 판명났다. 그러나 그 후에도 끈질기게 진상이 은폐되었다는 설이 계속 제기됐다.

이런 사고들에도 불구하고 보잉747을 타러 가면서 사고를 걱정하는 사람은 별로 없다. 이미 알려져 있듯이, 항공기는 오늘날 가장 안전한 교통수단이다. 그 이유는 항공기가 가장 관리감독이 철저히 이루어지는 교통수단이기 때문이다. 항공기는 승무원이 타기 전에 수많은 항목에 걸쳐 기체의 이상 유무를 철저하게 점검한다. 그리고 계류장을 떠날 때, 유도로의 각 지점에 진입할 때 일일이 관제탑의 승인을 얻어야 한다. 그리고 유도로의 각 지점에서, 활주로에 진입하기 전에 또 수많은 항목의 체크리스트를 점검하며 이상이 없는지 확인한다. 하늘에 떠서도 관제탑의 지시 없이는 고도나 방향을 바꿀 수 없으며, 기장과 부기장은 항상 복명복창하여 어떤 동작이나 조치도 어물쩍 넘어가지 않도록 하고 있다.

항공기 조종에서는 자유나 자율은 없다. 모든 것이 빡빡한 규칙에 따라 이루어진다. 항공기는 아무런 관제도 받지 않고 운전자 한 사람의 판단에 모든 것을 맡겨놓은 승용차 운전의 반대 극에 있는 운송수단이다. 운전의 능력과 스타일이 제각각 다른 수많은 운전자들의 이기적 욕구만이 지배하고 있는 길거리에 비하면 철저하게 관제를 받고 있는 항공교통로는 훨씬 안전한 곳이다. 보잉747은 그런 하늘을 무대로 오늘도 생필품 노릇을 충실히 하고 있다.

9_____ 10000마일 유조선 오디세이

_____ 테크놀로지의 기적

지난해 언론마다 한국의 조선업에 닥친 위기에 대해 연일 대서특필했다. 어떤 신문은 '구멍 뚫린 조선업 욕심이 빚은 대참사, 국내 조선업계 천문학적 적자 기록'이라는 제목의 기사를 내기도 했다. 한때 전 세계의 바다에 떠 있는 큰 배 중 절반은 한국의 조선소들이 만든 것들인데 어쩌다 이 지경이 됐을까. 한국에서 조선산업이 본격적으로 시작된 것은 1974년 6월 28일이라고 해야 할 것이다. 이날 울산 현대중공업에서 건조한 길이 345미터, 폭 52미터, 높이 27미터의 유조선 애틀랜틱 배런호가 진수했다. 이 배의 진수식에는 박정희 당시 대통령이 참석했고, 이 광경은 전국에 텔레비전으로 생중계되었다. 잘 알려진 바대로 현대중공업의 정주영 회장은 아무 토대도 없는 상태에서 조선산업을 일으켜 '기적'이라는 평을 들었지만, 지금 돌이켜 생각해보면 무리수의 연속이었다. 그 무리수가 지금까지도 문제를 일으키고 있는지도 모른다. 요즘의 조선산업의 위기는 경험이 부족한 상태에서 대규모 해양 플랜트를 무리하게 수주한 탓이니 말이다.

하지만 호황기 동안 조선업을 먹여 살린 배는 대형 유조선과 컨테이너선이었다. 필자는 한국의 조선소가 만든 대형 컨테이너선을 타고 항해한 경험을 바탕으로 이 배의 내외부를 속속들이 살펴볼 수 있었다. 그것은 한마디로 테크놀로지의 기적이라고 할 수 있다. 필자가 탄 'CMA CGM 페가서스'는 울산의 현대중공업에서 만든 11,300teu급의 컨테이너선이었다(teu란 길이 20피트의 컨테이너 한 개를 말한다. 따라서 20피트 컨테이너 11,300개를 실을 수 있는 배라는 뜻이다).

이 배를 타는 순간 '명품이다!'라는 생각이 딱 들었다. 길이가 360미터, 폭이 46미터, 흘수 15미터의 이 배는 거대한 강철 덩어리인데, 수많은 강재들을 용접해서 만든 것이라고는 믿을 수 없을 만큼 천의무봉, 단단해 보였다. 그 안에 수많은 엔진들과 펌프들, 파이프들과 전선들이 얽혀 있는 이 배는 엄청난 시스템의 결과물이었다. 이 배 자체가 아주 크고 복잡한 시스템이었다. 전 세계의 수많은 까다로운 선주들에게 몇 십 년 동안 큰 선박들을 공급해왔다는 것은 대단한 일이다.

＿＿＿＿＿ 페가서스의 힘, 페가서스를 만든 힘

CMA CGM 페가서스는 오늘날 빨라지고 거대해진 글로벌 운송의 표상이다. 재화중량 13만 톤의 무게로 신화 속 페가서스처럼 날 수

———— 10,000여 개의 컨테이너를 싣고 남중국해의 거친 바다를 뚫고 항해 중인 CMA CGM 페가서스. 사진 이영준

는 없겠지만, 1만 개의 컨테이너를 싣고 시속 24노트로 순항할 수 있다는 것은 신화 속 페가서스 이상의 힘을 가지고 있음을 보여준다. CMA CGM 페가서스는 신화 속 페가서스의 물질적 환생이면서 동시에 에너지는 10만 배로 증폭된 확대변형판이다. 마력이란 문자 그대로 말 한 마리의 힘을 말하는 것이니 페가서스란 이름은 배의 힘과 잘 어울린다.

배를 영어로 'vessel그릇'이라고 하는데, CMA CGM 페가서스는 정말로 많은 것을 담을 수 있는 그릇이다. 작은 반도에서 태어나 눈앞의 이익에만 아웅다웅하던 한국 사람이 큰 배를 만들면서 그릇이

커진 것이다. 매일같이 된장찌개를 먹고 삼겹살에 소주를 먹는 아저씨들이 이런 배를 설계하고 만들었다. 뭐든지 적당히 빨리빨리 대충대충 해치우면 된다는 한국 사람들이 이런 배를 만들었다. 물론 전적으로 한국 사람들의 손으로만 이 배를 만든 것은 아니다. 이 배가 국산이라고 해서 모든 부품과 기술이 국산인 것은 아니다. 이런 크고 복잡한 물건은 국제적인 협업과 분업으로 만들어지지 오로지 어느 한 나라가 만들어서 파는 경우는 없다. 그러나 미켈란젤로가 대작을 만들 때 조수들의 도움을 많이 받았어도 궁극적으로는 미켈란젤로의 작품이듯이, 이 배는 현대중공업의 작품이다.

한국에서 만든 이 배가 자랑스러워서 선장에게 한국의 조선업의 수준이 놀랍지 않느냐며, 2015년에 수주된 전 세계의 LNG선은 몽땅 한국의 조선소들이 만들었다고 자랑을 했다. 그런데 선장은 크로아티아 사람이었다. 지중해를 끼고 있는 크로아티아에서도 그가 태어난 곳은 조선소들이 많았던 도시 리예카Rijeka라고 했다. 그는 침울한 표정으로 "리예카의 조선소들은 다 파리를 날리고 있고 수주를 한국과 중국의 조선소에 빼앗겨 노동자들은 다 일자리가 없다"고 말했다. 어느 나라의 기업이 성장한 뒤에는 다른 나라의 기업의 몰락이라는 그림자가 있는 것이었다.

이 배를 타던 2011년만 해도 한국에 이런 일이 생길 거라고는 예상하지 못했다. 그런데 이제는 한국이 유럽의 조선소 신세가 될 지경에 이르렀다. 그렇게 열심히 해서 세계 최고의 조선강국이 되었고 반도체, 자동차가 세계 수준에 이르렀는데 '열심히' 저 너머의 지평은 없을까? 우리가 어렸을 때부터 제일 많이 들어온 말이 '열심히'니까 말이다. 이제는 세계에서 제일 큰 배를 만들 능력이 있으니 '열심히' 말고 다른 지평을 찾아야 할 때가 되지 않았을까? 선장의 집이 있는 풀라의 사람들은 열심히 사는 대신 마당에 올리브와 포도를 심어서 올리브유를 짜고 포도주를 만들어 이웃에 나눠주며 산다고 하는데, 우리에게 이런 여유는 사치이거나 죄악이어야만 하는가?

_____ 말 10만 마리의 힘을 가진 괴물 엔진

하지만 비평가의 궁극적 관심은 그런 막연한 문제가 아니라 이 배를 끌고 가는 기계적 추진력은 도대체 무엇인가 하는 것이다. 현대중공업이 MAN B&W와 라이선스 계약을 맺고 만든 2사이클 디젤엔진은 10만 마력의 출력을 낸다. 엔진의 높이는 12미터, 무게는 2,000톤, 길이는 25미터이다. 이 엔진의 크기와 힘과 소리와 진동과 복잡한 구조는 괴물이라고 부르는 데 조금도 손색이 없다. 이 괴물 엔진은 큰 바다를 건널 때 며칠을 계속 전속력으로 가동해도 아무런 문제가 없을 정도로 내구성이 좋다. 배에는 출력 10만 마력의 주 엔진 외에도 출력 3천 마력의 발전용 디젤엔진이 다섯 대, 각종 펌프들이 있기 때문에 이것들이 내는 화음은 상당히 복잡하다.

항해 중에는 메인 엔진의 소리가 둔중하고 무거운 저음으로 들려온다. 엔진실은 배의 아래쪽에 있으므로 그 진동과 소리는 여러 겹

——— 상하이 양산항에 입항 중인 컨테이너선 MSC Danit. 전 세계의 바다에 떠다니는 초대형 선박의 반은 한국의 조선소가 만든 것이다. 스위스 회사인 MSC가 운용하고 있는 이 배는 대우조선해양이 만든 것이다. 사진 이영준

의 쇠로 된 구조물이라는 필터를 통과하여 많이 걸러진 것이다. 그래서 선실에 앉아 있는 나에게 전달되는 것은 매우 추상화된, 낮은 울림일 뿐이다. 소리라기보다는 어떤 무거운 에너지만이 전달된다. 그것은 아주 저음이기 때문에 어떤 소리라고 묘사할 수 있는 것은 아니다. 거인의 심장이 뛰듯 쿵쿵하고 울려올 뿐이다.

정박 중에는 말 10만 마리의 힘을 가진 거인은 잠자고 있으므로 무거운 진동과 소리는 들리지 않는다. 그 대신 발전용 디젤엔진이 돌아가는 소리만 들릴 뿐인데 대개는 정박 중에는 다섯 대의 엔진 중 한 대만 켜놓는다. 3천 마력이라고는 하지만 10만 마력에 비하면 아주

작은 것이기 때문에 발전용 엔진소리는 선실까지 거의 전달되지 않는다. 그냥 뭔가가 살살 돌아가고 있다는 느낌이 들 뿐이다.

이 배는 아마도 인간이 만든 움직이는 물건 중에서는 가장 큰 축에 속할 것이다. 이 배는 63빌딩보다 훨씬 크다. 도대체 크기에 대한 인간의 욕망은 어디까지인가? 사실 근대의 테크놀로지가 등장한 이래 크기에 대한 욕망은 물리적으로 느낄 수 있는 지점을 지난 지 한참 오래다. CMA CGM 페가서스의 재화중량, 즉 실을 수 있는 화물의 무게는 13만 톤인데, 그런 무게는 우리가 감각으로 가늠할 수 있는 크기가 아니다. 그런 막막함은 배를 타고서도 풀리지 않는다. 배에서 일하는 사람이나 해운업 일을 하는 사람에게도 그런 무게나 크기는 감각적으로 다가오는 것이 아니라 추상적인 숫자로만 다가올 뿐이다.

이 배가 아주 크다는 것을 말해줄 수 있는 지표는 아주 많지만 시간만큼 분명하게 감각적으로 느낄 수 있는 것도 없다. 페가서스의 엔진을 비상시에 전속전진에서 전속후진으로 바꾸는 데 6분 11초가 걸린다. 그리고 전속전진으로 항해하다가 완전히 정지하기까지 16분이 걸린다. 그 16분 동안은 지구상의 어떤 것도 페가서스를 멈출 수 없다.

_____ 스마트한 바보상자, 컨테이너

2010년 기준으로 전 세계의 화물운송에서 컨테이너가 차지하는 비중은 재화중량 기준으로 13.3%다. 전 세계의 컨테이너선의 재화중량의 총량은 1980년의 1,100만 톤에서 2010년에는 1억 6,900만 톤으로 늘어났다. 현재 전 세계의 컨테이너선의 평균 선령은 10.6년이다. 현대중공업으로부터 인도받은 지 1년이 지난 페가서스는 아주 젊은 배다. 벌크선의 평균 선령은 16.6년, 원유선은 17년으로서 컨테이너선이 화물선으로는 제일 어린 축에 속한다. 오늘날 철광석이나 석탄, 황이나 원목 같은 벌크 화물이 아닌 화물의 90%는 컨테이너에 실려 수송되고 있다.

화물운송의 컨테이너화는 전기 시스템을 교류로 통일하거나 컴퓨터의 데이터 전송방식을 USB로 통일하는 것에 비교될 만큼 중요한 일이다. 컨테이너는 화물운송의 속도와 비용을 줄이기도 했지만, 튼튼한 강철상자를 이용하기 때문에 화물이 파손될 위험이 적다. 그냥 직육면체의 강철통인, 밖에서 잠그는 자물쇠를 빼고는 아무런 장치도 없는 컨테이너가 그렇게 많은 역사적 의미와 경제적 의미를 가지고 있다는 것은 놀라운 일이다.

사실 컨테이너 자체는 바보상자인데 그 주변에 많은 장치들이 붙어서 복잡한 시스템으로 만들어주고 있다. 배에서는 1등 항해사가 어느 항구에서 어느 회사의 컨테이너 몇 개를 배의 화물칸 어디에다 실을 것이며, 그에 따른 무게배분은 어떻게 하고, 배의 균형을 잡기 위해 발라스트 탱크는 부위별로 얼마씩 채워야 할지 계산한다. 물론 오늘날은 그런 계산을 도맡아주는 'Deckmaster Marine' 같은 프로그램이 있어서 다 해준다. 항구에서도 그와 비슷한 프로그램으로 어

—— 국내 어느 조선소에서 컨테이너선을 짓고 있는 모습. 사진 조춘만

떤 배가 어떤 컨테이너를 몇 개 내리고 받을 것이며, 어떤 트레일러들이 언제 몇 번 선석에서 컨테이너를 실어낼 것인지 계획 세우고 실행한다. 이런 모든 스마트한 프로그램들이 컨테이너를 전 세계 해상 운송의 총아로 만들어주었다.

만일 컨테이너가 없었으면 오늘날 전 세계의 모든 자잘한 물건들을 만들어 팔아 경제대국으로 급부상하고 있는 중국은 그것들을 수출할 수 없었을 것이다. 페가서스도 그렇고 CMA CGMA의 다른 배들도 그렇지만, 유럽과 중국을 잇는 노선에 가장 큰 배들이 투입된다. 보통 한 나라당 하나의 항구에 들르는 것과 달리 중국에서는 다리안, 톈진, 상하이, 샤먼, 홍콩, 얀탄 등 많은 항구에 들르는 것만 봐도 글로벌한 컨테이너 운송에서 중국이 차지하는 비중을 알 수 있다. MS 윈도우즈만 깔면 어떤 컴퓨터든지 전 세계에서 쓸 수 있는 것과 마찬가지로, 컨테이너 터미널만 지어놓으면 글로벌한 운송 네트워크에 참여할 수 있다.

거친 바다와 까다로운 인간을 매개해주는 인터페이스인 배는 바다와 인간 양쪽의 조건과 요구사항을 다 충족해야 하는 고달픈 신세다. 인간이 더 많은 짐을 싣도록 배를 만들면 그렇게 해야 하며, 바다가 거친 파도로 후려치면 그것을 다 맞아야 한다. 인간이 빨리 가도록 재촉하면 배는 몸이 부서져라 프로펠러를 돌려야 하며, 짠 바닷물이 선체를 적시면 부식을 견뎌야 한다. 배는 바다의 여러 조건들과 인간의 여러 요구들 사이에 적절한 매개를 취해야 하는, 참으로 미묘한 인터페이스다.

10___ 드론과 자율주행 자동차

___ 드론이라고 하는 오래된 사물 혹은 현상

드론은 처음 태어날 때만 해도 사회적인 기계가 아니었다. 무릇 모든 기계가 사회적이건만, 여기서 '사회적인 기계'라는 말을 굳이 쓰는 이유는 사회적 관심의 대상이 되고 사회적 삶에 영향을 미치고 바꾸는 기계를 따로 지칭하기 위해서다. 요즘 드론이라고 하면 헬리콥터 모양이 변형된 멀티콥터를 말하지만 원래 드론은 무인기無人機라는 뜻이었다. 그런 드론은 군사용 무인기와, 비행기 애호가들이 취미로 날리는 무선조종 모형 비행기라는 두 가지 기원을 가지고 있다. 둘 다 폐쇄된 집단이 활용한 것이기 때문에 여기서 말하는 사회적 기계는 아니다.

드론이라는 말 자체는 수컷 벌을 의미한다. 수벌처럼 하늘에 떠서 윙윙대고 돌아다닌다고 해서 그런 이름이 붙은 것이다. 사실 군사용 드론은 민간인이 접할 수 없는 것이기 때문에 인터넷에 나온 사진으로나 접하는 것이고, 밀리터리 마니아들이나 관심을 가질 물건이었다. 즉 군사작전이라는 것이 정치적인 것이고 이념과 각종 논란에 복잡하게 뒤얽혀 있는 것이지만, 드론이 탈레반 지도자를 공격하는 유튜브 화면은 까마득히 먼 곳에서 벌어지는 이국적인 사건일 뿐이다. 그래서 군사용 드론은 충분히 사회적 기계는 아니다. 드론의 또 다른 조상인 모형 비행기도 소수의 취미에만 머물던 것이었다. 이것도 사회적 기계가 아니었다.

여기서 말 하는 드론이란 무인기UAV, unmanned aerial vehicle를 말한다. 그러나 드론이란 마트에서도 싼 값에 살 수 있는 최근의 유행 현상이 된 멀티콥터가 아니라 생각보다 오랜 역사적 기원을 가진 사물 혹은 현상이다. 그 역사는 약 170여 년 전으로 거슬러 올라간다. 드론의 역사를 중국의 DJI 같은 회사가 주로 생산하여 누구나 가지고 놀 수 있는 멀티콥터에 한정하면 역사가 아주 짧지만, 인간이 타지 않은 채 날아가는 비행체로 넓히면 꽤 길어진다.

_____ **기술의 진화 이상의 진화**

역사에서 무인비행체가 전쟁에 처음 쓰인 것은 1849년 오스트리아가 베니스를 공격하기 위해 풍선에 폭탄을 가득 채워서 날린 것이라고 한다. 그러나 풍선은 바람 부는 대로 날아다니기 때문에 조종이나 유도가 불가능하다는 단점이 있었다. 무인기를 표적용으로 쓴 것이 1916년이었으니 꽤 오래 전의 일이다. 베트남전쟁이 한창일 때 조종사를 잃을 것을 우려한 미국 공군은 드론을 공격용으로 썼다. 1973년의 욤키푸르전쟁 때 이스라엘은 이집트와 시리아가 비싼 대공미사일을 낭비하도록 유도하기 위해 미끼로 드론을 썼다. 이때 쓴 드론은 데이터 링크, 지속적인 체공, 실시간 동영상 전송능력 등으로 인해 최초의 현대적 군사용 드론이라고 평가되고 있다.

그런데 드론 기술의 기원에 대해 사람들이 별 관심을 두지 않는 측면이 하나 있으니, 그것은 모형 비행기의 전동화다. 옛날의 모형 비행기는 내연기관을 썼기 때문에 연료를 넣어줘야 하고 따로 배터리를 연결해 시동을 걸어주는 등 절차가 복잡했다. 연료에서 나오는 그을음은 비행기를 더럽혔고 그걸 닦는 것도 성가신 일이었다. 그리고 연료를 넣는 비행기의 엔진은 바로 시동이 걸리지 않아 애를 먹이는 경우가 많았다. 그러다가 모형 비행기에 내연기관 대신 배터리로 작동하는 전동모터가 보편적으로 쓰이기 시작하면서 다루기가 대폭 편해졌다.

오늘날의 드론이 여전히 내연기관을 쓰는 것이라면 그렇게 많은 인기를 얻지 못했을 것이다. 드론 한 번 날리자고 연료통과 연료펌프, 엔진 스타터와 별도의 배터리를 갖춰야 하고, 그것들을 다루는 것은 모터에 배터리만 연결하여 스위치 넣고 윙~ 날리는 것과는 비교가 안 되게 거추장스러운 일이기 때문이다. 내연기관을 썼을 때는 사회적 기계가 아니었던 모형 비행기가 모양을 약간 바꾸자 갑자기 사회적 기계가 되어 온갖 이슈의 중심에 서게 된 변화는 대단히 흥미롭다.

사실 자동차의 전동화에 이어 항공기의 전동화는 오래된 추세다. 최근 미항공우주국은 X-57이라는 이름으로 배터리와 전동모터로 비행하는 항공기를 실험하고 있다. 전동모터로 나는 항공기는 탄소를 배출하지 않고 내연기관에 비해 소음이 적기 때문에 유리하다. 하지만 무거운 배터리를 실어야 하기 때문에 무게가 생명인 항공기에서는 어려운 과제이기도 하다.

그렇다면 도대체 드론에 무슨 일이 일어난 걸까? 단순히 헬리콥터가 멀티콥터로 변한 기술적인 변화가 드론의 위상에 큰 변화를 가져온 것 같지는 않다. 중요한 변화는 항공기술에 대해 기대하는 효용과 편익이 많아졌다는 데 있을 것이다. 즉 인간이 할 수 없는 일을 드론에게 시킬 것이 많아졌고, 더 작게 만들어서 더 많은 소비자에게 어필해야 한다는 필요성도 커진 것이다.

_____ 효용성 높은 사회적 기계

드론이 사회적 기계로 부상한 데는 용도가 다양하다는 점이 크게 작용한 것 같다. 원래의 용도였던 군사용 정찰, 공격 외에도 민간 분야에서 폭 넓게 활용되고 있는데, 취미로 날리는 드론에서부터 야생동식물의 관찰, 국경 정찰, 방송과 영화 촬영, 밀렵 감시, 환경오염 감시, 고고학 연구, 농업 등 상상의 범위가 뻗치는 대로 드론의 활용범위가 넓어진다고 보면 된다. 사실 보기보다는 날리기 쉽지도 않고 국내에서는 군사적·행정적 규제 때문에 실제로 드론을 날릴 수 있는 곳이 제한되기는 하지만 드론의 가능성은 앞으로도 클 것이다.

그래서 사고 후 30년이 지났음에도 아직도 위험한 체르노빌 원자로 사고현장을 찍을 수 있고, 작아진 드론으로 누구나 항공촬영을 즐길 수 있게 된 것이다. 드론에 의한 사생활 침해 현실은 어떤 기술에 의해 생기는 편익에 비해 문제의 비중이 현저히 적으면 문제점을 덮어두는 편이다. 필자가 한 토목 기술자와 고속도로를 달리다가 교량의 난간을 가리키며 난간을 더 높고 두텁고 튼튼하게 하면 차가 난간을 들이받고 추락하는 사고를 막을 수 있지 않느냐고 물었더니, 그는 그런 사고의 확률은 대단히 낮은데 그걸 위해 많은 돈을 쓸 수 없다고 했다. 기술이란 효용 대 비용, 효용 대 부작용 등 여러 가지 변수들 사이의 균형관계를 따져보고 개발 여부를 결정한다. 당장은 드론의 효용이 문제점보다는 커 보인다. 그래서 드론이 급속히 확산되고 있는 것이다. CCTV에 의한 사생활 침해 논란이 있었지만 범죄 사건 해결의 결정적 단서가 된 일이 많은 후로 그런 논란이 쑥 들어간 것만 봐도 알 수 있다.

사회화된 기계, 드론의 현실적인 위상을 알아보기 위해 기사를 검색해보면 다양한 주제의 스펙트럼을 볼 수 있다. '격랑의 남중국해, 중국의 봉쇄 맞서 미 잠수 드론 투입', '탈레반 지도자 만수르, 미 드론 폭격으로 사망', '울산 드론 페스티벌 이모저모', '산업통상자원부, 고흥 섬 지역, 영월 산간에 드론 택배' 등 기사는 군사·정치·산업 등 다양한 분야에 걸쳐 있다. 중국이 남중국해를 안방으로 만들려는 내해화內海化 전략을 채용하자 미국은 함정 드론과 잠수 드론을 개발해서 투입하겠다는 계획을 세우고 있는데, 드론이 하늘에서 내려와 수상과 수중으로까지 활동영역을 넓힐 수 있을지 귀추가 주목된다. 물속에서는 전파가 거의 통하지 않는데 잠수 드론을 어떤 식으로 조종할 수 있을지는 두고 볼 일이다.

_____ 불쑥 삶 속으로 들어온 기계

한편, 아프가니스탄에서 드론에 의한 살상이 벌어지고 있을 때 한반도의 남쪽에서는 드론을 평화적으로 이용하는 페스티벌이 열리고 있었다. 울산은 산업의 도시답게 울산드론페스티벌을 열었는데 드론 조종의 챔피언이 신기에 가까운 조종술을 보여주기도 하고, 울산과학기술대의 어느 교수는 울산에 앉아서 서울의 드론 수 십 대를 조종할 수 있음을 보여주어 사람들을 놀라게 했다.

이런 식으로 드론은 우리 삶에 불쑥 다가왔다. 마치 소리 없이 하늘에서 다가오듯이. 그러면서 드론을 이용하여 할 수 있는 온갖 착한 일들이 기사로 떠오른다. 산업통상자원부가 전라남도 고흥의 섬 지역과 영월 산간 같은 오지에 드론으로 택배를 보내는 실험을 하고 있다는 기사가 그런 것이다. 그런데 드론이 가져다줄 밝은 미래에 대해 기뻐하기 전에 한번쯤 생각해보자. 자동차가 나오면서 길은 더 이상 안전하지 않은 곳이 되었다. 물론 자동차가 나오기 전의 옛날에도 산

—— C130 수송기의 날개 밑에 매달려 실험중인 드론 Ryan Firebee, 1955

길은 도적이나 호랑이 때문에 위험한 곳이었으나 그런 위험은 항상 어디에나 있는 것이 아니었다. 자동차가 모든 길을 뒤덮어버리자 길은 기본적으로 위험한 곳이 되었고, 우리의 인생은 태어나서부터 늙어 죽을 때까지 항상 차 조심을 해야 하는 위험한 것이 되어버렸다.

드론이 보편화되면 어떤 일이 벌어질까? 도로가 위험하다고 해도 머리 위에는 시원하고 안전한 푸른 하늘이 있어서 답답한 가슴도 뚫어주고 마음의 위안도 주었다. 만일 드론이 배달이니 사진촬영이니 레저 스포츠니 온갖 명목으로 많아진다면 머리 위 하늘은 더 이상 푸른 공간이 아니라 위험의 공간이 될 것이다. 물론 철저히 관리하고 통제하면 된다. 그런데 기계는 작아질수록 통제하기 어려워진다. 인도 위를 마구 질주하고 신호를 잘 지키지 않는 오토바이들을 보면 그런 사실을 알 수 있다. 오토바이처럼 작은 기계인 드론이 그렇게 되지 말라는 법이 없다.

만일 공항에서 쓰는 항공관제 시스템처럼 모든 드론들의 움직임을 철저히 모니터링 하고 모든 기동에 대해 명령을 내릴 수 있는 시스템이 있다면 드론의 위험도 막을 수 있다. 그러나 마트에서도 파는 몇 만 원짜리에서부터 몇 백만 원하는 고급에 이르기까지 모든 드론을 통제한다는 것은 불가능하다. 파리 떼처럼 우리의 평화로운 머리 위를 가득 채울 드론의 위험을 막으려면 어떻게 해야 할까?

──────── 안전한 기계, 자율주행 자동차

드론이 무질서하게 우리의 머리 위 공간을 위협할 것에 대한 대비책은 자율주행 자동차에서 찾아야 할 것 같다. 이미 자율주행 자동차에 대해 상당한 실험이 이루어졌고 한국도로공사에서도 꽤 체계적으로 자율주행 자동차를 실험하고 있다고 하니 먼 미래의 일은 아닌 것 같다. 자율주행 자동차에 적용된 기술을 드론에도 적용한다면 꽤 안전한 기계가 될 것이다.

기계가 자동차를 운전한다면 걱정부터 하는 사람들이 많은데 인간이 얼마나 운전을 못 하는지 안다면 그리 걱정할 일도 아니다. 교통사고 가운데 80%가량은 음주, 운전 미숙, 졸음, 전방 주시 태만 등 운전자 과실 때문에 일어나는데 기계는 그럴 염려가 없기 때문이다.

물론 기계는 고지식하기 때문에 복잡한 길거리 모퉁이에 잠시 차를 세워놓고 잠깐 볼일을 보러 간다든가 하는 식의 명령은 수행하기 힘들 것이다.

하지만 인간이 운전하는 자동차야말로 통제되지 않는 혼란 그 자체임을 안다면 기계가 자동차를 운전하는 것에 대해 그리 걱정할 필요는 없다. 운전이란 운전자 개개의 역량과 성격, 심지어 그날의 컨디션에 모든 것을 맡겨놓고 있는 위험천만한 일이다. 우리가 매일매일 길을 건너면서 자동차를 조심해야 하는 이유는 인간의 운전이 부정확하기 때문이다. 필자는 횡단보도에서 녹색등이 들어와서 건너는데 마침 신호를 무시하고 달려드는 버스 운전기사와 눈이 마주쳤고, 분명히 정지하라고 강력한 수신호를 보냈음에도 불구하고 버스가 그대로 달아나버린 경우도 있었다. 기계는 이런 식의 불법은 저지르지 않을 것이다.

항공기가 하늘을 난다는 것은 위험한 일이지만 자동차보다 더 안전한 이유는 철저한 관제 시스템 덕분이다. 항공기는 이륙하기 위해 계류장을 빠져 나오고 유도로의 각 부분에 진입할 때마다 허가를 받아야 하고, 이륙해서도 고도나 방향을 바꾸기 위해 일일이 관제탑의 허가를 받아야 한다. 따라서 조종사가 정신병에 걸리지 않은 한 항공기는 사고를 낼 확률이 지극히 적다. 그러나 자동차는 아무런 통제도 없이 모든 안전의 문제를 운전자 개인의 양식에 맡겨놓고 있다. 자율주행 자동차는 고지식하게 법규를 지킬 것이므로 부주의나 난폭 운전에 의한 사고위험은 없다고 볼 수 있다.

_____ 기술이 가져올 계급의 양극화

흔히 자율주행 자동차에 대해 가장 많이 제기하는 문제는 자동차가 피할 수 없는 사고 상황에 맞닥뜨렸을 때, 직진하면 사람 다섯 명을 치게 되고 방향을 틀면 한 명만 치게 되는 경우 기계가 어떤 윤리적 판단을 내릴 것인가 하는 것이다. 왜 사람이 풀지 못하는 문제를 기계더러 풀라고 하는 걸까? 자율주행 자동차에게 윤리적인 문제까지 다루라고 하면 기계에 대해 지나친 요구를 하는 것 아닌가? 또한 자율주행 자동차가 기계적 오류를 일으킬 것에 대해 걱정하는 이들도 많은데, 기계적 오류의 확률이 없지는 않으나 인간이 일으키는 온갖 다양한 원인의 오류에 비하면 훨씬 적을 것이다. 인간은 화가 났다고, 술 먹었다고, 시간 없다고 과속을 하거나 신호를 위반하지만 기계는 그런 오류를 저지르지 않을 것이기 때문이다. 또한 고령 운전자의 사고가 급증하고 있는데 자율주행 자동차는 이런 문제도 해결할 것이다.

인공지능이 발달하면 과연 인간이 할 수 있는 일이 무엇인가 하는 질문들을 많이 듣게 된다. 이때 하는 가장 상투적인 답이 단순한 일은 기계에게 맡기고 인간은 기계가 할 수 없는 창조적인 일을 하면 된다는 것이다. 이 말은 실용적인 일은 기계에게 맡기고 인간은 예술 창작에 힘쓰면 된다는 식으로 들린다. 이 대답이 잘못된 이유는 이른

바 창조적인 면과 기계적인 면은 별개가 아니라는 점을 간과하기 때문이다.

　기계가 마주하고 있는 문제가 생각보다 복잡할 때 정말로 창조적인 능력이 필요해진다. 예를 들어 다음과 같은 문제가 주어져 있다고 하자. 자율주행 자동차의 문제는 윤리적인 것이라기보다는 경제적이고 정치적인 데 있는 것으로 보인다. 자율주행 자동차의 값이 얼마로 매겨질지는 모르겠지만, 어쨌든 인간이 모는 차에 비하면 비싸질 것이다. 그러면 오류의 가능성이 적은 안전한 자율주행 자동차를 모는 사회계급과 돈이 없어서 사람이 직접 차를 모는 사회계급이 나뉠 것이고, 이 사회는 안전한 삶을 사는 계급과 그렇지 못한 계급으로 나뉠 것이다.

　가뜩이나 경제적인 면에서 계급의 양극화가 심한데 기계적인 데까지 계급이 갈린다니 서러운 노릇 아닌가? 싼 드론에는 단순한 기능만 있지만 비싼 드론은 자동으로 되돌아오는 기능과 충돌을 회피하는 기능도 있다. 그렇다면 안전성이라는 면에서 드론에도 클래스가 나뉜다고 할 수 있다. 점점 더 정교하고 비싼 드론이 세상에 나오고 있다. 그에 따라서 드론 계층의 양극화도 심해질 것이다. 과연 드론과 자율주행 자동차는 이런 문제를 푸는 데 도움이 될까, 아니면 문제를 더 악화시키게 될까?

3

저항과 순응의 테크노스케이프

최형섭

11___ 제국의 시멘트, 친환경 소재로 거듭날까

___ **콘크리트 풍경에 갇힌 현대인**

누구나 어릴 적 한번쯤은 시멘트를 부어놓은 공사장에 발자국을 남기거나 나뭇가지로 이름을 새겨본 적이 있을 것이다. 그렇게 남겨진 흔적은 어느 정도 시간이 지나면 돌처럼 단단하게 굳어 오랜 세월 동안 보존되는데, 가끔 동네 이면도로 구석에서 발견되는 이런 흔적은 미소를 자아내기도 한다. 시멘트에 물과 골재(모래와 자갈)를 혼합한 뒤 굳혀 콘크리트를 만드는 과정을 양생養生이라고 한다. 종이 포대 속에 담겨 있는 시멘트는 고운 가루 형태지만, 물과 섞이면 액체와 비슷하게 유동성을 갖고 시간이 지나면 돌보다 단단해지는 등 다양한 형태를 띤다.

석회석을 가루로 만들어 물과 섞으면 굳어지는 성질이 있다는 사실은 오래전부터 알려져 있었던 것으로 보인다. 고대 로마 시대에 지어진 건축물들에서 시멘트와 유사한 물질이 검출될 정도다. 시멘트의 라틴어 어원은 카이멘툼caméntum으로 석회의 주성분인 탄산칼슘과 연관이 있다. 이후 영어에서 '시멘트cement'라는 말은 '접합시키다, 결속시키다'라는 의미를 얻게 되었다. 이렇듯 오랫동안 인류의 주거 문화를 지탱했던 시멘트는 19세기 중반 무렵부터 이전과는 비교할 수 없는 규모로 이용되기 시작했다. 석회석이 풍부한 영국 남해안 포틀랜드 섬Isle of Portland에서 개발된 '포틀랜드 시멘트'는 몇 가지 금속산화물이 포함되어 품질이 향상되었을 뿐만 아니라 제조법 또한 지금과 유사한 형태를 띤다. 포틀랜드 시멘트는 1870년대를 거치면서 독일, 미국 등지에서 널리 사용되기 시작한 이래 지금까지도 세계 각지에서 건설 자재의 제왕으로 군림하고 있다.[1]

시멘트가 20세기 건설자재의 중추적인 위치에 등극할 수 있었던 것은 사용 단계에 적합한 형태로 변화하는 성질을 가졌기 때문이었다. 분말 형태의 시멘트는 포대에 담아 대량으로 운반하기 쉽다. 공사현장에서 물과 골재와 섞이면 원하는 형태를 자유자재로 만들 수 있다. 그리고 양생과정을 거치면 견고한 구조물로 탄생하게 된다. 이렇듯 시멘트는 액체와 고체의 성질을 동시에 갖고 있다. 액체처럼 낮은 곳으로 끝없이 흘러들어 우리가 영위하는 공간의 틈을 메꾸었고, 일단 자리를 잡으면 고체처럼 강고하게 그 자리에 머물렀다. 지금 앉은 자리에서 고개를 들어 주위를 둘러보자. 그 풍경 속에는 콘크리트가 있을 것이다.

_____ 식민지 조선에 침입한 신식 시멘트 건물

근대 이후 한반도에 등장한 신문물은 대개 해외에서 만들어져 들어온 물건들이었다. 19세기 후반 이래 배 타고 물 건너 온 물건, 즉 박래品舶來品이 슬금슬금 들어오기 시작하던 것이 일제강점기를 거치면서 한반도 주민들의 일상 속으로 급속하게 퍼져 나갔다.[2] 이런 물건들 중에 시멘트가 포함되어 있었다. 시멘트는 때로는 다리로, 때로는 축대와 도로, 건물의 모습으로 한반도 주민 곁에 다가왔다.

시멘트가 한반도의 풍경을 바꾸어놓기 시작했던 것은 청일전쟁 직후인 1890년대 후반이었다.[3] 조선에 대한 주도권을 확인한 일본은 용산에 군사기지를 건설하고 경인선 철도를 놓기 시작했는데, 당시 이미 시멘트는 대형 토목사업에 필수적인 자재였다. 이때 사용된 시멘트는 당연하게도 전량 일본에서 수입했다. 수입량은 꾸준히 늘어 한일병탄 이후인 1910년대 후반에는 매년 6만 톤에 이르렀다. 해외에서 수입한 시멘트로 만들어진 '신식' 건물들은 한반도 주민들의 눈에는 이질적일 수밖에 없었다. 한반도의 풍경 속에 이질적인 건물들이 속속 늘어나면서 일제의 식민지 지배 또한 더욱 강고해졌다.

시멘트로 지은 새로운 건물들에 대한 하나의 반응을 조정래의 대하소설《아리랑》의 한 장면에서 볼 수 있다. 어려서 아버지를 잃고 군산 부둣가에서 일본인들을 상대로 구걸생활을 하던 양치성은 우체국장 하야가와의 후원으로 일본의 정보학교를 졸업한 후 밀정이 되어 조선으로 돌아온다. 그가 오래간만에 돌아온 군산항에는 호남평야에서 생산된 쌀을 일본으로 실어 나르기 위한 시설이 갖춰져 있었다. 토지조사령으로 땅을 잃은 농민들은 일거리를 찾아 군산으로 모여들었다. 무엇보다 양치성의 눈에 들어온 것은 거대한 쌀 창고들이었다. "양치성은 쌀 창고가 의외로 많이 생긴 것에도 놀랐지만, 그 창고를 지은 재료를 보고 더 놀랐다. 새로 자리 잡은 창고들은 모조리 시멘트벽이었던 것이다." 부둣가에 늘어선 회색빛의 커다란 쌀 창고들은 낯선 풍경이었다. 양치성은 새로운 테크놀로지의 특성에서 갓 식민지로 전락한 조국의 운명을 읽어낸다. "벽돌과 시멘트는 돌보다 더 강하다고 했다. 일본은 앞으로도 끝없이 조선을 보호국으로 삼을 작정인 것이 분명했다."⁴ 스스로 내린 선택에 대해 강한 확신을 갖는 순간이었다.

시멘트라는 새로운 테크놀로지를 마주한 한반도 주민들은 근대적 문물에 대한 경탄과 공포를 동시에 느꼈던 것이다. 이를 상징적으로 보여주었던 것이 조선총독부 청사 건물이다. 1916년 착공되어 1926년 1월 완공된 이 건물은 경성의 랜드마크가 되었다. 그 무렵 관공서 건물은 벽돌을 쌓아서 만드는 조적식組積式 구조가 일반적이었는

1910년대 일제는 군산 장미동 부둣가에 커다란 규모의 쌀 창고들을 시멘트로 지었다. 호남 평야에서 수확된 쌀은 철도를 이용해 군산으로 집하했는데, 배가 일본으로 실어가기 전까지 보관해 둘 곳이 필요했기 때문이었다.

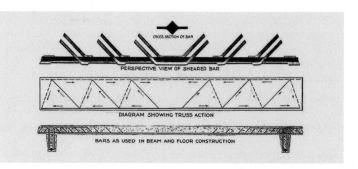

━━ 칸 바Kahn bar. 1902년 미국의 엔지니어 줄리우스 칸은 철근콘크리트의 강도를 20~30% 높일 수 있는 방안으로 가지 모양의 철근이 뻗어 있는 형태를 개발했다. 이 기술은 조선총독부 청사 건설에 적용되었다.

데, 총독부 청사는 당시로서는 세계적으로도 첨단기술이었던 철근콘크리트 구조를 이용했다. 콘크리트는 누르는 힘압축은 잘 견디지만 당기는 힘인장에는 약한 특성을 가지고 있다. 이를 보완하기 위해 반대의 특성을 지닌 철근으로 틀을 짜고 그 위에 콘크리트를 덧입힌 것이 철근콘크리트다.

　말로는 쉽지만 철근과 콘크리트가 서로 시너지 효과를 낼 수 있게 만드는 것은 생각보다 만만한 일이 아니었다. 초기에 사용된 일자형 철근은 콘크리트와의 계면界面이 분리되어 힘을 받지 못하는 경우가 많았다. 이 문제를 해결한 것이 독일 출신의 미국인 엔지니어 줄리우스 칸Julius Kahn이었다. 칸은 일정한 간격으로 45도 각도의 가지가 뻗어있는 '칸 바Kahn bar'를 개발해 1902년에 특허를 받았다. 조선총독부 청사의 기초와 골격에는 칸 바를 이용한 공법이 적용되어 거대하

고 위압적인 규모의 건물을 시멘트로 지을 수 있게 된 것이다.[5]

_____ 식민지 시멘트 공장, 해방 이후 재건 역할

조선총독부 청사에 들어간 시멘트는 한반도에서 생산되었을 가능성
이 높다. 급증하는 시멘트 수요를 일본으로부터의 수입에 언제까지
나 의존할 수는 없었다. 한반도 최초의 시멘트 공장은 오노다小野田시
멘트주식회사에서 평양 인근 승호리에 세운 것이었다. 1919년의 일
이었다. 공장부지를 결정하는 데에는 승호리 만달산에 시멘트의 핵
심 원료인 석회석이 풍부하게 매장되어 있었다는 사실이 결정적으로
작용했다. 오노다 승호리 공장은 연간 5만 톤의 생산량으로 시작해
약 10년 후인 1930년에는 여섯 배가 넘는 32만 톤까지 빠르게 확장
해갔다. 생산된 시멘트의 상당 부분은 부전강 발전소, 흥남 질소비료
공장, 철도 건설 등 대규모 토목공사에 투입되었고 나머지는 건설자
재로 이용되어 한반도의 풍경을 탈바꿈하는 데 일조했다. 1930년대
들어서는 한반도에서 생산된 시멘트가 자체 수요의 70% 이상을 담
당할 정도가 되었다.

　식민지 시기 만들어진 시멘트 생산설비는 해방 이후 재건과정
에서 중요한 역할을 담당했다. 북한은 1954~56년의 전후 복구 3개
년계획의 일환으로 승호리, 천내리, 고무산 시멘트 공장을 가장 먼저
복구했다. 오노다시멘트주식회사는 식민지 시기의 공업화 과정에서
시멘트 수요가 많고 석회석 자원이 풍부한 38선 이북 지역에 주로 공

장을 배치했던 것이다. 하지만 여기서 주목할 대목은 재건의 주요 재료로 시멘트가 선택되었다는 점이다. 어찌 보면 당연한 일이었다. 시멘트는 운반과 시공이 간편하고, 국내에서 비교적 손쉽게 구할 수 있는 석회석으로 만들어낼 수 있기 때문이었다. 게다가 다른 소재(목재나 석재)에 비해 값도 쌌다. 이에 따라 한반도 풍경의 시멘트화 역시 더욱 박차를 가하게 되었다.[6]

사정은 남한도 마찬가지였다. 해방 당시 38선 이남의 유일한 시멘트 공장은 오노다 삼척 공장이었다(삼척 공장은 이후 1957년에 동양시멘트공업이 설립되면서 흡수된다). 여기서 나오는 시멘트로 급증하는 전후 복구 및 재건 수요를 감당할 수는 없었기 때문에 한미 협조 마크가 붙은 미국 원조품 시멘트 포대가 시중에 나돌았다. 시멘트는 한국이 전쟁 직후 복구과정에서 필수적인 공업으로 대두되었다. 1953년에 이미 신규 시멘트 공장부지로 경북 문경이 선정되었고, 이듬해 6월에 유엔 한국재건단UNKRA 자금 525만 달러가 배정되어 연산 10만 톤 규모의 생산설비를 구축하겠다는 계획이 세워졌다.

국제 입찰을 통해 덴마크의 F. L. 스미스Smidth 사가 건설 청부업자로 선정됐다. 스미스 사는 시멘트 공장 설비의 설계와 시공을 전문으로 하는 엔지니어링 회사인데 이집트, 파키스탄 등 1950년대 세계 시멘트 생산량의 40% 정도가 스미스 설비를 이용했다. 1957년에 완공된 문경 공장은 대한양회로 출범했고, 1962년에는 쌍용양회로 합병되어 현재에 이르고 있다. 이후 1960년대를 거치면서 강원도 영월,

충북의 단양과 제천, 경기도 소사 등 전국 각지에 시멘트 공장이 들어섰고, 여기에서 만들어진 시멘트는 전국 각지에 시멘트 구조물들을 만드는 데 이용되었다.[7]

시멘트에 대한 인식의 변화

그렇다면 한국인에게 시멘트란 무엇이었을까? 1960년대 경제발전과 함께 쭉쭉 뻗은 시멘트 깔린 신작로처럼 근대화를 상징하는 물건이었을까? 제1차 경제개발 5개년계획이 마무리되던 1966년에 콘크리트의 문화적 의미를 둘러싼 소동이 일었다. 총독부 청사 건물이 여전히 서울 시내 한복판에서 위용을 자랑하고 있다는 것을 못마땅하게 생각한 정부는 거대한 철근콘크리트 건물 앞에 광화문을 복원하기로 결정했다.

광화문은 총독부 청사가 들어설 당시 원래의 자리에서 옮겼다가 한국전쟁 때 불타 기단만 남아 있는 상황이었다. 이를 다시 원래의 자리에 복원한다는 것이 정부의 계획이었다. 어떤 재료로 복원할 것인지가 문제였다. 복원을 맡은 국보건설단의 계획은 석축 위에 목재로 2층 문루門樓를 세운다는 것이었다. 하지만 정부의 입장은 달랐다. 곧 "백년대계를 생각해 철근콘크리트로 하라"는 지시가 하달되었던 것이다. 1968년 3월 20일자 《경향신문》에는 '광화문 복원에 이론異論'이라는 제목의 무기명 기사가 실렸다. 아무리 "영구성과 목재난이라는 현 실정을 고려"하더라도 "콘크리트 모조는 결국 기분 나쁜 가짜"

— 1968년에 중앙청 앞에 광화문이 복원되었다. 1926년 조선총독부 청사 건설과 함께 이전된 광화문은 한국전쟁 당시 전화로 목재 문루가 소실되어 기단만 남아 있었다. 박정희 정부는 영구성을 이유로 철근콘크리트를 이용해 복원하도록 지시했다.

라는 주장이었다.

1920년대에 당대 최첨단 기술로 지어진 철근콘크리트 건물을 가리기 위해 또 다른 철근콘크리트 구조물을 설치한다는 계획은 기술사적 아이러니라 하지 않을 수 없다. 보다 흥미로운 지점은 특정한 테크놀로지를 둘러싼 양가적인 감정의 동학에 있다. 40년 전에는 철근콘크리트가 한편으로는 식민지에 제국의 위용을 드러내는 목적에 잘 부합하여 조선인들에게 공포감을 자아내는 대상이었다. 하지만 다른 한편으로는 조선 민족이 나아가야 할 서구적 근대화의 길을 보여주는 상징이기도 했다.

그로부터 40년 후인 1960년대 말에 시멘트는 해방된 조국에서

━━━ 현재 서울역사박물관 야외에 전시
되어 있는 철거 광화문 부재의 일부.
1968년에 콘크리트로 '복원'된 문루
는 2006년 12월 철거되었다. 사진 이
정모

근대화의 표상이면서 그와 동시에 '기분 나쁜 가짜' 신세가 되었다.
정부는 구조물의 영구성과 '백년대계를 생각해' 철근콘크리트라는
재료로 문화재를 복원하는 것이 적절하다고 생각했고, 문화계 인사
들은 그것이 문화유산의 본질을 훼손한다고 생각했다. 이렇듯 시멘
트는 근대 한국의 테크노컬처에 대해 성찰해볼 수 있는 다면적인 소
재를 제공한다.

경운기를 다룰 다음 장에서도 언급하겠지만, 시멘트가 한국인
의 일상에 결정적으로 침투해 들어오게 된 계기는 1970년대 초부터
추진된 새마을운동이었다. 이 사업을 통해 정부는 전국의 농촌 지역
에 시멘트를 대량으로 불하했고, 이를 통해 농촌의 풍경이 짧은 시간

안에 탈바꿈했다. '풍경landscape'이라는 단어가 원래 자연경관을 지칭하는 것이었다면, 이제는 '기술의 풍경', 즉 테크노스케이프라고 할 수밖에 없는 상황으로 변모했던 것이다. 한편 도시 지역은 훨씬 일찍부터 시멘트로 점철된 풍경에 익숙했지만, 1980년대 이후 아파트 단지가 곳곳에 들어서면서 더욱 '콘크리트 정글'로 변화해갔다.

_____ **1인당 소비 세계 5위, 과다 사용 폐해**

한국 사회에서 시멘트의 문화적 위치는 시멘트 소비량과 반비례했다. 하지만 추락하는 위상과는 관계없이 시멘트 생산량과 소비량은 더욱 늘었다. 2000년대 들어서는 1인당 소비량이 세계 5위권을 맴돌고 있지만, 그와 더불어 시멘트 과다 사용의 폐해에 주목할 필요가 있다. 시멘트로 간단하게 건물을 짓고, 또 필요에 따라 금세 허무는 과정에서 다량의 건설 폐기물이 발생할 수밖에 없다. 폐기물은 쓰레기 매립장에 쌓아놓거나, 아니면 골재로 활용되어 새로운 시멘트 건물을 짓는 데 활용되고 일부는 해외로 수출되기도 한다.

다른 한편 시멘트를 콘크리트로 만드는 과정에서 필요한 골재, 즉 모래 및 자갈을 채취하기 위해 강바닥을 준설하는 것 또한 예기치 않은 환경문제를 야기할 가능성이 있는 것으로 알려져 있다. 또 최근에는 일부 레미콘 공장에서 방사능물질인 라돈Rn, radon이 함유된 석탄재가 함유된 시멘트를 공급해 사회문제가 되기도 했다. 이러한 시멘트로 지어진 아파트 벽면에서 48.5피코큐리pCi의 라돈 성분이 검출되

었다는 것이다.[8]

　이와 같은 예외적인 경우를 제외하더라도, 시멘트로 둘러싸인 주거환경이 아토피 등 각종 피부질환의 원인이 된다는 우려가 끊이지 않고 있다.[9] 토건의 시대가 저물 것으로 예상되는 지금, 시멘트는 이러한 위기를 극복하고 시대의 요구에 걸맞은 친환경 재료로 거듭날 수 있을 것인가.

12____ 농기계 소리 메아리치는 농촌

_____ 농기계가 바꾸어놓은 풍경

인류가 먹거리를 구하기 위해 농업에 의존하기 시작한 이래 경작은 품이 많이 드는 지난한 작업이었다. 농사짓는 일에서 어느 하나 힘들지 않은 작업이 없겠지만, 그 중에서도 논밭을 가는 작업(한자로는 기경 起耕, 영어로는 tilling)이 으뜸이 아니었을까? 논밭갈이는 흙을 긁어내어 뒤집어줌으로써 잡초를 제거하고 지력을 보충해줌으로써 농업 생산력을 높이는 효과가 있다. 워낙 힘든 일이다 보니 곧 대형 가축(말 또는 소)의 힘을 이용하게 되었을 것이다. 10세기 무렵의 중세 유럽에서는 철제 쟁기날이 등장했고, 가축의 목이 아니라 가슴에 힘을 받는 새로운 형태의 멍에가 개발되어 농업 생산력을 획기적으로 높일 수 있었다. 역사학자들은 인류사에 걸쳐 몇 차례의 '농업혁명agricultural revolution'이 있었고, 그 과정에서 농업기술의 변화가 핵심적인 역할을 했음을 밝혀냈다.[10]

이렇듯 논밭갈이는 힘들고도 중요한 작업이었다. 따라서 19세기 후반부터 서구 사회를 중심으로 기계 기술이 급속도로 발전하자 기계의 힘을 이용해 땅을 갈자는 생각을 하게 된 것도 당연한 일이었다. 20세기 들어 트랙터, 콤바인, 탈곡기, 제초기 등 여러 농기계가 나와 세계 각지 농촌의 풍경을 바꾸어놓기 시작했다.

하지만 기계를 이용한 영농은 작물의 종류, 지역 환경의 특성, 농촌사회의 구조 등에 따라 각기 상이한 모습으로 발전했다. 미국처럼 밀과 옥수수를 중심으로 대규모 영농을 하는 지역에서는 대형 트랙터와 콤바인을 사용하고, 심지어 경비행기를 이용해 제초제를 뿌리는 모습까지 나타났다. 급속한 영농 기계화의 결과 미국에서는 20세기 초중반을 거치면서 수백만 명의 농민들이 땅을 떠나 공장으로 일자리를 옮길 수밖에 없었다.[11] 반면 한국의 경우, 농촌을 생각할 때 빼놓을 수 없는 농기계가 바로 털털거리는 소리를 내며 느릿한 속도로 농로를 오가는 경운기耕耘機였다.

_____ 1930년대 후반 한반도에 들어온 경운기

경운기는 20세기 초 호주의 발명가가 처음 만들었다고 알려져 있다. 아서 클리포드 하워드Arthur Clifford Howard, 1893~1971는 뉴사우스웨일즈의 가족농장에서 일을 돕다가 기계 동력을 이용해 밭을 갈 수 있는 장치를 고안하기 시작했다. 하워드는 여러 시험을 거듭한 끝인 1920년 마침내 '회전식 쟁기rotary hoe'를 개발하는 데 성공했다. 이 장치는 여러 개의 L자형 쟁기날을 원반 주변에 달아 퍼올린 흙이 옆으로 쌓이지 않도록 설계되었다. 하워드가 처음에 만들었던 경운기는 한 사람이 손쉽게 작동할 수 있는 소형 모델이었지만, 곧 호주의 대규모 농장에 보다 적합한 4.5미터 너비의 대형 모델을 만들기 시작했다. 하워드의 경운기는 1920~30년대를 거치면서 유럽 및 미국으로 서서히 퍼져 나갔다.[12] 당시 미국에서는 비맨Beeman과 유틸리타Utilitar, 스위스의 SIMARSociété Industrielle de Machines Agricoles Rotatives 등의 업체들에서 소형 '가든 트랙터'라는 이름으로 소형 경운기를 제조해 시판했다.

한반도 주민들에게 경운기가 처음 소개된 것은 1930년대 후반 무렵이었다. 1938년에 《동아일보》는 일본에서 '획기적 자동 경운기'가 개발되었다는 소식을 보도했다. 새로 개발된 농기계는 '농지 경운상의 일대 혁명을 초래'할 것이라는 기대를 모았다. 기사에서 소개하고 있는 경운기는 일본 가나자와金澤의 발명가 히로세 요키치廣瀬與吉가 1936년부터 제조하기 시작한 '히로세 S' 모델이었다. 서양 경운기들은 대개 텃밭이나 과수원에서 사용하는 것을 목적으로 만들어

아서 클리포드 하워드는 경운기의 초기 모델을 개발한 호주의 발명가였다. 하워드가 1930년대에 새로 고안한 경운기를 시험해보고 있다.

졌기 때문에 동아시아의 무논 농사에는 적합하지 않았다. 예를 들어 SIMAR 경운기는 논농사에 사용하면 회전식 쟁기날에 지푸라기가 감겨 꼼짝할 수 없게 될 뿐만 아니라 진흙을 제대로 뒤집어주지 못해 경작의 효과가 적다는 평가가 일반적이었다.

히로세는 서양에서 도입한 경운기를 지역 환경의 특성에 적합하게 개량했던 것이다.[13] 1.5마력 엔진을 장착한 히로세 S 경운기는 당시 돈으로 560원에 판매되었다. 당시로서는 상당한 액수였지만 "마경馬耕의 3원 50전 정도에 비하야 기계는 60전 정도라는 소액으로 끝낼" 수 있었기 때문에 장기적으로는 이득일 터였다.

제2차 세계대전이 끝나고 패전국 일본은 연합군 점령하에 놓이게 되었다. 군정을 설치한 연합군 사령부는 일본의 군수산업을 금지하는 강력한 조치를 취했다. 전쟁 중에 항공기, 전함, 레이더 등 최첨단 무기를 만들던 군수회사들은 민간용 제품을 만드는 방향으로 전환할 수밖에 없었다. 이는 국가 위기상황 속에서 축적된 기술능력이 일본 사회에 폭넓게 확산되는 계기가 되었고, 나아가 1950년대 고도성장을 이끄는 중요한 요인이었다.

전후 일본의 농기계 산업 분야 역시 이러한 흐름에서 예외가 아니었다. 전쟁 중에 놀라운 성과를 보인 0식 함상전투기零式艦上戰鬪機를 제조했던 미쓰비시三菱중공업이 농기계 시장에 뛰어들었던 것이다. 미쓰비시는 높은 기술력을 활용해 보다 효과적인 경운기를 개발하는 작업을 시작했다. 개발의 목표는 중량을 줄여 작업을 편리하게 하고, 논밭갈기 외에 다양한 작업에 활용할 수 있는 다목적 농기계를 만드는 것이었다. 대기업의 기술력으로 개선된 경운기는 1950년대 일본의 고도성장기를 맞아 빠르게 보급되어, 1960년대 초가 되면 이미 100만 대를 훌쩍 넘어섰다. '경운기 붐'이라는 표현이 나올 정도였다.

_____ 대동공업과 한국형 소형 동력 경운기

한국에서는 1960년대에 본격적으로 경제개발이 시작되면서 농업생산성을 높이기 위한 방안으로 농기계에 대한 관심이 나타나기 시작했다. 이 무렵부터 시작해 현재까지도 한국 농기계 생산의 상당 부분을 담당했던 회사가 대동공업이었다. 1947년 경상남도 진주에서 농기구를 제작하던 철공소에서 출발한 대동공업은 1963년부터 동력 경운기를 만들기 시작했다. 미쓰비시중공업과의 기술제휴를 통해서였다.

　대동공업의 창업주 김삼만 회장이 농기계 제작에 본격적으로 뛰어들겠다고 마음먹은 것은 1961년 유럽의 농촌을 시찰한 직후의 일이었다. 김 회장은 유럽 농민들이 사용하는 "트랙터, 콤바인 등은 무척 부러운 것이지만 경지정리가 안 되고 영세한 한국 농촌에서 널리 쓸 형편은 못 되었다"고 회고했다.[14] 따라서 당시 한국의 상황에서는 소형 동력 경운기가 가장 적합한 농기계였고, 한국과 농업 형태가 비교적 유사한 일본의 경운기를 도입하는 것을 기본 전략으로 삼았던 것이다.

대동공업은 1962년 12월에 미쓰비시중공업과 국산 생산협약을 체결해 기술을 들여왔고, 이후 수 년 안에 모든 부품을 국산화하는 것을 목표로 삼았다. 이를 바탕으로 이듬해인 1963년 1월에 6마력 석유용 경운기 H6E-CT83 모델을 시판하기 시작했다. 이 모델이 한국에서 생산된 최초의 경운기였다. 이 대목에서 '국산' 기술이라는 담론에 대해 생각해볼 필요가 있다. CT83 모델은 미쓰비시에서 제작된 부품을 수입해 국내에서 조립 생산한 제품이었다. 이후 대동공업은 자체 제작하는 부품의 비율을 점차적으로 높여갔다.

정부는 1960년대를 거치면서 경운기 보급률을 높이기 위해 노력했다. 1965년 한일 국교정상화 이후 전후 배상으로 받게 된 청구권 자금의 일부로 일본으로부터 동력 경운기 5천 대를 도입하기로 했다. 일본에서 경운기 부속품을 들여와 대동공업을 비롯한 국내 업체에서 조립하고, 이를 농협을 통해 비교적 값싸게 판매한다는 계획이었다. 하지만 농민들은 적극적이지 않았다. 무엇보다 큰 문제는 경운기의 가격이었다. 정부보조금으로 가격을 낮춘다고는 했지만, 여전히

1966년 대동공업에서 시판한 동력 경운기. 아마도 석유용 6마력 H6E-CT83 모델일 가능성이 높다. 《매일경제》 1966. 6. 20

대당 10만 원이 넘는 거액을 부담하기는 쉽지 않았다. 결국 1966년에 1차로 공급한 경운기 2천 대 중 겨우 450대밖에 팔리지 않았다. 당시 대동공업에서 판매하고 있었던 최저 사양인 CT83 모델의 가격은 무려 22만원에 달했다. 이 무렵 한국에 보급된 경운기는 1970년까지 1만 2,512대, 1972년까지 2만 4,786대에 불과해 일본의 330만 대에 훨씬 미치지 못하는 수준이었다. 결국 경운기 보급을 늘리기 위해서는 보다 적극적인 정부의 자금지원이 필요한 실정이었다.

결국 정부는 1970년대 초 들어서 대대적인 농촌 기계화 계획을 추진했다. 소규모 가족농 중심의 한국 농촌에서 생산성을 높이기 위한 방책이었다. 산업화의 진전과 함께 농촌으로부터 노동인구가 감소하고 있었던 것도 농업 생산성을 빠르게 향상시켜야 했던 이유였다. 1970년대의 한국 농촌은 새마을운동을 통해 효과적인 농사 기법을 전파하고, 그에 필요한 새로운 종자, 비료, 농약, 농기계 등 현대 테크놀로지가 급속하게 퍼져 나가는 등 급격한 변모를 겪게 되었다. 경운기의 보급은 농촌 '근대화'를 향한 이와 같은 큰 계획의 일부였다.

농촌 기계화라는 비전

"수리 시설이 완전한 논밭에서 '트랙터'·동력 경운기로 농사를 짓고 '콤바인' 시설에 의한 자동 예취^{刈取} 탈곡기로 수확물을 거둔다. 각 농가마다 2정보의 경지에서 연간 150만 원의 순수입을 얻고, 개간이 잘

된 야산 지대에는 젖소양 등이 한가롭게 풀을 뜯고 있다".[15]

1960년대 후반 농협중앙회에서는 1990년대 미래 농촌의 모습을 위와 같이 상상했다. 이렇듯 1970년 전후 한국에서 농촌 근대화란 다름 아닌 '기계소리 메아리치는 농촌'을 만드는 것이었다. 1971년 5월 농림부와 상공부는 〈농업 기계화 계획〉을 경제장관회의에 상정했다. 그 주요 내용은 다음과 같다.

1. 농업 기계화 사업에 필요한 자금을 농협에 특별계정을 설치. 회전자금으로 설치·운용함
2. 농업 기계화 심의회를 구성
3. 농업기계 요원의 군 단위 확보 양성 및 애프터서비스 체제 강구
4. 농업기계를 전문으로 하는 초급 대학 과정을 기존 교육기관에 설치
5. 계획기간 1971~1976, 정부지원액 185억 원, 농업기계 100% 국산화 목표 1973년

1971년 〈농업 기계화 계획〉에서 말하는 '농업기계'는 당연히 동력 경운기를 말하는 것이었다. '구릉 사질양토沙質壤土 지대'에는 5마력 내외의 소형 경운기를, '평야지平野地 중점토질重粘土質 지대'에는 8~10마력 내외의 중형 및 대형 경운기를 보급한다는 계획이었다.[16]

이는 당시 확산되고 있던 새마을운동과 궤를 같이하는 것이었다. 1973년 경제기획원이 제출한 〈농촌 기계화 계획〉에 따르면 국민

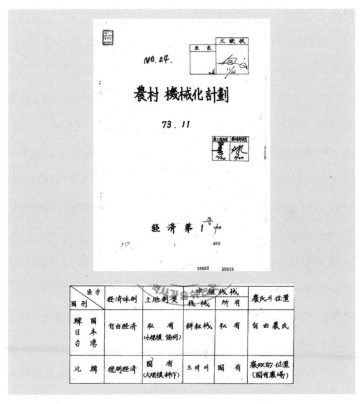

區分 國列	經済体制	土地制度	中程 機械 機械	所有	農民의 位置
韓 日 台	自由經済	私 有 (小規模 協同)	耕耘機	私 有	自由農民
北 韓	統制経済	國 有 (大規模 耕作)	트랙터	國 有	農奴的 位置 (國営農場)

───〈농촌 기계화 계획〉(1973)에서는 "동력 경운기 중심의 기계화"를 선언했다. 이를 정당화하기 위해 한국과 북한의 경제체제, 토지제도, 농민의 위치를 분석했다.

투자기금 300억 원을 기계화에 투입한다고 되어 있었다. 이 자금은 농협에 대하금貸下金 형식으로 전해진 후 일부는 생산자금 융자로 제조업체(말하자면 대동공업)에게, 일부는 구입자금 융자로 농민들에게 제공되었다. 정부에서 저리의 융자금을 제공하여 소비를 촉진하는 정책을 쓴 것이다. 이를 통해 1976년까지 경운기 10만 대를 보급하겠다는 계획이었다. 나아가 경운기 제조기술을 개발해, 석유 경운기의 경우 1973년까지 100% 국산화를 달성한다는 것이었다.[17]

1970년대 정부정책의 방향은 명확히 '동력 경운기 중심의 기계화'였다. 정부는 한국, 일본, 대만이 공통적으로 경운기를 '중추 기계'로 선정하고 있음을 지적했다. 사유재산을 인정하는 자유경제 체제인 이들 나라에서 자유농민들은 자신이 소유한 경운기로 영농활동을 했다. 반면 대규모 국유농장을 운영하는 통제경제 체제인 북한에서는 '농노農奴적 위치'의 농민들이 트랙터를 이용한다는 것이었다. 이는 통계에서도 명백하게 드러났다. 북한은 트랙터는 4만 1천 대를 보유하고 있을 뿐 경운기는 한 대도 없었다. 이러한 사실은 경운기라는 테크놀로지가 영세한 농촌의 현실뿐만이 아니라 당시의 정치·경제 체제를 반영하기도 했다는 것을 보여준다.

정부의 계획은 1976년까지 10만 대의 동력 경운기를 보급한다

초기 경운기는 영농작업 이외에 일에 쓰이는 경우가 왕왕 있었다. 경운기의 시내 주행은 불법이었지만, 짐을 한가득 실은 경운기가 시내에 나타났고, 언론은 이에 대해 비판적인 목소리를 냈다. 《경향신문》 1970. 2. 2

는 목표를 설정했고, 이후 통계자료로 보았을 때 목표를 달성했던 것으로 보인다. 이러한 정부정책에 따라 경운기의 보급은 1970년대를 거치면서 꾸준히 늘었다. 다만 경운기가 농촌에서 제대로 자리 잡게 되기까지 어느 정도의 시간이 필요했음을 보여주는 에피소드도 있었다. 예를 들어 1967년 한 신문에는 시내에서 연탄을 나르는 경운기 사진이 실렸다. 이러한 모습은 정부의 지원금을 받아 보급된 경운기가 원래의 목적인 농사일에 쓰이지 않고 엉뚱하게 용달차 노릇을 하고 있다는 비난을 받기도 했다. "진흥청은 1,500대의 경운기를 전국에 보급했는데 시중에서 연탄 또는 기타 물품을 나르고 있어 농촌보급에 역행하고 있다"는 것이다.[18] 1976년에 이르자 농수산부는 영농 목적 이외에 사용되는 동력 경운기를 철저하게 단속해 처벌하겠다고 발표해야 할 정도였다.[19] 정부의 장려금 정책이 낳은 풍속도이기도 했지만, 새마을운동으로 농지정리 및 농로 설치가 충분해질 때까지 경운기를 영농에 적극적으로 이용하기 어려운 경우도 많았을 것이라고 생각해볼 수 있다.

_____ 세계로 뻗어나가는 경운기

1970년대 이후 꾸준히 늘어나던 농기계 보급은 2000년 이후 줄고 있는 실정이다. 정부의 강력한 보조금 정책이 끝나고 농촌인구도 급격히 감소하면서 소형 동력 경운기에 대한 수요는 줄고, 그 자리를 '통제경제' 하의 '농노'들의 테크놀로지인 트랙터가 그 자리를 차지하기 시작했다. 이 사실은 우리가 기술에 대해 부여하는 사회적 의미를 액면 그대로 받아들여서는 안 된다는 교훈을 준다. 1970년대 한국의 관료들이 자유주의 경제체제의 상징으로 받아들였던 경운기는 이제 당시에는 사회적 비난을 받았던 간편한 운반수단으로 주로 이용되고 있다. 경운기는 애초에 농부 1인이 밀면서 논밭을 가는 용도로 설계된 농기구였다. 이렇듯 똑같은 기계도 사회경제적 여건이 변화함에 따라 상이한 용도로 이용될 수 있다.

경운기의 다양한 모습은 테크놀로지가 새로운 환경에 놓였을 때 개량되기도 하고 예기치 않은 방식으로 쓰일 수도 있다는 것을 보여준다. 이렇듯 새로운 기술은 국경을 가리지 않고 이동하며 때로는 모습을 바꾸고, 반대로 그 사회의 풍경을 바꾸어놓는다. 경운기는 호주에서 시작되어 미국과 유럽, 이어서 일본을 거쳐 한국에 들어왔다.

하지만 테크놀로지의 이동은 우리에게 익숙한 지형만을 따르지 않는다. 이미 1960년대부터 대동공업은 필리핀, 태국, 베트남 등 동남아시아 여러 나라에 경운기를 수출하기 시작했고, 최근에는 중국과 미얀마로 진출해 농기계를 수출하고 있다. 2차 세계대전 이후 일본 농촌에 경운기를 공급했던 미쓰비시중공업은 2015년에 인도의 마힌드라Mahindra 그룹과 제휴하여 미쓰비시-마힌드라라는 이름의 다국적 기업으로 재출범했다. 쿠보타 역시 세계 곳곳에 네트워크를 구축한 글로벌 기업으로 거듭났다. 이들은 새로운 환경에서 그 환경에

적합한 농기계를 만들어낼 것이며 그곳 농촌의 풍경을 바꾸어놓을
것이다.

13_____ 대중화된 복사기, 저항의 미디어가 되다

_____ 테크놀로지와 민주주의

미디어의 확대는 필연적으로 정치적 자유를 가져오는가? 이 질문은 미디어와 정치의 관계에 대한 수많은 사례연구와 논의를 낳았다. 1990년대에 인터넷 기술이 본격적으로 보급되기 시작하자 새로운 미디어 테크놀로지가 민주주의의 확대에 크게 기여할 것이라는 기대가 넘쳐났다. 일부 연구자들은 2000년 무렵 한국에서 광대역廣帶域, broadband 인터넷 접속 서비스가 시작된 것이 '참여정치'의 확대에 결정적인 영향이 있었다고 주장하기도 했다. 보수 언론에서 제공하는 편향된 정보를 넘어 시민들이 자발적으로 광대역 광통신망을 통해 대안적인 정보를 자유롭게 유통하기 시작했다는 것이다.[20] 이렇게 보면 광대역 인터넷은 민주주의 정치체제의 전제조건이라고까지 말하기는 어렵지만, 적어도 잘 어울리는compatible 테크놀로지라고 볼 수 있는 측면이 존재한다.

요한네스 구텐베르크는 1440년대 무렵 금속 활판인쇄술을 개발했다. 이는 이후 유럽 사회의 근본적 변동을 낳았다. 오른쪽은 미국 뉴욕공립도서관에 전시 중인 《구텐베르크 성서》

테크노컬처의 긴 역사를 돌아보면 이와 비슷한 주장을 어렵지 않게 찾아볼 수 있다. 금속 활판인쇄술의 발명과 서구 사회의 변동에 대한 역사학자 엘리자베스 아이젠슈타인Elizabeth Eisenstein의 연구가 대표적이다. 그녀에 따르면 1440년 무렵 요한네스 구텐베르크Johannes Gutenberg의 인쇄술로 인해 책의 대량생산이 가능해졌고, 이는 이후 16~17세기 유럽 사회에서 르네상스, 청교도 종교개혁, 과학혁명으로 이어지는 거대한 문명사적 변동의 미디어적 근간이 되었다.[21] 아이젠슈타인과 유사한 주장은 1844년 미국의 발명가 새뮤얼 모스Samuel Morse가 전신기술을 발명한 직후에도 있었다. 전신으로 인해 역사상 처음으로 실용적인 실시간 통신이 가능해지면서 개인 또는 정부 간의 오해가 생길 소지가 원천적으로 줄어들었다는 것이었다. 끝없는 전쟁으로 시달리고 있었던 유럽인들에게 전신기술은 전쟁의 확대를 막을 수 있는 장치가 될 수 있다는 기대감을 투사할 수 있는 대상이었다.[22]

이렇듯 새로운 미디어 테크놀로지의 등장은 사회적·문화적·정치적 변동과 긴밀한 연관을 맺고 있거나, 적어도 그렇다고 여겨졌다. 하지만 대개의 테크놀로지가 그렇듯이 그 변동의 양상은 여러 가지 얼굴을 가진 훨씬 복잡한 것이었다. 인터넷은 한편으로 참여민주주의를 확대했을지 모르지만, 다른 한편으로는 정보의 홍수로 인한 정치담론의 심각한 왜곡에도 기여했다.[23] 전신기술이 세계평화를 보장해주리라는 기대는 순진한 서생들의 희망적 관측에 불과했다는 것은 오늘날 누구나 알고 있다. 오히려 제국주의 시대의 열강들은 전신과 그 뒤를 이은 무선통신을 효과적인 전쟁 수행과 식민지 통치의 도구로 활용했다.[24] 이렇듯 양면성을 가지고 있는 미디어 테크놀로지를 우리는 어떤 시선으로 바라보아야 하는 것인가?

＿＿＿＿＿ 관공서 민원업무 획기적 변화

인쇄술, 전신, 인터넷과 같은 주요 미디어 기술과 비교해보았을 때 복사기의 사회문화적 파급력은 상대적으로 크지 않았던 것으로 보인다. 이는 아마도 복사기가 (특히 초기에는) 누구나 이용할 수 있는 대중용 테크놀로지가 아니었다는 점에서 기인할지도 모른다. 현재 우리가 사용하는 건식 복사기의 원형은 1938년 미국의 로스쿨 학생이었던 체스터 칼슨Chester Floyd Carlson, 1906~1968이 발명했다. 원통형 광전도체光傳導體, photoconductor를 이용해 원하는 형태로 정전기를 띠게 하여 검은 미세 분말이 들러붙게 만드는 방식이었다. 원통에 달라붙은 분말을 빈 종이에 옮겨 붙이면 원본과 같은 문서나 그림의 복제품을 만들 수 있었다. 사진기술을 활용한 복사방법도 있었지만, 건식 복사기술은 그보다 훨씬 간편하고 시간도 적게 걸린다는 장점이 있었다. 이 때문에 칼슨의 건식 복사기는 발명 후 몇 년 안에 상용화의 단계로 접어들었다. 1944년에 바텔기념연구소(훗날 바텔연구소는 한국과학기술연구소 설립과 관련해 자문을 하게 된다)에서 상업용 제품으로 개발된 이후, 할로이드Haloid 사에서 '제록스Xerox 모델 A'라는 상표로 본격적으로 판매되기 시작했다. 가격은 1만 달러, 한 장의 문서를 복사하기 위해 39단계를 거쳐 3분이나 걸리는, 현재의 기준으로 보면 비싸고도 성가신 기계였다.[25]

이후 할로이드는 이름을 아예 제록스로 바꾸고 본격적으로 실용적인 복사기 개발에 나섰다. 1965년 무렵에 출시된 제록스 2400 모델은 시간당 2,400장(1분당 4장, 즉 15초당 1장)의 복사본을 만들 수 있을 정도로 엄청나게 개선된 성능을 자랑했다. 이 무렵부터 제록스는 복사기를 대표하는 고유명사가 되다시피 했다. 지금까지도 연배가 좀 있으신 분들은 '제록스'를 '복사하다'라는 의미로 사용할 정도다. 제록스 사는 아시아 시장으로 진출하기 위해 일본의 후지필름과 합작하여 1962년에 후지제록스 사를 설립했다.

—— 제록스 모델 A 복사기. 1949년 미국 제록스 사Xerox Corporation가 시판한 초창기 건식 복사기였다.

한국에서는 1970년에 일본의 리코RICOH 사와 합작한 신도리코가 자동식 전자 복사기를 판매한다는 광고를 국내 신문에 게재하기 시작했다.[26] 그리고 몇 년 후인 1975년에는 코리아제록스(현재의 한국후지제록스)가 인천과 구로에 공장을 세우고 탁상형 복사기를 매달 3천 대씩 시범적으로 생산하기 시작했다.[27] 이로써 한국에도 복사기의 시대가 본격적으로 도래했다.

1960~70년대 한국에서 복사기가 가장 다급하게 필요했던 영역은 아마도 공공부문이었을 것이다. 특히 민원 업무가 많은 동사무소나 등기소 공무원들은 복사기의 등장만큼 반가운 소식도 없었다. 이미 1962년부터 일부 관공서에는 마이크로필름 방식을 채택한 미국제 복사기가 도입되었다. 그해 8월 20일 서울 마포구청에서 처음으

로 '자동복사기'를 이용해 호적 등초본 교부를 시작했다는 소식이 언론에 소개되었다.[28] 관공서에 복사기가 광범위하게 도입되기 이전에 초·등본을 발급받기 위해서는 짧으면 몇 시간 길면 이틀까지 걸렸다. 신청서를 접수한 공무원이 원본을 캐비닛에서 뽑아 와서 일일이 손으로 필사한 후 수입인지를 붙이고 직인을 찍어주는 방식이었다. 대한민국 공무원의 중요한 덕목이 유려하고 알아보기 쉬운 펜글씨를 쓸 수 있는 능력이던 시절이었다. 당시 윤태일尹泰日 서울시장은 자동복사기의 도입과 함께 민원서류 발급을 '20초 이내에 처리'할 수 있게 될 것이라고 자랑하기도 했다.[29]

수천만 명의 인구를 통치하기 위해서는 그들에 대한 정보를 효율적으로 관리하는 체계가 필수적이다. 신도리코와 코리아제록스의 복사기는 동사무소, 통반 제도, 주민등록 제도 등으로 이루어진 1970년대 이후 강화된 '통치기계'의 한 구성요소로 편입되었다. 1974년 초에 발표된 서울시 예산에는 "행정의 과학화"를 위해 "각 구청 동사무소 등에 복사기를 증설하고 사무를 전자계산기화"한다는 항목으로

1962년 서울 종로구청에 설치된 마이크로필름 복사기. 《경향신문》 1962. 10. 1

880만 원이 배정되었다. 이후 1970년대 말까지 전국 관공서에는 '전복기'(電複機=전자복사기)가 빠짐없이 설치되었다.[30] 이렇게 확대 보급된 복사기는 지방 공무원들의 업무를 간소화하고 행정 시스템을 체계화하는 효과가 있었다. 즉 1970년대의 복사기는 효율적인 통치를 위한 테크놀로지로서의 위상을 갖고 있었다.

_____ 대학가 금서·'불온문서' 유통의 중심, 테크놀로지의 저항적 전유

1970년대에 국내에 보급되기 시작한 복사기는 1980년대 들어 더욱 급속하게 확산되었다. 그에 따라 통치기계의 구성요소로서의 복사기의 위상 역시 새로운 국면을 맞이하게 되었다. 새로운 정권이 출범하고 몇 달 지나지 않은 1981년 초 언론은 "계산기, 복사기 홍수"와 그에 따른 "인스턴트 사고思考"에 대해 우려하기 시작했다. 테크놀로지의 발달에 따라 도래한 "고속사회"의 구성원들은 마음의 여유를 잃고 편의주의에 빠져버렸다는 것이다.

예전에는 "행정관서와 민원서류 발급 사무에나 사용되던 전자복사기"가 이제는 수업을 빠진 대학생들이 동급생의 노트를 베끼는 용도로 이용되기 시작했다. 서울의 한 대학교수는 학생들의 기말고사 답안이 "판에 박은 듯 일률적인 내용"인 것을 보고 아연실색할 수밖에 없었다. 학생들은 예상문제를 분담해 모범답안을 작성한 다음 "전자복사기에 필요 숫자만큼 밀어" 나누어 가지고, 그것을 암기해

답안을 작성했기 때문이었다. 이 교수는 복사기의 확산으로 "복사 인생"이 양산될 것을 우려했다.[31] 즉 1980년대 초 무렵 복사기는 대학생들이 시험 답안을 복제하는 데 상습적으로 이용할 정도로 한국인의 일상 속으로 깊숙이 침투해 들어왔다.

복사기의 등장을 반가워했던 것은 민원을 담당하는 공무원들이나 모범답안을 복사하기를 원하는 학생들만이 아니었다. 이 무렵부터 대중적인 활동을 벌이기 시작했던 운동권 대학생들은 복사기라는 테크놀로지를 저항의 미디어로 활용하기 시작했다. 대학가에 우후죽순처럼 생겨난 복사점들은 정상적인 경로로 출판할 수 없었던 금서禁書들과 각종 '불온 문서'들이 유통되는 네트워크의 중심에 있었다.

1980년 광주의 진실이 대학가를 중심으로 퍼져 나가게 된 것도 복사라는 미디어 없이는 불가능한 일이었다. 대학생들은 복사물을 몰래 돌려 읽으며 울분을 삼키고 투쟁의 전략 둘러싼 치열한 논쟁을 벌였다. 복사기로 대량 복제된 '찌라시' 뭉치는 거리에서 뿌려져 대학생들의 목소리를 시민들에게 전하는 미디어로 기능했다. 1985년 5월의 《경향신문》 사설은 '불온서적의 문제점'을 지적하면서 "원천적인 대책이 강구돼야" 한다고 촉구하면서도 "공권력을 아무리 동원한다 하더라도 복사기가 흔해진 요즘에… 얼마나 효과가 있겠는가"라는 의문을 품을 수밖에 없었다. 효율적인 통치를 위해 도입한 테크놀로지가 체제의 전복을 위한 테크놀로지로 전유專有되는 순간이었다.[32]

복사기의 대중화가 1980년대 학생운동의 확산의 주요한 기반

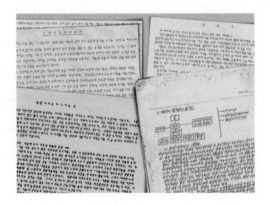

───── 1980년대는 대학가 복사점을 중심으로 만들어진 유인물의 전성시대였다. 각종 성명서, 문건, 금서 등이 복사기를 통해 다량으로 복제되어 유통되었다.

이었다고 볼 수 있을까? 중세 유럽에서 금속 활판인쇄술의 등장으로 인해 지식의 확산에 따른 퇴락decay을 막을 수 있었다. 수도원의 필경사筆耕士, scribe들이 손으로 책을 베껴 쓰는 과정에서는 필연적으로 오류가 축적될 수밖에 없었다. 인쇄술의 의미는 책의 대량생산을 통해 퇴락 없는 지식의 확산, 나아가 지식의 지속적인 축적이 가능해졌다는 데에 있었다. 라틴어가 아닌 토착어vernacular로 쓰여진 《구텐베르크 성서》가 교인들의 손에 들어가면서 성서에 대한 사제의 권위적이고 전통적인 해석이 심대한 타격을 입게 되었다. 1980년대 한국의 운동권 대학생들은 복사기라는 미디어를 통해 주류 언론에서 얻을 수 있는 통제된 정보의 틀을 벗어난 새로운 정치적 해석을 확산시킬 수 있었다(이는 이 글의 서두에서 언급한 광대역 인터넷의 정치적 효과와 유사하다). 인쇄술이 서구 근대를 낳았다는 주장을 받아들일 수 있다면, 복사기는 한국 민주화의 근간이었다고 인정할 수밖에 없다.

_____ 테크놀로지의 양면성

미국에서 기술의 역사라는 분야를 개척한 역사학자 멜빈 크랜츠버그 Melvin Kranzberg는 기술의 성격에 대한 여섯 개의 '법칙'을 주창했다. 첫 번째 법칙은 "기술은 좋지도 나쁘지도 중립적이지도 않다(Technology is neither good nor bad; nor is it neutral)"라는 것이다.[33] 미디어 기술의 확대는 필연적으로 정치적 자유를 가져오는가? 그럴 수도 있고 아닐 수도 있다. 그렇다고 해서 미디어 기술이 중립적이라는 의미는 아니다. 복사기가 한국에 본격적으로 도입된 1970년대 이후 이 기술은 효율적인 통치기제의 일부로 사용되기도 했고, 독재적인 통치체제에 저항하는 사람들의 대안적 미디어로 기능하기도 했다. 하나의 테크놀로지가 동사무소에 놓여 있느냐, 대학가 복사점에 놓여 있느냐에 따라 서로 다른 의미를 갖게 된다. 그 차이는 이 테크놀로지가 어떤 네트워크의 일부로 편입되어 있는지에 따라 나타나는 것이다.

수수께끼와도 같은 크랜츠버그의 제1법칙은 테크놀로지에 대한 맥락적 이해를 강조하기 위한 경구다. 한국의 테크노컬처 지형에서 복사기의 사례는 테크놀로지로서의 인공물 자체에만 초점을 맞추는 것은 그 성격을 규명하는 데 한계가 있을 수밖에 없음을 잘 보여준다. 테크놀로지가 주어진 기능을 수행하는 상이한 맥락과 정황, 그리고 그것이 어떠한 목적을 가진 사회조직과 연계되어 있는지를 동시에 분석하지 않고서는 복사기가 한국인에게 미친 영향을 올바로 이해할 수 없다. 흔히 이야기하듯 카세트테이프가 1979년 이란의 회교혁명을 일으켰고, 광대역 인터넷이 2000년대 한국의 참여민주주의를 확산시켰으며, 트위터가 2011년 튀니지의 재스민혁명에 결정적인 역할을 했다는 등의 관점은 테크놀로지의 일면만을 보여줄 뿐이다.

14____ 김치냉장고의 탄생과 한국적인 것의 기술 이데올로기

_____ 한국형 테크놀로지

평일 서울역에서 출발하는 대전행 KTX 열차는 하루에도 수십 편 배차되어 있다. 하지만 KTX라고 다 같은 KTX가 아니다. 일부 열차는 'KTX-산천山川'이라고 따로 표기가 되어 있다. 한국에서 고속철도가 개통된 것은 2004년이었다. 처음에는 프랑스 고속철 TGV에 이용되는 철도 차량을 제작하는 알스톰Alstom 사의 완제품을 수입해 운영했다. 이후 도입된 차량은 알스톰과 현대로템의 기술제휴를 통해 로템에서 조립·생산했다. 그러던 것이 2010년에 한국생산기술연구원과 한국철도기술연구원의 주관하에 로템과 한국중공업이 개발한 KTX-산천이 운영되기 시작했다. 최근에는 차세대 모델인 '해무海霧'가 시험 운영 중이다.

한국의 토종 물고기 산천어의 유선형을 모티브로 설계했다는 산천은 국내 독자 기술로 개발한 '한국형' 고속철로 알려져 있다. 그렇

—— '한국형' 테크놀로지, KTX-산천. 외관이 토종 물고기인 산천어를 닮았다고 해서 지어진 이름이다. 사진 김중은

다면 기존의 KTX와 KTX-산천의 차이는 무엇인가? 승객 입장에서는 큰 차이가 없었다. 대전까지의 운행시간도 거의 비슷하고, 내부도 눈에 띌 만한 차이를 찾아보기 어렵다.

다만 공기저항을 받는 열차 앞부분의 디자인은 확연하게 달랐다. 기존의 KTX가 뾰족한 모양이라면 산천은 둥그스름한 형태다. 기술적인 차이를 찾아보니 몇 가지 다른 점이 없지는 않았다. 대중적으로 가장 널리 알려져 있는 사실은, KTX-산천이 좌석 간격이 더 넓어서 편리하고, 충전할 수 있는 콘센트가 더 많이 설치되어 있으며, 각

차량마다 잡지가 비치되어 있다는 것이다. 하지만 이 정도의 차이로 '한국형' 테크놀로지라고 할 수 있을까? 도대체 한국 실정에 맞는 한국형 테크놀로지란 무엇을 말하는 것인가?

_____ 새 테크놀로지 한반도 유입의 과정

이는 고속철도 기술에만 적용되는 질문이 아니다. 알다시피 우리가 생활하면서 이용하는 대부분의 테크놀로지는 해외 선진국에서 처음 개발되어 특정 시기에 한반도에 도입되었다. 이들은 개항 초기에는 박래품이었고, 식민지 시기에는 일본의 선진 문물, 해방 후에는 미국과 일본 등 선진국들의 앞선 기술이었다. 미국에서 건너온 기술이 많았지만, 유럽에서 만들어진 기술도 상당히 있었고, 미국과 유럽의 기술이 일본을 통해 들어오기도 했다. 이렇듯 다종다기한 기술적 지식과 인공물이 다양한 경로를 거쳐 한반도로 유입되었고, 이들은 우리가 경험하고 영위하는 테크노스케이프를 만들어냈다.

새로운 테크놀로지가 한반도에 유입된 과정을 역사적으로 조망해보면 대개 이렇다. 처음에는 주로 해외에서 제작한 완제품 형태로 들어온다(알스톰 사에서 만든 KTX를 생각해보라). 어느 정도 시간이 지나면 한국의 기업이 외국과의 기술제휴를 통해 조립생산을 시작한다. 이 단계에서 기술 라이센싱 계약을 맺는 경우가 많다(대동공업은 1962년 국산 생산협약을 맺은 미쓰비시중공업으로부터 경운기 부품을 공급받았다). 시간이 지나 기술적 경험이 쌓이면 일부 부품의 국산화를 시도한다. 처음에는 국내에서 제작하기 쉬운 간단하고 주변적인 부품으로부터 시작해, 점차 기술적인 경험을 요구하는 복잡하고 핵심적인 부품을 국산화하는 것이 당연히 일반적인 과정이다. 100%의 부품을 국내에서 생산할 수 있게 되면 후속 모델 개량에 들어가 성능을 향상시키고 국내 실정에 맞게 변형하는 단계에 들어선다. 분야에 따라 어느 정도의 시차는 있겠지만, 일반적으로 새로운 기술은 이와 같은 과정을 거쳐 한국인의 테크노스케이프에 편입되었다.

_____ 외국에서는 관심 가질 수 없는 김치냉장고

하지만 여전히 의문은 남는다. 이런 과정을 거쳐 우리 생활의 일부가 된 기술을 '한국 기술'이라고 부를 수 있는가? 기술 혁신, 즉 새로운 기술을 만들어내는 것을 중심으로 본다면 아니라고 대답할 수밖에 없다. 현재 한국인을 둘러싸고 있는 테크놀로지의 대부분은 해외에서 처음 개발된 것이기 때문이다. 하지만 '국산', '한국형', 또는 '독자' 기술의 의미는 새로운 기술의 혁신만을 의미하지 않았다. '한국형' 기술은 한반도에 소재한 공장에서 조립했고, 수입 부품의 비율을 20% 이하로 사용했고, 한국의 엔지니어들이 설계한 것을 지칭하는 용어로 시대에 따라 조금씩 변해왔다. 이렇듯 테크놀로지의 역사는 혁신의 역사만이 아니라 제작의 역사, 나아가 이용의 역사이기도 하다.[34]

그렇다면 떠오르는 새로운 의문이 있다. 근본적으로 '한국형'일 수밖에 없는 테크놀로지는 없는가? 이 질문은 인류의 보편성과 한국인의 특수성에 대한 근원적인 질문이기도 하다. 한반도 주민들은 세계 인류가 원하는 기술적 산물을 똑같이 요구하기도 하지만, 때로는 한반도의 지형과 기후, 오랜 역사에 걸쳐 형성된 문화와 관습 등에 따라 다른 지역과는 다른 독특한 기술이 필요할 때도 있기 때문이다. 혹시 김치냉장고 같은 기술이 후자에 해당하는 사례가 아닐까? 김치는 한국인의 정체성에서 핵심에 놓여 있을 뿐만 아니라, 다른 문화권에서 유사한 사례를 찾아보기 어려운 독특한 식품으로 알려져 있다. 한국인이 아니고서야 누가 김치냉장고에 관심을 갖겠는가? 이는 거꾸로 말해 김치냉장고 기술은 해외로부터 도입할 수 없다는 것이다. 해외에 전범典範이 존재하지 않기 때문이다. 다시 말하면 근본적으로 '국내 독자'의 기술로 만들 수밖에 없다는 것이다.

당연한 말이지만 김치냉장고 이전에 냉장고가 있었다. 인위적으로 온도를 낮추는 기술은 산업혁명이 막 일어나기 시작하던 18세기 중반 스코틀랜드의 윌리엄 컬렌William Cullen으로부터 시작되었다. 진공상태에서 다이에틸 에테르diethyl ether 용기에 부분적인 진공을 만들면 부글부글 끓게 되는데, 이 과정에서 주변의 공기로부터 열을 흡수한다. 그러나 컬렌의 장치는 실용적인 냉각기로 활용되기에는 여러 한계가 있었다. 이후 백여 년에 걸친 냉장고 기술의 역사에서 핵심적인 기술변화는 냉매冷媒, refrigerant를 중심으로 이루어졌다. 19세기에는 암모니아, 이산화황, 염화메틸 같은 가스가 냉매로 이용되었다.

그러던 것이 1930년대 이후 염화불소탄소$^{CFC, chlorofluorocarbon}$, 즉 프레온^{freon} 가스가 냉매로 개발되면서 가정용 냉장고 시장이 급속도로 확대되었다.[35]

냉장고가 일상생활에서 널리 이용되기 시작되면서 서구인들의 식습관에 큰 변화가 일어났다. 냉동 트레일러는 상하기 쉬운 음식을 보다 먼 지역까지 유통될 수 있게 해주었다. 가정용 냉장고의 확산으로 신선한 식재료를 쉽게 오랫동안 보관할 수 있게 되었다. 그러나 다른 한편으로는 장기 보존이 가능한 냉동식품이 늘어나면서 건강하지 못한 식습관이 늘어나는 계기가 되기도 했다.

이러한 냉장고가 한국에 도입된 것은 한국전쟁 이후의 일인 것으로 보이는데, 일반 가정에는 1960년대까지도 생소한 물건이었다. 1958년 7월 10일《경향신문》은 가십란을 통해 "냉장고, 냉방장치, 선풍기 등은 말마따나 한국 가정에는 시기상조. 서울에 냉장장치가 있는 곳이 몇 개나 되는지? 수 개의 극장, 국회의사당, 불완전하게나마 반도호텔, 미국대사관 이런 정도인가?"라고 말할 정도로 인위적인 방법으로 온도를 낮추는 기계들이 드물었다.

지금으로서는 상상이 가지 않지만, 당시에는 냉장고가 있어도 저장할 식품이 별로 없었다. 한국인의 식생활은 염장 또는 발효 처리한 식품이 많았고, 육류는 소량 구매해 바로 먹었으며, 김치는 뒷마당에 김장독을 묻어 보관했기 때문이었다. 최초의 국산 냉장고는 1965년에 출시된 금성사 GR-120 '눈표' 냉장고였다. 이후 1970년대

쇼핑은 1주에 한번
식품 저장은 4℃

냉장고는 계절이 따로 없읍니다.

어느 계절이고 식품저장은 냉장고에

가을·겨울에는 식품저장이 소홀해
지기 쉽습니다.
식품의 이상적인 저장온도는 4℃
그러나, 자연기온은 4℃를 유지
시켜 주지 못합니다. 조금만 더워
도 부패되고 0℃ 이하가 되면 얼
어서 제맛을 잃기 마련입니다.
위생적인 식생활을 위해선 식품은
냉장고 안에 저장하셔야 안심할 수
있읍니다.

───── 1974년 신문에 실린 금성사 냉장고 광고. 냉장고의 보급에 따라 한국인의 식생활 역시 급
격하게 달라졌음을 보여준다.

에 냉장고가 대중적으로 이용되기 시작하면서 동시에 한국인의 식생
활 역시 급격한 변화의 과정을 겪게 된다. 이러한 변화는 서구 사회
에서의 그것과 마찬가지였다.

한국인의 식습관이 변화한 대표적인 사례가 바로 김치였다. 냉
장고를 사용하면서부터 한국인들은 냉장고에 김치를 보관하기 시작
했다. 하지만 이는 여러모로 불편한 일이 아닐 수 없었다. 하루에도
냉장고 문을 여닫으면서 생기는 온도 변화로 인해 김치는 빨리 쉬어
버렸다. 독한 김치 냄새는 냉장고 안에 보관된 다른 식품에 배어들었
다. 1970년대 이후 도시생활의 대표적인 거주양식이 된 아파트에서
김치는 시급히 해결되어야 할 기술적 문제를 제기했던 것이다. 이 문
제를 해결하기 위해 아파트 베란다에 두는 플라스틱 또는 스테인리

_____ 1966년 박정희 대통령의 지시로 만든 김치 통조림. 섭씨 85도로 살균했기 때문에 김치찌개 냄새가 강하게 났으나, 아삭한 식감은 살아 있었다고 한다.

스 스틸 소재의 용기가 개발되어 한동안 화제가 되기도 했다. 그러나 김치문제를 근본적으로 해결하기 위해서는 김치 전용 냉장고가 필요할 것이었다.

　김치 전용 냉장고를 만들기 위해서는 우선 김치의 특성에 대한 탐구가 필요하다. 이에 대한 연구는 1950년대부터 여러 기관에서 수행하기 시작했다. 이 무렵 국방부 과학연구소의 기관지인《과연휘보科研彙報》에는 김치를 비롯한 여러 발효식품에 대한 연구결과가 실렸다. 1959년에 설립된 원자력연구소에서도 방사선을 이용해 김치의 보존성을 높이고 회충·십이지장충 알을 소독하는 방법을 시도했다.

　이 무렵 서울대학교 농과대학 학장이자 국방부 급식자문위원이었던 김호식金浩植 교수는 원자력연구소의 지원을 받아 '김치 통조림 제조에 관한 연구'를 수행했다.[36] 베트남전쟁에 파병된 장병들에게 부식으로 김치를 보내기 위해서였다. 그는 동료 교수 이춘녕李春寧, 박사과정 대학원생이었던 전재근全在根과 함께 김치의 맛을 유지하면서 세균을 없애는 공정을 개발했다. 이 연구는 근본적인 딜레마를 안고 있었다. 발효식품인 김치의 독특한 풍미는 세균에서 나오는데, 그 세균 때문에 오래 보존할 수 없게 되는 것이다. 서울대 농대 연구팀은 실험 결과 섭씨 85도에서 25.2분간 살균하는 것이 가장 적절하다고 결론을 내렸다. 이렇게 만들어진 김치 통조림은 '김치찌개' 맛이 나기는 했지만 식감은 살아 있었다고 한다.

──── 김치의 숙성과정을 제어하는 시스템

전재근은 이 연구에 참여한 이후 서울대 농대에서 박사학위를 마치고 미국에 1년 반 가량 연구차 머물다가 식품공학과 교수로 부임했다. 그가 김치냉장고를 만들어봐야겠다고 생각하기 시작했던 것은 1980년대 중반 무렵의 일이었다. 마침 제일제당 식품연구소로부터 산학연구 과제를 제안해달라는 요청이 있었다. 전재근은 1986년부터 '마이크로프로세서를 이용한 가정용 김치제조기의 개발'이라는 제목으로 과제를 수행했다.

이 연구에서 그는 김치에 대해 "우리나라의 식생활에서 떼려야 뗄 수 없는 중요한 위치를 점하고" 있으며 "식품학적으로 우수한 식품으로 인정되어 세계적으로 널리 알려지고" 있는 "한국을 대표하는 식품"이라고 규정했다. 하지만 당시 도시화 경향에 따라 많은 한국인들이 아파트에 거주하기 시작하면서 김장독을 묻는 전통적인 방식을 더 이상 유지할 수 없게 되었다. 더구나 발효식품이라는 김치의 특성상 살균을 할 수 없기 때문에 근본적으로 저장성이 취약하다. 이러한 사회-기술적 문제를 해결하는 방안으로 '김치 전용 냉장고'가 제시되었다.[37]

당시 전재근이 참고할 만한 선행 기술이 있었을까? 인류는 역사적으로 여러 발효식품을 먹어왔지만(맥주, 간장, 요구르트 등), 김치만이 가지는 고유한 특성은 분명했다. 김치냉장고 개발의 핵심은 김치의 숙성과정을 과학적으로 규명하는 것이었다.[38] 그동안 김치에 대한 각종 연구 결과 김치의 숙성을 파악할 수 있는 척도는 산도酸度, pH였다. 문제는 숙성과정에 있는 김치의 산도를 연속적으로 측정하는 방법이었다. 가장 직접적인 방법은 김치통 내부에 산도 감지 센서를 설치하는 것이겠지만, 이는 실용적이지도 경제적이지도 않았다.

전재근은 김치액 내에 기체 발생량으로 산도를 간접적으로 측정할 수 있다고 생각했다. 결국 김치냉장고 기술의 핵심은 김치의 숙성과정에서 발생하는 기포를 정량적으로 측정하는 센서의 개발에 있었다. 시간에 따른 기포 발생량의 변화를 측정하면 김치발효곡선을 그릴 수 있고, 이 곡선을 분석하여 온도 제어 알고리즘을 만들면 최적의 김치 발효상태를 자동으로 만들어낼 수 있다는 것이다.[39] 전재근의 연구결과를 바탕으로 삼성전자는 1989년에 '김치냉장고의 발효 및 저장기능 제어 시스템'이라는 특허를 출원했다.[40] 한국 최초의, 아니 세계 최초의 김치냉장고의 탄생이었다.

——— 서울대 식품공학과 전재근 교수가 제일제당 식품연구소와 삼성전자연구소의 지원을 받아 제작한 최초의 김치냉장고

하지만 김치냉장고로 상업적인 성공을 거둔 첫 기업은 삼성과 금성과 같은 기존 가전업체가 아니라 자동차 부품과 에어컨을 주로 생산하던 만도기계였다. 만도위니아는 1995년 '딤채'라는 상품명으로 김치냉장고 CFR-052E를 출시했다. 출시 첫 해에는 반응이 그리 뜨겁지 못했으나 불과 2~3년이 지나자 매년 20만 대 이상 팔리기 시작해 김치냉장고 시대가 본격적으로 열렸다. 삼성전자 입장에서는 억울한 일이었다. 결국 1998년 삼성전자와 만도기계는 김치냉장고 특허권을 둘러싸고 분쟁을 벌이게 되었다. 삼성전자의 입장은 "만도기계의 '위니아 딤채'에 채용한 김치숙성 기술이… [삼성전자의] 특허를 침해했다"는 것이었다.[41] 몇 년을 끌던 특허분쟁은 결국 두 회사 사이의 합의로 원만히 조정되면서 사그라들었다. 지금은 김치냉장고의 세세한 기능을 둘러싸고 삼성전자-LG전자-대유위니아의 3파전

이 치열한 형국이다.

결국 현재의 김치냉장고는 '한국의 대표 식품'이라고 인식되었던 김치에 대한 연구를 수행했던 한국의 여러 과학자들의 노력에 바탕을 두고 있다. 이를 바탕으로 베트남전쟁 당시에는 김치 통조림을 만들어 파월 장병들에게 보냈고, 1990년대에는 자동제어식 김치냉장고라는 형태로 우리에게 다가왔다. 그렇다면 김치냉장고는 '한국형' 테크놀로지인가? 그렇기도 하고 그렇지 않기도 하다. 1970~80년대 한국에서 독특하게 나타난 '김치문제'에 대한 기술적 해결책이라는 면에서는 '한국형'이라고 부를 만하다. 하지만 김치냉장고의 각 요소기술(냉매를 이용한 냉장고, 마이크로프로세서, 기체 센서 등)들은 해외에서 도입되었다. 전재근은 도입기술을 독특한 방식으로 재구성함으로써 한국 사회에 대두된 문제를 해결하려 했던 것이다. 결국 현대 한국사에서 기술이란 김치냉장고와 같은 양면성을 갖고 있다.

15_____ 인터넷 이후의 대한민국

_____ 공기처럼 인식되는 인터넷

2000년대 한국에서 인터넷보다 중요한 테크놀로지가 있을까? 언젠가부터 급속하게 보급된 인터넷은 이제 수많은 한국인들에게 공기空氣와도 같은 존재가 되었다. 2008년 기준으로 한국의 가구 인터넷 보급률은 80%를 넘어섰다. 웬만한 공공장소에서, 심지어는 달리는 지하철 안에서도 와이파이를 통해 고속 인터넷에 접속할 수 있다. 2015년 기준으로 83%에 달하는 스마트폰의 보급으로 모바일 환경에서 인터넷에 접속하는 사람들도 급격하게 증가했다. 이제는 언제 어디서든 세계 각국에서 발신하는 정보에 손쉽게 접근할 수 있는 시대가 되었고, 그 중에서도 한국은 인터넷 인프라가 상대적으로 잘 깔려 있는 'IT강국'으로 세계인들에게 알려져 있다.

우리가 매일같이 일상적으로 이용하고 있는 인터넷이지만, '인터넷이 무엇인가?'라고 묻는다면 대답하기 쉽지 않을 수도 있다. 지금 이 글을 읽고 있는 많은 독자들은 매일 모바일 기기를 통해 신문

기사를 비롯한 각종 정보를 받아 볼 것이다. 어떻게 이런 일이 가능할까? 예를 들어, 내가 들고 있는 스마트폰의 웹 브라우저를 켜고 주소 표시줄에 'www.nytimes.com'이라고 입력하면 (대개의 경우) 단 1초의 망설임도 없이 미국의 《뉴욕타임스》라는 신문사에서 올린 기사들이 화면에 줄줄이 올라온다. 0과 1의 조합으로 코딩된 디지털 정보는 미국 모처의 서버를 출발해 바다를 건너 한반도에 도착해 지하철 2호선을 타고 있는 내 손바닥 위로 전달된다. 그것도 빛의 속도로. 지난 몇 년 동안 익숙해져서 그렇지 놀라운 일이 아닐 수 없다.

인터넷을 상상하는 최근의 일반적인 비유는 '클라우드'다. 세상 모든 정보가 구름처럼 하늘 위에 둥실둥실 떠다니고 있고, 우리는 그것을 자유자재로 내려받을 수 있다는 것이다. 클라우드 서비스를 이용하면 우리는 스마트폰으로 찍은 사진을 직장에 있는 컴퓨터로 볼 수 있고, 집에서는 태블릿 PC로 원하는 곳에 업로드할 수도 있게 된다. 그야말로 우리 손끝에서 정보를 자유자재로 옮기고 변형시키고 공유할 수 있는 세상이 된 것이다. 그럼에도 불구하고 인터넷이란 궁극적으로 전선電線의 집합이라는 사실을 잊어서는 안 된다. 현재 우리가 이용하는 인터넷 환경을 가능하게 하는 것은 우리 눈에는 잘 보이지 않지만 거대한 규모를 가진 통신 인프라와 이를 유지·보수하는 수많은 이들의 숨은 노동이다.

_____ 광대한 인프라의 숨은 노동

인프라는 평소에는 눈에 잘 띄지 않는다는 속성을 갖는다. 인프라가 무언가 문제가 생겼을 때 비로소 그 모습을 드러낸다. 얼마 전 필자의 집에서 그런 일이 있었다. 밤 10시경 갑자기 인터넷 연결이 되지 않았다. 당황스러운 순간이었다. 곧바로 '초고속 인터넷'을 제공하는 지역 케이블 회사에서 24시간 운영하는 고객상담센터로 전화를 걸었다. 전화를 받은 안내원은 예의 친절한 목소리로 몇 가지 지시(모뎀을 껐다 켜는 등)를 해본 후, 아무래도 기사가 방문을 해야겠다고 설명했다. 다음날 오전 9시에 어김없이 초인종이 울렸다. 방문기사는 집으로 들어오는 선에 문제가 있는 것 같다고 했고, 필자는 기사를 따라가보기로 했다.[42]

내 컴퓨터에 '인터넷'을 공급해주는 선은 근거리 통신망 또는 랜LAN선이다. 랜선은 8개의 구리선으로 이루어져 있다. 주변에서 비교적 쉽게 찾아볼 수 있는 랜선을 가위로 잘라보면 파랑, 주황, 갈색, 초록색 선이 각각 두 가닥씩 꼬여 있다. 이는 노이즈를 줄이기 위한 것이라고 한다. 다음 페이지의 사진에서 보이는 랜선은 외부 전파의 간섭을 줄이는 추가 장치가 없고 두 가닥씩 꼬여 있는 UTPUnshielded Twist-Pair 형이다. 컴퓨터와 연결된 랜선은 지역 케이블 회사에서 제공한 모뎀에 연결되어 있고, 이것은 다시 케이블 선으로 벽에 설치되어 있는 케이블 포트로 이어진다. 방문기사는 여기까지 별다른 문제를 발견할 수 없었다. 그는 가방을 챙겨 집 밖으로 나섰다.

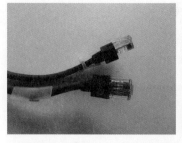

—— 주변에서 쉽게 찾아볼 수 있는 랜선. 독자들이 사용하는 컴퓨터 뒷면에 대개 이렇게 생긴 선이 연결되어 있을 것이다. 랜선을 절단해보면 이처럼 8개의 전선이 두 개씩 꼬여 있는 형태로 만들어져 있다. 이는 전기 신호에 잡음(노이즈)이 끼는 것을 방지하기 위한 설계다.

가장 먼저 점검한 곳은 같은 층 계단가에 설치된 작은 철제상자였다. 상자에는 'TV 증폭기함'이라고 씌어져 있고, 문을 열어보니 'CATV 광대역 구내전송 증폭기'라는 기기와 함께 케이블 선이 복잡하게 얽혀 있었다. 이 기기는 같은 층까지 올라온 신호를 받아 각 가구로 전송하기 전에 증폭시켜주는 역할을 한다. 방문기사는 전기신호를 측정하는 휴대용 장치를 꺼내들고 입력되는 신호에 이상이 없는지 확인했다. 그 다음에는 지하 주차장으로 내려갔다. 아까보다는 조금 더 큰 철제상자를 열어 다시 한 번 입력신호를 확인했다. 그는 여기까지 살펴본 후 하드웨어 자체에 문제가 없는데 이상신호가 들어오는 것으로 보아 아파트 단지 전체 신호를 담당하는 기기를 확인해보아야 한다고 설명했다. 문제가 해결되는 대로 연락을 주겠다는 것이었다.

필자의 짧은 인터넷 탐사(?)는 여기에서 멈출 수밖에 없었다. 하

―――― 아파트 복도에 설치되어 있는 케이블 신호 증폭기. 이 기기는 각 가구로 들어오는 인터넷 신호를 증폭해 전달해주는 역할을 한다.

지만 이렇게 케이블을 따라가다 보면 '인터넷'이라는 거대한 인프라가 서서히 그 모습을 드러낸다. 위의 단계까지는 지역 케이블 회사가 관리하지만, 다음부터는 케이티ᵏᵗ에서 관리하는 국내 인터넷 망을 만나게 된다. 1981년 한국전기통신공사로 출범한 kt는 1992년부터 인터넷의 한국 관문국關門局을 맡아왔다. 그로부터 몇 년 후인 1995년, kt는 자회사 kt서브마린을 설립해 한반도를 외국과 연결해주는 해저 광케이블을 자체적으로 시공 및 유지·보수할 수 있는 능력을 갖추었다. 인터넷은 바다 밑에 깔려 있는 광케이블을 따라 일본, 중국, 대만 등으로 연결되어 있다. 이는 다시 태평양을 건너 미국으로, 다른 한편으로는 동남아시아와 인도양, 수에즈운하를 거쳐 유럽으로 연결된다.

우리가 《뉴욕타임스》의 기사를 한국에서 바로바로 검색할 수 있게 된 것은 전 세계를 아우르는 광대한 인프라가 깔려 있기 때문이다.

_____ 전 세계 구석구석 연결하는 해저 케이블

그렇다면 한국으로 인터넷이 들어오는 관문은 어디일까? '해저 케이블 지도Submarine Cable Map'라는 웹사이트에서 제공하는 데이터에 따르면, 한국에 인입되는 해저 케이블은 세 군데 중 하나를 통과하게 되어 있다. 부산의 6개 선, 거제의 3개 선, 충청남도 태안군 신두리의 1개 선이다.[43] 10개의 해저 케이블 망 중에서 하나만 구체적으로 살펴보자. 한국의 거제에서 연결되는 '뉴 크로스 퍼시픽NCP' 케이블 시스템은 총연장이 1만 3,618킬로미터에 달하며, 한국의 kt를 비롯해 일본의 소프트뱅크 텔레콤, 미국의 마이크로소프트, 중국의 차이나 텔레콤, 차이나 유니콤, 대만의 청화 텔레콤이 공동으로 소유하고 있다. 이 케이블은 한반도 서쪽으로는 중국의 상하이 인근 세 군데로 들어가고, 남서쪽으로는 대만 북부의 터우청頭城으로 연결되어 있다. 동쪽으로 뻗는 지선을 따라가면 우선 일본 마루야마丸山에 들렀다가 태평양을 건너 미국 북서부 오레곤 주의 퍼시픽 시티Pacific City까지 도달하게 된다. 미국에 도달한 전선은 미국 국내 인터넷 망으로 연결되어 있다.[44]

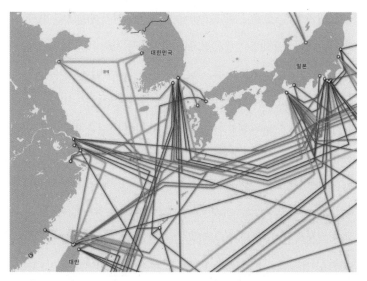

——— 동아시아 지역에 설치되어 있는 해저 케이블 망을 보여주는 지도. 한국에는 부산, 거제, 충남 태안군 신두리 세 군데로 인터넷 케이블이 들어온다. http://www.submarinecablemap.com

——— 한국 인터넷의 아버지 전길남 박사

현재 우리가 이용하고 있는 인터넷의 기원은 1960년대 미국 국방부 산하 고등연구계획국ARPA의 원거리 컴퓨터 네트워크인 아르파넷 ARPANet으로 알려져 있다. 점차 그 수가 늘어나고 있는 컴퓨터를 서로 연결시킨다면 여러 연구자들이 컴퓨터 자원을 공유할 수 있을 뿐만 아니라 서로 간의 소통을 활성화할 수 있어 공동연구 등 협업의 가능성을 높일 수 있다는 생각이었다. 이러한 아이디어는 1963년에 ARPA 정보처리기술국의 책임자였던 J.C.R. 릭라이더Licklider가 처음으로 제기했다. 실제로 아르파넷이 가동되기 시작했던 것은 1969년의 일이었다. 당시에는 컴퓨터과학 연구자들 사이의 네트워크 형태였다. 초기 아르파넷은 4개의 노드로 이루어져 있었는데, 이들은 스탠퍼드대학교 연구센터SRI, 유타대학교, 그리고 캘리포니아대학교의 두 개 캠퍼스(산타바버라, 로스앤젤레스)였다. 이렇듯 단출하게 시작된 컴퓨터 연결망이 수십 년에 걸쳐 점차 확장되어온 것이다.[45]

한국 인터넷의 효시는 1982년 10월 경북 구미에 위치한 한국전자기술연구소(KIET, 현재의 한국전자통신연구원(ETRI))와 서울대학교 사이의 교신이었다. 당시 이 작업을 주도했던 연구자는 전길남全吉南 박사였다. 전길남은 아르파넷이 가동될 무렵인 1970년대 초 UCLA에서 컴퓨터과학 박사과정 학생이었다. 그는 1974년에 학위를 마치고 1979년에 귀국해 KIET 연구원으로 근무하기 시작했다. 첫 컴퓨터 통신이 성공할 무렵 카이스트 전산학과 교수로 자리를 옮긴 전길남은 카이스트에 SDNSoftware Development Network 운영센터를 설치하고 네트워크를 점차 확장해 나갔다. 1985년 무렵이 되면 이미 SDN에는 카이스트를 중심으로 20여 개의 국내 주요 대학, 연구소, 정보통신 관련 기업들이 접속하고 있었다. 이러한 국내 네트워크를 공중전화망을 이용해 외국의 네트워크와 연결시켰다. 이로써 한국의 컴퓨터들이 외국의 컴퓨터들과 대화하기 시작했다.[46]

이렇듯 초기 인터넷은 컴퓨터 연구자들 사이의 소통을 돕는 것을 주목적으로 했다. 이러던 것은 1990년대 이후 일반 대중들의 소통을 활성화시키는 역할을 맡는 것으로 변화해 나갔다. 이러한 변화를 상징하는 짧은 단신이 1992년 9월 22일자 《매일경제》에 실렸다. "한국통신은 국제적인 학술연구망인 '인터넷'의 한국 관문국이 한국과학기술원에서 한국통신으로 이관됨에 따라 오는 24일 관계자들이 참석한 가운데 기념식을 거행." 인터넷을 '국제적인 학술연구망'이라고 설명하는 대목은 1990년대 초 무렵 한국 사회에서 인터넷이 맡았던 역할을 잘 보여준다. 지금은 누구도 이렇게 생각하지 않지만, 당시의 인터넷이란 대학이나 연구소의 박사급 연구자들이 연구결과를 주고받는 용도로 주로 이용했다. 1992년 인터넷이 학술의 영역에서 대중의 영역으로 '이관'된 것을 기점으로 인터넷은 한반도 주민들의 생활을 뿌리째 흔들어놓기 시작했다.

특히 IMF 외환위기 이후 경제정책의 일환으로 광대역 인터넷이 전면적으로 보급되기 시작하면서 인터넷은 우리의 일상 속으로 빠른 속도로 침투해 들어왔다. 이것은 IT 기반 벤처업계를 진흥하는 것이 주목적이었지만, 다른 한편으로는 전국에 PC방이라는 독특한 사업이 우후죽순처럼 생겨나는 결과로 이어졌다. 1990년대 후반 젊은 세대들은 골목마다 생겨난 PC방에서 각종 게임을 즐기며 초고속 인터넷을 접했다. 이러한 배경 속에서 한국은 컴퓨터 게임 강국이라는 칭호를 얻게 되었다.

2015년 기준 '한국 100대 부자' 명단에는 대개 재벌가의 일원들이 이름을 올리고 있다. 하지만 그 중에서 다음카카오, 네이버, 엔씨

소프트, 게임빌 등 IT 관련 업종에서 부를 축적한 1세대 부자들이 등장하기 시작한 것은 주목할 만하다. 이는 인터넷이라는 사회적 인프라가 한국에 구축된 이후 썩 만족스럽지는 않지만 어느 정도는 부를 재분배하는 효과가 있었음을 보여준다. 나아가 인터넷 보급이 정치적 과정에도 영향을 미치기도 했던 것으로 평가되고 있다. 이러한 모습들은 테크놀로지가 중립적인 도구에 불과한 것이 아니라 정치경제적 현상들을 조정하는 '정치성'을 내포하고 있음을 시사한다.

_____ 테크놀로지의 물질성에 주목하라

이렇듯 인터넷은 2000년대 한국 사회에서 하나의 '현상'이었다. 하지만 인터넷이라는 테크놀로지를 현상적으로만 파악하는 것은 그것이 갖는 거대한 물질성materiality을 무시하는 결과를 낳는다. 결국 인터넷을 구성하는 것은 거대한 길이의 각종 전선(랜선, 동축 케이블, 광섬유 등)의 집합이고, 그것을 통과하는 데이터를 관리하는 기기들(케이블 모뎀, 라우터, 서버 등)의 총합이다. 인터넷의 진짜 모습을 알기 위해서는 전선을 끝까지 따라가 볼 필요가 있다. 그 길 위에서 우리가 클릭 한 번만으로 세계 각국의 정보를 안방에서 받아볼 수 있게 해주기 위해 들어가는 수많은 정부 기관과 기업, 다양한 인터넷 관련 협회의 노력을 볼 수 있게 된다. 또 반대로 인터넷이라는 강력한 테크놀로지를 제어해 우리의 정치담론을 특정한 방향으로 유도하고 프라이버시를 침해하는 활동에 대해서도 이해할 수 있게 된다.

인터넷의 물질성에 주목하는 것은 거대한 인프라를 유지·보수하기 위해 들여야 하는 수많은 노동에 주목하는 것이기도 하다. 앞서 언급한 케이블 회사의 기사로부터 시작해 많은 수의 기술 노동자들은 우리가 별 생각 없이 이용하는 인터넷 서비스를 가능하게 해주기 위해 밤낮없이 노력을 기울이고 있다. 이러한 '숨은 노동'은 인프라가 정상적으로 작동할 때에는 우리 관심의 범위 바깥에 놓여 있다가, 인프라가 작동을 멈추었을 때 비로소 그 실체를 드러낸다.[47] 이는 인터넷과 같은 첨단기술에만 해당하는 것이 아니라 도로망, 지하철, 상하수도, 선박 모니터링 시스템 등 기술 인프라 전반에서 나타나는 현상이다. 이렇듯 테크놀로지의 물질성에 주목하는 것은 언제 발생할지 모르는 재난 상황에 대비하기 위해서도 반드시 필요할 것이다.

1   20세기 초 미국에서 강화 콘크리트 소재에 대한 연구로는 Amy Slaton, *Reinforced Concrete and the Modernization of American Building*, 1900–1930 (Baltimore: Johns Hopkins University Press, 2003)이 있다.

2   권창규, 《상품의 탄생: 출세·교양·건강·섹스·애국 다섯 가지 키워드로 본 한국 소비사회의 기원》, 민음사, 2014.

3   이 대목에서 음미해보아야 할 것은, 한반도에 서구 문물이 들어온 시점이 서구 사회에서 해당 문물이 처음 만들어진 시점과 그다지 큰 차이가 나지 않았다는 사실이다. 널리 알려져 있다시피 비슷한 시기인 1884년 조선 왕실은 에디슨전기회사와 계약을 맺고 1887년 경복궁 건청궁에 처음으로 전기 조명을 설치했다. 에디슨전기회사가 뉴욕 맨해튼 펄 가Pearl Street에서 전기사업을 시작했던 것은 그로부터 불과 5년 전인 1882년의 일이었다.

4   조정래, 《아리랑》, 3권, 해냄, 2007. 이 당시 군산항에 지어진 쌀 창고들은 지금까지 남아 있다.

5   박혜인·김현섭, 〈조선총독부청사 철거문제를 통해 본 한국 건축계의 의식변화에 관한 연구〉, 《대한건축학회논문집 계획계》, 제26권 제10호(통권 264호), 2010년 10월, pp. 217~224; Frank Sedlar, "Engineering Industrial Architecture: The Trussed Concrete Steel Company and Albert Kahn," *Unversity of Michigan Library*, 23 April 2013.

6   일제강점기 시멘트산업의 현황에 대해서는 Soon Won Park, *Colonial Industrialization and Labor in Korea: The Onoda Cement Factory* (Cambridge, MA: Harvard University Asia Center, 1999). 책의 제목에서도 잘 드러나듯이 박순원은 산업화 과정에서 조선인 노동자들의 경험에 초점을 맞추어 분석하고 있다. 핵심 주장을 담은 짧은 논문으로는 박순원, 〈일제하 조선인 숙련노동자의 형성: 오노다 시멘트 승호리공장의 사례〉, 《국사관총론》, 제51집, 1994, pp. 1~34를 참조하라.

7   남기동, 〈한국 시멘트 공업의 현황과 전망〉, 《시멘트 심포지엄》, no. 1, 1973년, pp. 9~13.

8   〈아파트 시멘트 원료가 일본서 버리는 '쓰레기 석탄재'〉, 《미래환경》, 2014년 6월 27일.

9   물론 이는 시멘트만의 문제가 아니라 인공적 주거환경 전반에서 기인하는 바가 크다. 예를 들어, Jody A. Roberts, *New Chemical Bodies: A Conversation on Human Biomonitoring and Endocrine-Disrupting Chemicals* (Philadelphia: Chemical Heritage Foundation, 2008)을 보라.

10   18세기 산업혁명 이전의 농업기술의 변화에 따른 생산성 증대에 대해서는 경제사학자 Joel Mokyr의 *The Lever of Riches: Technological Creativity and Economic Progress* (Oxford: Oxford University Press, 1992)의 3장을 참조하라.

11   미국의 소설가 존 스타인벡John Steinbeck은 영농기계화로 인한 사회변동을 《분노의 포도The Grapes of Wrath》 (1939)에서 그리고 있다.

12   Diane Langmore, "Arthur Clifford Howard (1893-1971)," *Australian Dictionary of Biography*, Volume 9 (Carlton, Victoria: Melbourne University Publishing, 1983).

13   Toshiyuki Kako, "Development of the Farm Machinery Industry in Japan: A Case Study of the Walking Type Tractor," *Hitotsubashi Journal of Economics* 28 (1987): pp. 155~171.

14   '이상무의 한국 농정 인물기행 (12) 김삼만 기공機工 일생, 한국 농업기계화의 선봉 (2)', 《농수축산신문》, 2010년 8월 4일.

15   《매일경제》 1969년 9월 19일.

16   국무위원 김보현(농림부 장관), 이낙선(상공부 장관), '농업기계화 계획: 경제장관회의 안건', 1971년 5월, 국가기록원.

17   국무위원 김보현(농림부 장관), 이낙선(상공부 장관)이 제출한 '농업 기계화 계획: 경제장관회의 안건', 1971년 5월, 국가기록원.

18   '연탄 나르는 경운기. 농사 제쳐놓고 시중에 나돌아', 《경향신문》 1967년 6월 1일, 4면; '아직 실감 없는 농촌기계화', 《경향신문》 1970년 2월 2일, 5면. 1970년 기사는 "영농기계화로 농촌에 등장한 동력 경운기. 논밭을 갈기보다는 짐차로 더 잘 이용되어 농민에게는 근대화의 영농기술이 실감이 가지 않는다"라고 지적하고 있다.

19   '경운기는 영농에만. 기타용도 단속', 《매일경제》 1976년 8월 24일, 7면.

20   Hellen Heekyung Kim, Jae Yoon Moon, and Shinkyu Yang, "Broadband Penetration and Participatory Politics: South Korea Case," *Proceedings of the 37th Annual Hawaii International Conference on System Sciences*, 2004. 이 논문에서 저자들은 "인터넷은 보수적이고 왜곡된 언론의 여과를 거치지 않은 대안적 정치 정보의 원천으로 작용했다"라고 주장한다.

21   아이젠슈타인은 이와 같은 주장을 《변화의 동인으로서의 인쇄술The Printing Press as an Agent of Change》이라는 두 권에 걸친 대작을 통해 펼치고 있다. 이를 대중용으로 요약 · 정리한 책이 한국어로 번역되어 있다. 엘리자베스 아이젠슈타인, 전영표 옮김, 《근대 유럽의 인쇄 미디어 혁명》, 커뮤니케이션 북스, 2008.

22   톰 스탠디지, 조용철 옮김, 《19세기 인터넷 텔레그래프 이야기》, 한울아카데미, 2001. 스탠디지는 19세기 전신 기술과 20세기 후반의 인터넷 사이의 비유를 통해 백 년의 격차를 둔 두 통신기술이 생각보다 공통점이 많음을 보여준다.

23   인터넷이 보편화된 사회에서 여론이 오히려 손쉽게 왜곡될 수 있다는 사실은 최근의 한국 사회가 잘 보여주고 있다. 일례로 장강명의 소설 《댓글부대》, 은행나무, 2015를 보라.

24   제국주의와 통신 기술에 대해서는 대니얼 R. 헤드릭, 서순승 옮김, 《정보화 혁명의 세계사: 1700-1850 이성과 혁명의 시대 지식을 다루는 기술》, 너머북스, 2011 참조.

25   체스터 칼슨의 업적에 대해서는 A. Dinsdale, "Chester F. Carlson, Inventor of Xerography - A Biography," *Photographic Science and Engineering* 7 (1963),

pp. 1~4; David Owen, *Copies in Seconds: Chester Carlson and the Birth of the Xerox Machine* (New York: Simon & Schuster, 2004).

26 '사무기기종합 메이커 탄생', 《동아일보》1970년 3월 31일.

27 《매일경제》1975년 10월 15일.

28 《동아일보》1962년 11월 29일.

29 《경향신문》1962년 1월 12일.

30 당시 통치기제로서 동사무소의 기능과 관련된 간략한 논의는 임동근 · 김종배, 《메트로폴리스 서울의 탄생》, 반비, 2015, 1장을 보라.

31 《경향신문》1981년 3월 13일; 《동아일보》, 1981년 3월 2일.

32 1980년대 학생운동과 복사기에 대해서는 임태훈, 〈'복사기의 네트워크'와 1980년대〉, 《우애의 미디올로지》, 갈무리, 2012, 9장에 의존했다.

33 기술에 대한 크랜츠버그의 다른 법칙들은 다음과 같다. 2)발명은 필요의 어머니다. 3)기술은 크고 작은 덩어리로 이루어져 있다. 4)기술은 많은 공공 이슈에서 주요한 요소이지만, 기술정책 의사결정에서는 비기술적 요인들이 우선시된다. 5)모든 역사는 중요하다. 하지만 기술의 역사가 가장 중요하다. 6)기술은 인간 활동이다. 기술의 역사 역시 그렇다. Melvin Kranzberg, "Technology and History: 'Kranzberg's Laws'," *Technology and Culture* 27 (1986), pp. 544~560.

34 기술의 이용을 중심으로 한 기술사 서술은 데이비드 에저턴, 박민아 · 정동욱 옮김, 《낡고 오래된 것들의 세계사: 석탄, 자전거, 콘돔으로 보는 20세기 기술사》, 휴먼사이언스, 2015 참조.

35 프레온 가스는 냉장고뿐만 아니라 에어컨과 각종 스프레이 제품이 널리 이용되었으나, 오존층 파괴에 원인물질로 알려지면서 1989년 '오존층 파괴물질에 관한 몬트리올 의정서' 발효 이후 전 세계적으로 사용이 금지되었다. 최근 냉장고 냉매로 가장 많이 사용되고 있는 물질은 프레온의 아류인 HFC 계열이라고 한다. HFC 계열 냉매는 오존층 파괴는 덜하지만 지구온난화 물질이어서 향후 논란의 여지가 남아 있다.

36 이 연구는 여러 해 뒤 이춘녕, 김호식, 전재근, 〈김치 통조림 제조에 관한 연구〉, 《농화학회지》제10호 (1968), pp. 33~38에 발표되었다.

37 전재근(서울대학교 농과대학 식품공학과), 〈마이크로프로세서를 이용한 가정용 김치 제조기의 개발〉, 삼성전자연구소/제일제당식품연구소, 1987.

38 이에 관련된 전재근의 선행 연구로는 장규섭, 전재근, 〈식품의 열특성에 관한 연구-제1보: 한국고유식품의 열특성〉, 《한국식품과학회지》14권, 2호 (1982), pp. 112~121.

39 전재근(서울대학교 농과대학 농업개발연구소), 〈김치 냉장고의 설계요소와 제작에 관한 연구〉, 삼성전자 냉열기 사업본부장 귀하, 1989. 이와 관련된 연구결과는 Nak-Yeon Choi and Jae-Kun Chun, "Development of a Microcontroller-based Process Controller for On-line Monitoring of Kimchi Fermentation," *Foods and Biotechnology* 5(3) (1996), pp. 198~200; D. H. Woo, C. H. Hwang, I. S. Chung, and J. K. Chun, "Monitoring of Biogas Production from Fermentation of Rice

Straw Using a Bubble Counting Sensor," *Canadian Agricultural Engineering* 39(3) (1997), pp. 203~206.

40 남승원,〈김치냉장고의 발효 및 저장 기능 제어 시스템〉, 출원번호 특1989-0018372.

41 《전자신문》, 1998년 5월 27일.

42 이하 필자의 개인적인 에피소드는 《와이어드Wired》지 기자인 앤드루 블룸(Andrew Blum)이 쓴 *Tubes: A Journey to the Center of the Internet* (New York: Ecco, 2012)에 대한 오마주다. 블룸은 자신의 집에서 시작해 인터넷 선이 어떻게 연결되는지를 따라가며 맞닥뜨리는 '인터넷'의 실체를 잘 보여주고 있다. 이에 대한 간략한 소개로는 블룸의 TED 강연이 있다. Andrew Blum, "What is the Internet, really?" (https://www.ted.com/talks/andrew_blum_what_is_the_internet_really?language=ko).

43 '해저 케이블 지도'는 구글 맵을 기반으로 인터넷 인프라에 대한 매우 흥미롭고 구체적인 정보를 제공하는 사이트다(http://www.submarinecablemap.com/) .부산과 거제에서 해저 케이블이 인입되는 곳은 과거 일제강점기에 해저 전신 케이블이 들어오던 곳을 그대로 이용하고 있는 것이다. 이는 새로운 기술이 도입되더라도 과거의 기술 인프라가 만들어놓은 결을 따라 변화할 수밖에 없음을 보여준다. Daqing Yang, *Technology of Empire: Telecommunications and Japanese Expansion in Asia, 1883-1945* (Cambridge, MA: Harvard University Press, 2011).

44 이 내용은 '해저 케이블 지도'에 나오는 정보를 바탕으로 재구성한 것이다.

45 미국 인터넷의 기원에 대한 연구로는 Janet Abbate, *Inventing the Internet* (Cambridge, MA: MIT Press, 1999)이 있다. 아바테의 연구는 특히 인터넷 표준 통신 규약인 TCP/IP(Transmission Control Protocol/Internet Protocol)의 형성과정에서 냉전시대의 맥락이 어떻게 작용했는지를 잘 보여준다.

46 전길남 박사의 업적에 대해서는 안정배, 강경란 감수,《한국 인터넷의 역사-되돌아보는 20세기》, 블로터미디어, 2014 참조. 이 책은 전길남 박사를 중심으로 2012년부터 수행하고 있는 '한국 인터넷 역사 프로젝트'의 요약본이다. 이 프로젝트의 최종 결과물은 3권짜리 영문판으로 출간되었다. Kilnam Chon, ed., *An Asia Internet History; First Decade* (1980-1990) (Seoul National University Press, 2013); *An Asia Internet History: Second Decade* (1991-2000) (Seoul National University Press, 2015); *An Asia Internet History: Third Decade* (2001-2010) (Seoul National University Press, 2016).

47 정보기술의 '숨은 노동'에 대한 지적은 Greg Downey, "Virtual Webs, Physical Technologies, and Hidden Workers: The Spaces of Labor in Information Internetworks," *Technology and Culture* 42 (2001), pp. 209~235. 다우니는 인터넷뿐만 아니라 19세기 전신 배달 소년들telegraph messenger boys을 통해 정보 네트워크에서의 숨은 노동에 대해 연구해 온 역사지리학자다. *Telegraph Messenger Boys: Labor, Technology, and Geography 1850-1950* (New York: Routledge, 2002).

4

놀이의 기술, 노동의 기술

오영진

16_____ 1970년대 수출품 1위 이끈 여방직공의 엘레지

_____ 러다이트의 노래

산업혁명의 출발이 면직공업에서 가장 먼저 일어날 수 있었던 것은 면직물의 폭발적인 수요 때문이었다. 18세기 이전에 전통적인 면직물 가공업은 농촌지역을 중심으로 수공업 형태로 광범위하게 발달했다. 반면 모직공업은 제작방법에 기술적 어려움이 있는 분야였고, 전통적인 길드 정서가 유지되고 있었다. 하지만 면직공업은 모직공업처럼 전통을 갖고 있지 않았고, 증가하는 수요에 대응할 수 있는 기술혁신에도 훨씬 과감했다. 게다가 면직물은 대량생산에 걸맞게 직조방법이 애초 단순했다. 수요와 기술혁신 수용조건이 맞아떨어진 것이다.

조선의 경우도 1920년대 이전까지 농가 자급자족을 위한 가내수공업이 일제의 자본에 의해 공장별 공업 형태로 변형되었다. 면직공업은 저자본과 저기술만으로 개발이 용이했다. 여기에 낮은 임금

——— 방직기 앞에 선 여공의 모습.
《경향신문》 1977.05.18. 3면

의 노동력과 잠재적 시장을 기초로 면직공업은 가장 일찍 조선의 근대적 산업으로 등장하게 된다.

영국에서는 1733년 케이J. Kay의 플라이셔틀, 1764년에 하그리브스J. Hargreaves의 제니방적기가 발명되면서 면직공업의 기술적 혁신이 가속화됐다. 제니방적기는 다추 방적기라는 특징을 가지고 있었다. 방차 1대로 7개의 방추를 회전시켜서 한 번에 여러 가닥의 실을 뽑아낼 수 있었다. 물레 시절에 비하면 120배가 넘는 생산력이었다. 하지만 제니방적기로 뽑은 실은 강도가 약했다. 이 문제를 곧 해결한 것이 아크라이트의 수력방적기였다. 여기에 와트의 증기기관이 가세해 어떤 지형에서든 기계를 움직일 수 있게 되자 대규모의 공장공업은 본격화될 수 있었다.

어디든 세울 수 있는 공장이 들어서자 농촌 가내수공업의 종말도 피할 수 없는 일이 되었다. 공장으로 모여든 농촌 자녀들은 임금

노동자의 삶을 살았다. 하지만 방직산업에 기술혁신이 이루어질 때마다 임금은 삭감되고, 아예 일자리가 없어지는 일이 숱하게 벌어졌다. 19세기 러다이트 운동의 노래는 그 울분을 고스란히 담고 있다.

죄인들은 두려워하겠지만 그의 복수는

정직한 자의 생명과 재산을 노리지 않는다.

그의 분노는 오직 폭이 넓은 편직기와

예전 가격을 하락시키는 것들에만 한정되어 있다.

직종 회원들의 만장일치 투표로

이 해로운 기계는 사형을 선고받았으니

모든 반대자들에 맞설 수 있는 러드Ludd는

위대한 사형집행인이 되었도다.

교만한 자들이 더 이상 겸손한 자들을 억압하지 않게 하라.

그러면 러드는 정복의 칼을 거둘 것이니,

그의 불만은 곧 해소될 것이고

그리고 평화는 즉시 찾아오리라.

———— 방직 없이 나랏일도 없다

새로운 노동환경은 필연적으로 유년부녀공幼年婦女工에 대한 가혹한 노동착취를 야기하게 된다. 산업혁명 당시 영국의 경우, 적으면 5세부터 많으면 15세가량의 여자아이들이 고아원에서 팔려오거나 납치되

——— 미국 노동자들의 고단한 삶을 다룬 루이스 하인의 작품 〈어린 방직공〉(1908).
출처 http://www.pigtailsinpaint.com

어 방직공장에서 일하는 경우가 잦았다고 한다. 방직업과 어린 여성 노동자의 착취문제는 조선에서도 다를 것 없었다.

방직공장에서는 투박한 청년 남공보다는 손기술이 좋고 행동이 경쾌한 유년 부녀공을 고용하는 것을 선호했다. 일종의 편견이다. 게다가 여공의 신장은 기계에 맞춰야 했기 때문에 155센티미터가 넘어야 했다. 자연적으로 맞지 않으면 기계에 몸을 맞춰가며 일해야 했다. 방직공장에서 여공들은 섭씨 30도가 넘는 열과 소음, 꼬박 선 자세, 먼지와 피부병을 견뎌야 했다. 쉴 틈 없이 실을 생산하는 기계의 리듬에 인간의 호흡을 맞추는 일은 고통스러웠다.

사학자 강이수는 1930년대 일본 방직 독점 대자본의 진출로 촉진된 면방직업의 성장으로 면방직 여성 노동자 수가 더 급격하게 증대되었다고 지적한다. 1930년대에 들어서면 방직공업 내의 여성비

중이 눈에 띄게 높아지는 점이 흥미로운데, 방직공업 전체의 여성 비율은 1921년 63. 4%에서 1925년 57.2%로 1930년에는 74.8%, 1935년에는 75.8%, 1940년에는 73.1%로 늘어났다.[1] 이유는 여성 노동자의 경우, 조직적인 모집에 의해 구인 유도하기 쉬운 사정에 노출되어 있었고, 그렇게 끌어 모은 미숙련 노동자일지라도 우선 투입이 가능한 곳이 방직 노동현장이었기 때문이다. 당시 여공의 삶을 기록한 신문기사는 다음과 같이 묘사하고 있다.

이곳에 모여든 여공들의 신세타령을 간단하게 해보자! 방직회사에서 월급을 먹고 여공을 모집하러 다니는 소위 '모집쟁이'가 지방 농촌으로 다니면서 농부들의 딸들을 방직회사에 보내기에 가진 수단을 다 써가며 한꺼번에 오륙십 명씩 데려다가 그 회사에서 설비해 둔 기숙사로 몰아넣고 또 그렇게 쉴 사이 없이 돌아다닌다. 같은 공장에 다녀도 통근하는 여공들은 자유가 좀 있는 셈이다. 기숙사에 생활하는 여공들은 마치 형사피고가 감옥에나 소감된 것과 꼭 같은 범위로 생활의 자유가 없다. 이들은 어떠한 신세를 가진 여자들일까. 빈곤한 가정에 태어난 농부들의 딸이거나 남편에게 배척을 받고 먹을 길을 찾는 불쌍한 과부들과 남편이 일본 가고 할 수 없이 품팔이하는 여자들이다.[2]

김홍도의 그림 〈길쌈〉을 보면 칭얼거리는 아이와 이를 지켜보는 시어머니를 곁에 두고 천을 짜는 여인이 매우 피곤해 보인다. 반복적인 작업과 긴 시간이 요구되는 길쌈은 낭만과는 거리가 먼 노동이다.
자동화된 방적기(실을 뽑아내는 기계)와 방직기(천을 짜는 기계)가 발명된
뒤, 성인 여성들은 집에서 방직노동을 할 필요가 없었다. 대신 어린
여성이 공상에 가서 그 일을 맡았다. 가정에서 공장으로 무대만 바뀌
었을 뿐, 여성은 방직노동으로부터 해방되지 못했다.

　　1960년대 숙련된 여성 틀잡이의 경우 보통 1인당 10대의 방적
기를 맡았다. 그 경우 노동자 한 명이 책임지는 실가닥 수가 4천 5백
여 가닥 정도였다. 북한의 '로력영웅勞力英雄' 노동자 중에는, 방적기 80
여 대 그러니까 3만 6천여 가닥의 실을 혼자 통제했던 전옥화라는 전
설적인 여공이 있었다. 노동자는 생산력을 수량화된 방식으로 뽑내
고 평가받았다. 1958년 남한에서 채집된 한 무명 여인의 방적가 가사
에는 방직일에 대한 여공의 자부심이 표현되어 있다.

　　한집일을 본다해도 방적紡績업시 될슈업고

　　나라일을 본다해도 방적紡績업시 될가부냐.

　　예전일을 들어보고 지금일을 살펴보자.

　　황제후皇帝后가 현담玄毯짜고 제후비諸侯妃가 대대大帶자고

　　경의댁宅이 조복朝服짓고 대부처大夫妻도 방적紡績하네.

　　부산항釜山港에 제일공장第一工場 방적회사紡績會社 안일넌가.

　　영등포永登浦에 방적공장紡績工場 여자외女子外에 누가하리.[3]

집안일도 나라일도 방적 없이 될 수 없고, 황제후조차도 현담을 짜고 경의댁도 조복을 짓는다. 지위고하 없이 방적은 누구나 하고 있다는 노래다. 일제강점기에 방직공장이 세워진 부산과 영등포에 대한 언급도 흥미롭다. 당시 방적일이 여성 노동자의 전유물이었다는 것도 엿볼 수 있다. 이 노래는 방적일을 남자들이 알아주지 않는다고 푸념하며, 여장군이 되어 역사에 이름을 남기자는 주장을 하며 끝이 난다. 방적기는 여성에게 노동의 수고를 덜어주지 못했다. 도리어 방적노동을 국가적 차원으로 확대해 새로운 임무로 안겨주었다.

_____ 남겨진 것은 하급 기술뿐

한국은 해방 이후 섬유산업을 국가 기반산업으로 간주해, 이에 대한 지원과 통제를 꾀했다. 이 같은 정책 때문에 1947년 후반 대전에서는 방적기 배치를 놓고 한바탕 소동이 벌어진다.[4] 방적기 구하기가 쉽지 않았던 시절의 일이었다. 대전에 있던 방직공장에 생산량을 늘리기 위해 방적추를 늘리도록 정부에서 허가를 받아 확장이 이루어졌는데, 이 시설이 화재로 방적기가 유실된 대구로 옮겨가게 되었다. 막후에 정치적인 압력이 있었던 것이다. 격렬한 시민반대운동이 벌어졌다. 이때만 해도 방적기가 옮겨가는 것만으로 지역경제에 극심한 영향을 미칠 수 있었다.

외국에서 원조받은 학생 실습용 방적기를 실제 생산용으로 써서 적발되거나 방적기 부품을 빼돌리는 범죄도 발생했다. 우리 손으로

이 기계를 직접 만들 기술이 없어 전량 수입에 의지할 수밖에 없어 일어난 일들이다. 북한의 기술 사정도 마찬가지였다. 1971년에는 미쓰비시와 방적기 도입협상을 시도한 적이 있었다. 식민지 시기부터 방직공장이 세워지고 년식물을 생산해왔지만 기계 제작기술은 왜 보유할 수 없었던 걸까?

조선인 자본 기업이었던 '경성방직'의 경우, 기술자 훈련에 꽤 많은 노력을 들인 것으로 파악된다. 하지만 기계를 운용하는 기술과 기계를 제작하는 기술은 차원이 다른 문제였다. 당시의 일본 정부는 조선인에게 공학교육을 시킬 계획도 이유도 없었다. 경성제국대학조차 1938년까지 공학부가 없었다. 그나마 경성방직의 최고 기술자였던 이강현이 도쿄공업대학을 나왔고, 후에 공장장이 되는 윤주복이 규슈제국대학 출신이었다.

실제로 공장을 운영하는 기계적 문제는 일본 회사와 운용관리 협약을 맺는 것으로 해결할 수 있었다. 이 때문에 식민지 기 동안에 기계를 직접 만들 필요가 없었던 것이다. 1927년 8월 재미 유학생 최순주는 《동아일보》 투고를 통해 조선의 방직업 상황에 대해 이렇게 평가했다. "현재 조선의 직포방법은 완전히 수공에 불과하다. 저초종자가 약하고 표백 가공방법이 일정치 못하다."

같은 시기 일본에서는 이미 도요타가 최초로 자동방적기(1924)를 만들었다. 이후 몇 년 만에 영국의 기술력과 비교될 만큼 빠른 발전을 거듭했다. 지금도 도요타박물관에 가보면 도요타가 자동차 사

—— 도요타는 1924년 일본 국내 최초의 자동 방직기를 발명한다. 이 같은 방직기계기술이 훗날 도요타 자동차 기술의 전신이 되었다. 출처 www.toyota-global.com

업을 하기 이전에 방적기 사업을 했다는 것을 자랑스럽게 전시하고 있다. 아마도 방적기 발명에 필요한 기술적 훈련이 없었다면 자동차 또한 만들 계획을 할 수 없었을 것이다. 도요타가 자동차 사업에서 성공할 수 있었던 것은 방직기 부문의 기술력이 큰 영향을 미쳤다는 것이 오늘날의 평가다.

일본의 약진에 큰 감화를 받은 소설가 이광수는 상업과 방직산업의 발달이 '대군의 척후', 즉 우리 민족에게도 새로운 기회가 왔음을 알리는 예고라고 생각했다. 방직업의 발달이 영국 산업혁명을 견인했듯이, 우리도 그런 역사를 갖지 않을까 전망한 것이다.[5]

그러나 조선의 방직업은 내수를 위한 저질 제품만을 생산했고, 고급품 생산을 위해 재배한 원화 등은 일본으로 수출되었다. 조선에 남아 있는 것은 하급 기술이었다.

_____ 70~80년대 수출품 1위는 방직물

1960년대 많은 사람들이 방직산업을 사양산업으로 생각했다. 제1차 경제개발5개년계획에 방적추와 방적기 증가를 위한 계획이 있기는 했지만 기본적으로 당시 정부는 면직공업의 육성을 국민의 최저 의류 수요층을 위한 용도로 두었을 뿐, 수출증대를 통한 국제수지 개선용으로는 크게 고려하지 않았다.

1966년 말 세계 면방적 시설은 1억 3,042만 3,000추, 이 가운데 미국이 2,000만 추, 인도는 1,630만 추, 일본이 1,258만 추였다. 반면 한국은 78만 추였다. 방직기의 규모도 크지 않아서 전 세계 271만 대 중 한국은 불과 2만 1,700대에 불과했다.[6]

일본은 1968년부터 과잉 생산된 방적기를 폐기하기 시작했다. 보다 고급품을 생산하기 위한 기술혁신이 필요했기 때문이었다. 같은 시기 한국 역시 방적기를 폐기해야 했다. 이유는 너무 낡아서였다. 낡은 기술의 저질 제품으로 내수를 충당하다 포화된 상황을 방직산업의 쇠퇴로 이해하는 사람들이 많았다. 기계도 사람도 같이 늙어버렸다. 1967년 경성방직 최고의 기술자 이강현이 81세의 나이로 사망한다.

하지만 기업 차원에서 노후한 기계를 교체하고, 국산 리넨을 다방면으로 수출하려는 노력을 꾸준히 했다. 52년경부터 소형 국산 방적기를 생산하고 장려하게 되었다. 물론 대형 방적기를 만들어낼 수는 없었다. 드디어 1976년 현대양행이 이탈리아 회사 마조리와 기술

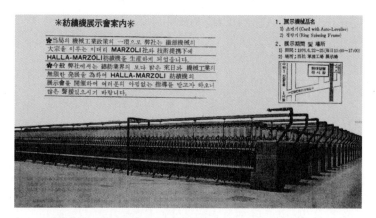

──── 현대양행은 이탈리아 마조리社와 기술협작을 통해 1976년 국내 최초 자체 생산 면방적기
를 제작 판매했다. 《매일경제》 1976.06.21. 2면 하단의 광고

협작을 맺어 국산 면 방적기를 본격적으로 제작 판매하기 시작했다.

흔히 한국의 80년대 대표적인 수출품으로 선박과 전자제품 등
을 꼽는다. 기존에 생산할 수 없던 수출품이었다는 점에서 자랑스러
워할 부분이다. 하지만 정작 80년대 EU로 가장 많이 수출된 품목은
여전히 신발과 가죽, 의류, 폴리에스터 직물 등이었다. 20대 수출 품
목의 절반 가까이가 여전히 섬유, 의류 관련 품목이었다. 한국의 방
직물이 줄곧 70~80년대 수출품 1위의 자리에 올라 있다는 사실은
박정희로 대표되는 중공업 부흥 신화만큼이나 중요하다.

1960년대 방직공은 여성들에게 여전히 인기가 있는 직업이었
다. 다른 직종에 비해 그나마 방직은 기술을 익힐 수 있게 해주었기
때문이었다. 식모살이를 견디다 방직공으로 들어온 경우도 많았다.

견습 6개월이 지나면 월급 1만 원짜리 일반 직원이 된다. 낮은 임금
이었다.

부산에 살던 박호선은 16세에 방직공을 시작하여 35세가 되어
그만둔다. 남동생이 결혼하자 가족 뒷바라지에서 해방되었다. 그녀
는 자신의 수기 《누야 와 시집 한 가노》를 1969년 50만 원에 영화사
에 팔았다. 여공 4년치 월급이었다. 옛말에 베틀을 모르면 시집을 못
간다고 하지만 박호선은 베틀을 알아 시집을 못 갔다.

방적기는 농촌의 여성들을 도시로 불러들이고, 그들로 하여금
자기 기술을 가지고 사회생활을 하게 했다. 그러나 한편으로는 저임
금 고노동에 시달리면서 가부장적 구조에 착취된 여공들의 몸이 있
었다. 그들의 고단한 삶이 오늘날의 한국을 견인해 온 것이다.

17_____ 산업전사 기능공들의 자주적 자기계발

_____ 1973년 금오공고 입학생 김진묵

1973년의 일이었다. 아버지를 여의고 고등학교 진학이 여의치 않았던 김진묵은 국가가 전액 장학금을 제공하는 금오공고에 입학원서를 냈다. 담임선생은 이 학교가 박정희 대통령이 직접 설립했으며, 군대도 면제가 된다고 말해주었다. 이곳에서 정확히 무엇을 교육받아야 하는지는 몰랐다. 3년간 전교생이 기숙생활을 하며 공업기술을 전문적으로 배운다는 정도만 알았다.

　입학하는 날, 본 행사가 시작되기 전 소총부터 받았다. 열여섯 소년은 난생 처음 총을 만져보았다. 배정받은 생활관에 가보니 군대식 내무반이었다. 6시에 기상해 운동장 점호를 받고 오후 9시면 점호 후 취침했다. 수업 간 이동할 때도 오열을 맞추고 다녔다. 금오공고는 6만 3천 평 부지에 지어졌고 전자현미경, 금속 제련을 위한 전자로 같이 당시로서는 첨단설비를 교내에 들였다. 이 값비싼 설비를 지킨다고 아이들은 군인처럼 보초를 섰다. 이곳은 고등학교가 아니라 군대에 더 가까웠다. 금오공고생들은 왜 이런 교육을 받게 된 것일까?

산업계와 군대가 주문한 동양 최대의 공업고등학교

1960~70년대 한국은 미국과 일본에서 자본과 원자재 및 기술을 들여와 대기업 주도하에 국내의 값싸고 우수한 노동력으로 가공하여 수출하는 경제구조였다. 이때 중요한 것은 숙련된 노동자였다. 자동화가 본격적으로 이루어지기 전이었기에 제품의 완성도는 마지막에 볼트 하나를 조이거나, 기계로 가공을 하는 노동자의 역할에서 좌지우지되었다. 그동안의 산업구조가 저숙련 노동만으로도 버틸 수 있는 경공업 위주였고, 노동자의 숙련도를 마땅히 연마할 교육 시스템도 노동시장도 없는 상태로 지속되어 왔기 때문에 정작 현장에 필요한 숙련 노동자를 찾기 힘들었다.

한국은 기술이나 기계는 원조나 차관으로 도입할 수 있지만, 이를 제대로 운용할 인력이 없다는 문제에 봉착했다. 재계를 비롯해 관료들은 중공업 위주의 산업개편을 위해서는 대대적인 기능공 교육이 필수적이라고 생각했다. 한편 1965년 김종필 민주공화당 의장은 청소년들에게 기능습득 의욕을 불어넣고, 국가 근대화 작업에 동참할 수 있는 동기를 부여하기 위해 기능올림픽 참가를 모색했다. 한국은 1967년부터 기능올림픽에 참가하기 시작한다.

당초 금오공고는 엘리트 기능공 배출을 염두에 두고 만들어진

1973년 1월 박정희 대통령은 중화학공업에 중점을 두고, 이를 위해 전 국민의 과학화 운동을 전개하자고 주장했다. 중화학공업 진흥계획은 겉으로는 산업구조 개편이지만 한편으로는 방위산업의 해외의존을 줄이고, 자주국방력을 획득하기 위한 포석이기도 했다. 《매일경제》 1973.01.12. 1면

학교였다. 1973년부터 시작될 중화학공업화 추진계획을 효과적으로 뒷받침하기 위해 전국적으로 1년에 약 5만 명가량의 기능공이 배출되어야 했다.

곳곳에 공업고등학교와 직업훈련소를 개설했지만 모범이 될 만한 교육기관이 필요했다. 여기에 동양 최대의 공고를 만들겠다는 통수권자의 의지가 더해졌다. 이 기획에 필요한 막대한 예산은 한일협력기금을 사용했다. 당시 금오공고 설립예산은 총 21억 9천 27만 원이 소요되었다. 이 가운데 한국 측에서 부담한 금액은 71년부터 74년까지 총 10억 3천 8백만 5천 원이었으며, 일본에서 실험실습 기기와

교사훈련 등에 지원한 금액은 11억 5,226만원이었다. 이는 당시 전국 공업고등학교 전체에 1년간 지원한 예산을 훨씬 상회한다.[7]

1972년 2차 방산육성회의에서도 군의 과학화 문제가 불거져 나왔다. 중장비 계열의 군무기를 유지 보수할 수 있는 기술병 부족을 해결해야 했다. 당시 오원철 수석은 1874년에 나폴레옹이 설립했다는 군 기술관료 교육기관 에콜 폴리테크니크와 대만의 군사교육 기관인 중정이공학원을 견학하고 돌아왔다. 그리고 종래 구상하고 있던 기술교육 학교를 군사적 목적으로 전환할 것을 결정했다. 엘리트 기능공을 군이 먼저 사용하고, 후에 산업계로 돌려주면 된다고 판단했다. 학생들이 이런 사정을 알고 있을 리 없었다. 어린 나이에 예고 없이 접하는 군사문화는 충격적이었다.

──────── 정밀도는 국력이다

금오공고의 슬로건은 두 가지였다. 하나는 "정밀도는 국력이다", 다른 하나는 "정성, 정밀, 정직." 자원이 없는 나라에 유일한 자원은 사

금오공고 조감도

람이었고, 그 사람의 가치는 정밀함에서 나온다는 신념이었다. '정성'을 다해 '정밀'해지는 일이 곧 '정직'이라는 기묘한 등식마저 강요받았다. 정밀함은 외부적으로는 국가에 대한 충성심의 표출이며 내부적으로는 정직함의 척도였던 것이다. 나아가 기능정신은 그것이 야기하는 합리적 사고, 과학적 엄밀함의 훈련으로 확장되어 갔다. 기능올림픽의 항목별 채점 비중은 정밀도 75%, 디자인과 기능도 10%, 순서와 공구 사용법 5%, 재료의 경제성 5%, 시간 5%. 정밀함은 기능의 핵심이었다.

좋은 대우를 약속받으며 전국 각지에서 뽑혀온 전문 교사들은 자부심이 대단했다. 교육 강도도 대단히 높았다. 하지만 교사라고 해서 기술교육을 제대로 받은 세대는 아니었다. 그들은 밤을 새워가며, 원서로 된 기술서적을 읽고 학생들을 가르쳤다. 전교생 전원이 2급 기능사를 땄다.

그런데 1기생들이 졸업할 즈음 RNTC^{부사관학교} 제도가 도입되어, 졸업생들은 5년의 부사관 생활을 해야 했다. 졸업하면 군대를 면제받을 줄 알았던 아이들에게는 청천벽력 같은 소식이었다. 때문에 자퇴를 결정한 아이들도 있었다. 흥미로운 것은 자퇴 시도가 탈영 시도로 간주되어 학교로 재징집되는 일도 있었다는 것이다.

1973년 요강에는 산업체 취직 알선과 군에 입대할 시 기술부사관 임관이라는 특전조항이 있었다. 그것이 1975년 10월에 발표한 1976년 요강에서는 '졸업과 동시에' 기술하사관으로 복무할 의무로 바뀌어버렸다. 금오공고 졸업생들이 졸업 후에 예비역 훈련을 받지 않고 곧바로 기술하사관으로 투입될 수 있도록 재학 중에 무려 총 176시간에 준하는 병영훈련을 받도록 했다. 그들이 받았던 교육은 통상의 교련 교과가 아니었던 것이다. 기술사 연구자 임소정은 이러한 사실을 토대로 "군에서는 이미 73년 개교 당시부터 금오공고생들을 산업체가 아닌 군에 투입할 의도를 가지고 있었"[8]다고 판단한다. 애국주의를 강제하는 이러한 방식의 기만은 역사적으로 비판받아야 한다.

그럼에도 불구하고 다수는 순순히 국가의 부름에 응했다. 국가가 제공한 고급 무상교육에 의무로서 보답을 해야 한다고 생각했기 때문이다. 당시 군은 무기 운용 기술병의 수준이 낮아 어떤 부분이 고장이 나면 파트별 부품을 통째로 교환하는 방식으로만 장비를 운용했다. 하지만 금오공고 출신 기술하사관들이 들어오면서 간단한 고장은 직접 뜯어고치는 방식으로 문화가 바뀌었다.

_____ 승부에 집착한 기능올림픽

금오공고는 군에 기술인력을 대거 제공하는 동시에 단일 학교로서는 기능올림픽에 나가 가장 많은 수상자를 배출한 학교로 유명해졌다. 사실 기능올림픽에 참가하는 학생들은 더 특별한 교육을 받았다. 졸업생들의 증언에 의하면, 선택된 이들만이 교내의 첨단기계 사용을 허락받고 전담 교사에게 개인지도를 받으며 기능올림픽을 준비했다.

당시 기능올림픽에 나가 실력을 겨루던 세 교육기관이 있었다. 정수직업훈련원과 금성사, 그리고 금오공고였다. 세 기관은 각기 성격이 조금씩 달랐다. 애초에 학업성적이 우수한 학생을 받았고 그 안에서도 또 엘리트 교육을 시켰던 금오공고와 달리, 정수직업훈련원은 중졸 학력으로 갈 데 없는 학생들이 마음을 잡고 기능을 배우는 곳이었다. 육영수 여사가 미국 국제개발처 AID의 '해외 미국학교병원' 프로그램의 원조자금으로 설립했다.

정수직업훈련원의 한 교사는 기능교육보다 학생들의 여린 마음을 잡아주는 일이 더 어려운 일이라고 토로했다. 이곳은 전자, 기계, 금속, 판금용접, 주물목형 등 5개 부문 교과목만이 개설되었던 금오공고와 달리 목공예와 자수 등 전통적 손끝기술에 가까운 교과목도 개설했다. 원생들은 기능올림픽에서 자수나 양복, 목공 분야에서 큰 활약을 했다. 참고로 양복은 그 전부터 유일하게 한국이 내리 11회 메달을 딴 종목이었다.

금성사는 단일 기업으로는 세계기능올림픽 역사상 가장 많은 수

금오공고 학습현장. 출처 대한뉴스 뉴스필름

상자를 배출한 기관이었다. 1971년 제20회 기능올림픽에서 은메달 3개를 최초로 수상한 것을 시작으로 매년 여러 개의 메달을 차지해 기능인력의 우수성을 국내외에 과시했다. 대기업 주도하에 자신들에게 당장 필요하고 실용적인 기술을 연마시켰다. 기능올림픽에서 활약한 세 기관은 각기 대안교육과 품질관리, 군사기술에 방점을 찍고 있어 각자 개성적인 분위기가 있었다.

기능올림픽은 편의상 올림픽이라고 부르는 것일 뿐 국가 간 경쟁을 염두에 두고 만든 행사가 아니었다. 제2차 세계대전 후 스페인은 근로청소년의 사상 악화와 부랑화 방지대책의 하나로 1947년에 국내 기능경기대회를 개최했는데, 그 후 1950년 포르투갈이 참가해 24명의 양국 선수가 마드리드에서 기능을 겨룬 것이 2회다. 이후 1953년 프랑스, 서독, 스위스, 영국, 모로코 등이 합류해 본격적으로 7개국 국제대회가 되었다. 취지는 기능실력을 겨루면서 동시에 그 나라의 평균적인 기술문화를 가늠하고 노하우를 공유하는 축제 같은 것이었다. 하지만 국가대표의 타이틀을 달고 출전하는 한 경쟁을 피

기능올림픽 4연패 기념 카퍼레이드 장면.
《경향신문》 1981.7.1. 12면

할 수는 없었다. '경기'에 방점을 찍은 한국 선수단은 유독 우승의 압박감을 안고 참가했다.

기술사 연구자 김태호는 "시련과 훈련 절차가 올림픽 경기와 유사하기 때문에 곧 '기능올림픽'이라는 이름이 한국 대중에게 매우 친숙해졌다. 이 민족주의적인 별칭은 젊은 세대에게 추가적인 동기를 부여했다"[9]고 평가한다. 정부는 이를 프로파간다에 사용했고, 언론매체는 기능올림픽의 우승자를 영웅으로 취급했다. 기능올림픽 제패는 국가 성공의 바로미터처럼 여겨졌다. 그래서 더욱 매달렸을까? 한국은 1977년을 시작으로 1991년까지 무려 9연패의 업적을 달성한다.

한번은 이런 일이 있었다. 이미 경기를 거의 포기한 독일 선수가 퇴장하지 않고 이리저리 디자인을 구상하는 모습을 보인 것이다. 한국 선수들은 승패와 상관없이 자신의 궁금증을 풀려고 노력하는 모습을 보고 충격받았다. 이들은 그 나라 평균 수준의 기능문화를 대변하고자 온 것이지, 뛰어난 기능공으로서 참가한 것이 아니라는 것이다. 한국 선수들은 승부에 목을 걸 수밖에 없는 자신의 처지와 이들을 비교해 위화감을 느꼈다.

_____ 기능공을 홀대하는 사회

기능공들이 산업전사로서 복무했음에도 불구하고 전통적인 '장이'에 대한 비하 인식에서 그리 나아지지 않았다. 1977년부터 1981년까지 기능올림픽에서 한국 선수들이 연거푸 종합 4번 1위를 하자 미래에는 "여대생이 기능공을 신랑으로 맞이할 것"이라고 전두환 대통령이 축사했다.[10] 일가족이 모두 기능공인 가족의 이야기가 신가족의 모델로 다루어지기도 했다.[11] 하지만 정작 메달리스트 당사자들의 인터뷰에서는 자신들을 메달메이커로만 생각하는 사회적 분위기에 불만이 표출되었다.

기능올림픽에 참가하기 위해 생긴 3~4년의 현장공백을 채워줄 어떤 사회적 장치도 없으며, 더군다나 메달을 획득하지 못하는 경우, 그 모든 희생을 선수 혼자 감당해야 하는 것은 부당한 일이라고 주장했다.[12] 정부는 메달리스트에 대한 포상금을 높이고 연금 혜택도 약속했지만 기능공에 대한 사회적 위상은 그리 높아지지 않았다.

금오공고의 기술하사관 배출과 기능올림픽 제패의 성과가 곧바로 한국 산업계에 큰 영향을 줬다고 보는 해석은 지레짐작에 불과하다. 실상은 정반대다. 금오공고 출신 기술하사관의 경우 당시로서는 상당한 기술력을 보유한 상태였지만, 하급 부사관 수준의 일만을 맡게 해 인력을 낭비했다. 게다가 무려 5년이나 군장비만을 다뤄왔기 때문에 정작 민간에서 쓰이는 기술에 무지한 경우가 많았다. 마찬가지로 기능올림픽 메달리스트의 경우도 그들이 연마한 것이 오직 대회 입상을 위해 특화된 기능이었기에 산업전선에 곧바로 써 먹을 만한 것이 되지 않았다. 기능올림픽 메달리스트 중 일부는 자기 기능직종이 아닌 분야에서 일했다.

_____ 기능공들의 자기계발

금오공고 출신이나 기능올림픽 출신들이 훌륭한 기능공으로서 활약을 했다면 이들이 기능훈련을 함에 있어 단순히 손끝기술이 아닌 스스로 해결하는 문제대처능력을 연마했기 때문이라고 보는 편이 맞을 것이다. 한 연구에 의하면, 이 시기 명장들은 35.7%가 독학을 통해 배웠다고 한다.[13] 꽤나 흥미로운 현상이다. 이들의 산업전사로의 활약이 어떤 외부의 도움도 아닌 고스란히 자기 원동력에 기초해 가능했다는 말이다. 가난한 농촌 출신이 다수를 이루었던 기능공들은 오로지 숙련된 기능 습득만이 가난을 탈출할 수 있는 방법이었다. 시스템이나 스승에 의한 교육보다는 독학의 방식으로 한계를 돌파하고는 했다. 물론 70년대 기능공들의 생애사에서 당시 공고 교육 커리큘럼이나 기능올림픽 참가 등의 사건들이 긍정적인 계기로 작용한 적이 없지는 않다. 그러나 이 경우도 외부의 지원과 혜택보다는 개인의 환경 극복이라는 서사 속에서 조망해볼 필요가 있다.

전수받을 기술도 스승도 마땅치 않은 상태에서 자가 발전했던 1970년대 한국의 숙련공들은 개념상으로 손재주꾼craft과 기술자engineer 사이에 있었다. 대졸 사원들이 매뉴얼을 엉성하게 번역해 오면 현장의 기능공이 직접 적용해보았다. 그 과정에서 자신들이 이해하기 쉬운 용어체계를 세우고, 현장에서 빠르게 기술을 습득했다. 특히 경험에서만 얻을 수 있는 날 것 그대로의 데이터를 축적하는 과정에서 숙련공의 역할이 컸다. 그들이 증언하는 데이터를 다시 기술로 홉

유형	성격	역할	교육
과학자	창조적 활동	연구개발 교수 기초연구	대학원 기초과학, 응용과학 연구활동
기술자	기술적 활동	기술계획 및 관리 설계 시공 공정지도	이과대학, 전문대학 기본과학 현장실용기술
기능자	기능적 활동	제작, 제조 운전 수리 유지	실업고교, 훈련원 실업교육, 직업훈련 현장실습

- 1970년대 문교부는 기능자, 기술자, 과학자 등 3개의 층위로 기술인력을 구분하고 교육체계를 세웠다.

수하는 과정이 자주적인 기술을 개발하는 첫걸음이었다. 기능공 중 일부는 전문대학에 진학하여 전공 교수와 논쟁을 벌이는 실력을 갖춘 경우도 있었다.

1960~70년대 한국의 산업구조 속에서 '기능공'은 당장 외국의 기계를 정밀하게 운용하기 위해 숙련노동을 제공하는 자로서 기획되었다. 이들은 국가나 기업의 체계적 교육을 받고 정밀한 노동력을 제공했다. 하지만 이들이 단순히 국가의 지략 속에 배치된 기능공에 멈춰 있었던 것은 아니었다. 기능과 기술의 경계를 넘나들며, 끊임없는 자기계발의 노력을 보여주었다. 다소 비하 뉘앙스까지 섞여 있는 '기

능'은 실은 손으로 자유롭게 뭔가를 만드는 일이었다. 그들은 기계에 의해 닦달된 인간이 아니라, 기계를 닦달해 새로운 지평을 열어간 사람들이었다.

18____ 전자오락실 점령한 갤러그 전성시대

_____ 1980년 전자오락실 대유행

조기원의 시 〈풍자시대에서 − video의 꿈〉(1989)은 17인치 모니터를 소재로 1980년대의 풍경을 다음과 같이 묘사하고 있다.

> 우리들의 애인은 전자오락실에서 갤러그 십만점을 역사적으로 돌파하고 있었다.……치지직 척……경찰은 결코 여러분과의 충돌을 원치 않습니다." "도시재개발 사업이란 허울좋은 이름 아래 도시 빈민들의 생존권이 무참히 약 치지직 척……

모니터에 점멸하는 세상사의 이미지를 파노라마처럼 상영해 풍자적 효과를 노린 시다. 전자오락 '갤러그'에 탐닉하는 애인과 공권력에 무참히 짓밟히는 철거민들의 모습이 '치지직 척'이라는 기계적 소음을 통해 연결된다.

이 시기 전자오락을 접한 사람이라면 작품에 등장한 게임 '갤러그'가 반갑게 느껴질 것이다. 2000년대 '스타 크래프트'에 비견할 만한 1980년대의 국민 게임이었기 때문이다. 대학가 앞의 막걸리 집과 서점을 몰아내고 전자오락실이 대거 들어섰다. 대학생들도 거리의 투쟁만큼이나 전자오락에도 몰두했었다. 1983년 연세대 앞에는 전자오락실만 19개가 넘었다.[14] 통기타와 생맥주가 70년대 대학가 문화의 특징이라면 80년대는 전자오락이 그 아성을 넘본 셈이다. 더구나 전자오락은 나이를 불문하고 영향력 있는 놀이문화였다.

전자오락이 한국에 상륙한 시기는 1980년 전후로 판단된다. 1978년 '브레이크 아웃'이나 '스페이스 인베이더'가 국내에 유입되면서 심상치 않은 인기를 보이더니 1982년 '갤러그'가 등장하면서 걷잡을 수 없이 전자오락실이 대유행하기 시작한다. 당시 오락실 게임의 8할이 '갤러그'였다. 탁구대 생산 감소와 서점 감소 사태의 원인을 전자오락실에 돌리는 기사와 신문 독자투고가 많았다.

국내 탁구 인구가 국민 생활수준의 향상과 더불어 각종 레저의 발달로 급격히 줄어들어 상당히 어려움을 겪었다. 특히 요즘 들어서는 전자오락실의 등장으로 국내 신규 수요가 거의 없는 상태라고 한다.[15]

1979년 서울 시내에 900여 곳이었던 전자오락실이 1982년 3,570여 곳으로, 1983년에는 급기야 6,000여 곳으로 확대되었다. 전

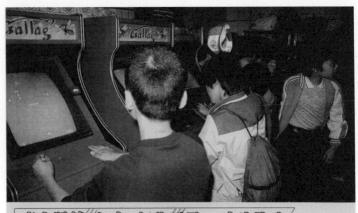

—— 1983년 어느 전자오락실의 풍경. 《경향신문》 1983.10.20. 9면

국적인 통계는 집계가 불가능하다. 전자오락이 인기를 끌자 청소년 교육을 걱정해 '전자독버섯', '컴퓨터에 빼앗긴 영혼의 활자' 등의 우려가 터져 나왔다. 국무총리산하 사회정화위원회가 거리질서를 명목으로 전자오락실을 단속해 폐쇄했으나 줄기는커녕 늘어나기만 했다.

———— 무허가가 아니라 비허가

새로운 오락문화에 대해 사회 전체가 당혹스러워했다. 이유도 각양 각색이었다. 전자오락실에 대한 한국 사회의 최초 이의제기는 사실 교육문제가 아니다. 2차 석유파동의 여파 속에서 전자오락실만이 절전하지 않는다고 여론의 야단을 맞았다.[16] 또 다른 이의제기는 전자오락실에서 훼손된 동전이 유통되는 문제였다. 10원짜리의 한쪽을 갈아 50원짜리로 인식시키는 일이 잦았다. 오락실 업주의 입장도 곤란한 것이지만 사회적으로 동전 훼손을 조장한다는 비판이 일었다.[17]

그 시기 오락실은 오락기를 아무 장소에나 갖다 놓는 방식으로 생겨났기 때문에 문방구나 허름한 식당도 얼마든지 오락실이 될 수 있었다. 한국의 아케이드 게임장은 장소 안으로 게임기가 들어간 것이 아니라 게임기가 있는 곳이 곧 게임장이 되는 독특한 역사를 보여준다. 이는 전자오락기기를 수용하고 흡수할 기존 문화공간이 마땅치 않은 상태에서 오락실이 너무 빠르게 유행했기에 생겨난 일이다. 정확히 말하자면 여흥을 위한 문화공간이라는 개념 자체가 희박했다. 결과적으로 오락실은 통제할 수 없는 공간이라는 게 제일 큰 문제였다.

「유기장법」에 허가된 전자오락실은 1974년 35곳, 1980년 허가된 곳은 43곳에 불과하다. 일부 유원지 등의 경우를 제외하면 실제 허가한 적이 없었다는 말이다. 허가하지 않은 이유가 무엇일까? 전자오락실이 어떤 공간이어야 한다는 사회적 합의가 없었기 때문이다. 즉 허가의 기준이 없었던 것이다. 그래서 1979년 6월 보사부의 유권해석을 통해 지방정부 재량에 맡겼지만, 신규허가는 여전히 요원했다.

한편, 이와는 매우 모순된 상황이 존재하기도 했다. 한국게임사 연구자 나보라[18]는 1976년에 오림포스전자에서 GAMATIC 7600

이라는 비디오 게임기를 개발해서 수출에 나섰고 대야물산 또한 같은 시기 TV용 게임기를 개발해서 수출에 나섰는데, 이로 보아 한국이 아케이드 게임장이 유행하기도 전인 1970년대 중반에 이미 콘솔게임기 수출국이었다고 증언한다. 이어 그는 "본질상 동일한 '전자식 비디오게임'임에도 불구하고 내수용인 아케이드에 대해서는 강력한 억압정책을 펼쳤던 정부가 수출용 오락기의 생산은 장려했다는 모순적인 사실은 발전주의 정부의 수출제일주의에서 비롯된 것이라 할 수 있다"[19]고 평가했다. 게임기는 내다 팔 상품일 때는 적극 권유되지만 새로운 여흥 문화로서는 탐탁지 않은 것이었다.

그러니 80년대 무허가 전자오락실의 범람문제에 대해 오락실 업주들의 무법성을 탓하기에 앞서, 우리 사회가 왜 게임기술을 문화적으로 받아들이지 못했는가를 비판해야 한다. 첫째 놀이행위 자체를 경시하는 사회 분위기, 둘째 테크놀로지의 가치를 오로지 경제 프레임 안에서만 취급하는 방식이 그 원인일 것이다. 이 문제는 여전히 유효하지 않을까.

'갤러그'를 놓고도 어떤 이는 이 게임이 소련인들 같은 공산주의적 호전성을 길러낸다고 논평하는 반면,[20] 어떤 이는 빨간 마후라가 되어 적기를 격추시키는 기상을 길러볼 수 있다고 해석하기도 했다.[21] 1986년 '농민반란'(원작명: いっき, 썬소프트)이라는 게임은 반사회적이라는 이유로 전량 수거되었다. 이 게임이 세금공무원과 농부와의 싸움을 다루는 만큼 불순한 의도가 있다는 것이었다. 실제로는 일

스트레스解消…「두더지 잡기」놀이 ──── 반공주의와 오락기의 재빠른 결합

본풍 배경으로 나쁜 닌자와 싸우는 할아버지 이야기 정도의 내용이었다. 이는 게임을 플레이 해보지도 않고 넘겨짚어 평가해버리는 사회의 무지를 보여주는 일화다. 새로운 기술-미디어 현상에 무심하다가도 정치적으로 민감해 보이는 이슈는 곧바로 검열해버리는 권력의 속성이 잘 드러난다. 한편, 미국에서는 1976년 아론 페흐터에 의해 처음 선보인 두더지 게임이 1980년대의 한국에서는 '멸공 두더지 잡기'라든가 '땅굴 파는 두더지'라는 제목을 달고 나와 흥행하기도 했다. 애국주의와 멸공주의는 항상 권장되고 환영받았다.

정부도 애를 쓰긴 했다. 오락실 업주들이 양성화 요구가 거세지자 보사부는 옆 사무실에 오락기를 설치해놓고 나름대로 연구했다고 한다. 1983년 김상협 총리는 전자오락실에 대해 관심을 보이고 자주 방문했다. 만약 이러한 관심이 효과적인 정책입안으로 이어졌다면

—— 1983년 한 오락실을 방문한 김상협 총리

한국의 게임 역사는 또 달라졌을 것이다.

———— 게임기판 복제의 달인들

전자오락 기판을 판매하던 청계천 제조업체들이 누적판매 300만 대를 앞두고 있었다.[22] 오락실이 유행한 지 3년도 지나지 않아 이룬 실적인 만큼 놀랍다. 국내에만 300만 대의 오락기계가 있었다는 이야기라면 납득이 가지 않지만, 청계천의 기술자들이 해적기판을 복사해 동남아 등지로 다시 수출했기 때문에 가능한 수치였다. 이로써 드러나는 사실은 당시 유통되던 전자오락실 기판이 소프트웨어만 외제였을 뿐, 실은 '메이드 인 청계천'이라는 사실이다.

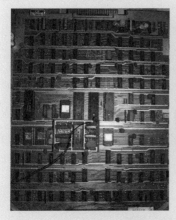

——— 갤러그 기판vs갤러가 기판. 왼쪽이 갤러그 오른쪽이 갤러가 기판이다. 해적기판인 갤러그 쪽이 세로로 더 길어진 것을 확인할 수 있다. 출처 각각 wiki.aussiearcade.com.au, www. hobbyroms.com

청계천의 전자 조립업체들은 대량주문을 소화할 만큼 많은 인력과 고급 기술을 보유하고 있었다. 일본에서 새로운 게임기가 나오면 5일 안에 초정밀 필름을 입수하여, 칩보드를 풀어서 금성반도체로 다시 구성해 해적기판을 만들었다. 집적회로가 카피되는 과정에서 보드가 상당히 커졌다. 좌우로 회전하게 되어 있던 볼륨조절 보드에 자동차 중고 핸들을 가공해 조립하여 레이싱 게임의 조이스틱으로 사용하게 하는 등 말도 안 되는 수법이었지만, 일제나 미제의 오리지널 게임기의 성능을 거의 그대로 구현해낼 수 있는 능력도 보여주었다.[23] 당시 기술자들은 미국과 일본에 이어 세계 3위의 게임기판 제작

실력을 점쳐보기도 했다.

'갤러그gallag'의 원 게임 명칭은 '갤러가galaga'다. 하지만 당시 청계천에서 주로 복제하던 기판이 해적기판이었기에 하단의 남코Namco사 타이틀이 사라지고, 제목도 '갤러그'로 표시되었다. 통상 해적판의 경우 오리지널에 비해 조악한 품질로 몇 년이 지나면 작동하지 않거나 비디오나 오디오 출력에 이상이 생기는 경우가 많은데, 갤러그 기판은 갤러가 기판과 비교해 성능이 거의 떨어지지 않았다.

＿＿＿＿＿ 새로운 도시소음과 자폐적 집중력

초창기 전자오락은 그래픽 성능이 뛰어나지 않았기 때문에 전자음의 효과와 함께 게임의 묘미를 살리는 경향이 있었다. 버튼을 누르면 나가게 되는 미사일은 그래픽으로 보자면 볼품없는 작대기지만 대신 사운드적인 쾌감을 선사하는 방식으로 게임의 재미를 유도했던 것이다. 전사합성음이 안겨주는 매력 때문에 '전자오락＝뿅뿅뿅'이라는 등식이 생겼다. 대학가에서는 동요 '뽀뽀뽀'를 개사해 "아빠가 출근할 때 뿅뿅뿅 엄마가 안아줘도 뿅뿅뿅"이라는 노래를 부르기도 했다. 오락실 업주들은 보란 듯이 스피커를 밖으로 달아 호객행위를 했다. 그러나 일반 시민들에게 전자오락의 사운드는 낯설었고 불쾌감을 주었다.[24] 이제 공장 소음과 자동차 모터소리에 이어 합성 전자음의 소음과 같이 살게 된 것이다.

이 시기 오락실 주인들의 인터뷰에 의하면 연세대보다 이화여대가 더 벌이가 좋았다. 숙명여대 근처에는 여대생 전용의 오락실도 개설되었다. 이화여대생 강보영은 다음과 같이 인터뷰했다. "작은 브라운관에서 쫓고, 달아나고, 잡히는 과정을 되풀이하면도 평소에 느끼지 못했던 해방감과 스릴을 맛본다."[25] 이를 여성 특유의 집중력과 연관시켜도 좋을 것 같다. 기존 사회는 전자오락에 열광한 여대생들을 새로운 세대로 규정하는 듯 보였다. 여대생들의 신풍속도를 다룬 책을 내면서《갤러그 대학의 여대생들》(장경근, 신원문화사, 1983)이라는 표제를 지어 넣기도 했다. 전자오락의 문제점으로 '자폐적 집중력'이 제기되었다. 상호 대화보다는 홀로 게임을 한다고 비판받았다. 새로운 세대는 궁한 담소보다는 점수가 확실히 기록되는 게임이 더 낫지 않느냐고 반문했다. 서울대 심리학과 장병림 교수는 전자오락이 기억력, 상상력, 추리력, 숫자감각, 공간지각력 등을 사용한다고 주장했다.

_____ 전자오락실 양성화 계획의 실패

1983년 7월에는 10대 소녀가 게임기 내부의 동전을 훔치려다 감전사한 상태로 발견되었다. 2중 절연장치가 되어 있지 않아 일어난 일이었다. 소녀의 호주머니에는 50원짜리 53개가 고스란히 들어 있었다. 안전사고를 막기 위해서라도 양성화가 시급히 필요했다. 왜색 일색인 게임내용에 대해서도 점점 반발이 컸다. 이렇게 게임기의 안전성과 소프트웨어의 왜색문제는 자연스럽게 표준형식 도입과 국산화 논의로 이어졌다. 정부는 1983년 8월 16일 게임기 양성화 조치를 취했다. 제작업계는 정부의 표준형식을 준수하고 특소세를 납부하겠다며 양성화 정책을 반겼다. 또 국내 실정에 맞는 스포츠와 위인을 소재로 한 게임을 개발하기로 약속했다. 손기정, 심청전과 이순신, 애국가를 테마로 한 게임 제작계획을 세웠다. 1984년 삼영전자가 6천만원을 투자해 태극 마크가 새겨진 비행체를 조작하는 '제7의 전투기'라는 게임을 만들었다고 발표하나 이후 기록은 없다.[26]

제작업계는 게임 난이도도 대폭 하향 조정해, 플레이 타임을 10~30분 사이로 맞추겠다고 약속했다. 당시 전자오락이 비판받는 이유 중 큰 것은 전자오락이 아이들에게 사행성을 가르친다는 것인데, 우연을 사용하는 도박이 아닌 컨트롤을 요구하는 게이밍에서 요행을 바란다는 지적은 사실 논리적 근거가 없는 것이다. 단지 아이들의 공부시간을 감소시키고 낭비벽을 부추긴다는 억측과 업자들의 이익추구가 과대하다는 비난이 합쳐져 '사행성'이라는 표현으로 드러났다고 이해할 수 있다.

정부에서 양성화 정책을 내놓자, 일부 업체는 형식승인비용과 세금납부에 난색을 표한다. 그들은 게임기판 제작에서 컴퓨터 제조로 눈을 돌렸다. 당시의 기술적 수준에서 게임기와 컴퓨터는 크게 차이나지 않았다. 이로써 새로 등장하는 개인용 컴퓨터 수요를 감당할 동력을 오락기 기판 제조의 경험에서 수혈받았다. PCB 제작기술은 산업현장에 쓰일 전자기기들을 개발하는 기술로도 전환되어 갔다.

수심측정기, 산불탐지기기가 만들어졌다. 전자오락실 붐으로 인한 게임기판 제작경험은 반도체의 대량 유통구조 발달을 견인한 것으로 오늘날 평가받고 있다.

하지만 양성화 정책은 무허가 업체들을 방관하는 방식으로 진행되었다. 컴퓨터 전자제품에 대한 이해가 없어 정교한 기준을 만들지 못하고, 오락기 캐비넷에 대한 통일성만을 간신히 맞췄다. 결국 게임업체가 의욕을 갖고 추진하던 게임 소프트웨어 국산화 계획이 중단되어버렸다. 신제품 개발이 없자 구형 모델만을 재생산한 게임기가 농촌 등지로 퍼져 나갔다. 대중들은 같은 게임이 반복되자 싫증이 났다. 84년에는 기존의 제작업체 2천 개가 5백여 개로 줄었다. 만약 양성화가 안정적으로 진행되었다면, 애국가가 울려 퍼지는 이순신 게임을 한국 게임사의 시초로 두었을지도 모른다. 물론 가정이다.

한국전자기술연구소는 1983년 당시 개발하고 있던 32K ROM 기술을 금성, 삼성, 대우, 아남전자, 한국전자, 현대전자 등에 이양했다. 세계적으로 전자오락 기판 칩이 64K ROM으로 바뀌는 추세에 수출이 어려워지자 민간으로 기술을 이양했다. 반도체 사업의 발달이 세계 게임사업과 밀접한 관계에 있었음을 알 수 있다. 전자오락실은 아이들에게 컴퓨터에 대한 친근함을 만들어냈다. 오늘날 많은 프로그래머들이 80년대 경험한 전자오락실을 소프트웨어와 자신이 첫 대면한 순간으로 기억한다. 놀이는 과학으로 가기 위한 길목에 놓여 있었다.

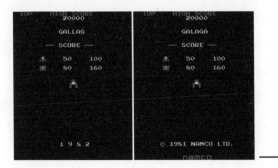

갤러그 vs 갤러가

1983년 유성은·성진 형제는 소련 첩보위성을 보겠다고 가출했다가 5일 만에 가족 품으로 돌아오게 된다. 형제는 밤까지 위성을 기다리며 낮 시간에는 전자오락을 했다고 한다.[27] 아마도 갤러그였을 것이다. 모니터 속 흩뿌려진 도트를 또 다른 밤하늘의 별로 이해한 이들 형제를 갤러그 세대라고 불러도 손색이 없을 것이다.

19___ 전자상가의 흥망성쇠, 세운상가 그리고 다시 세운상가

____ 만능제작소 세운상가

1994년은 세운상가와 관련해 나쁜 소문만 가득한 해였다. 지존파를 돕던 브로커 이주현은 세운상가 근처 선반가게에서 칼날이 든 등산용 지팡이 8개를 주문제작하고, 근처 고가도로 노점을 통해 무전기와 가스총 등을 구입했다. 지존파는 이렇게 전달받은 무기를 가지고 극악한 범죄를 실행에 옮겼다. 또한 포르노가 유통되는 주요한 채널이 세운상가였는데, 그 고객 중 선원들이 많아 그들이 권총을 구입할 수 있는 루트를 이주현에게 주선해주기도 했다. 세운상가에서 종업원으로 일하던 그는 이 경험을 가지고 부산에 내려가 총까지 구입하려 했다고 하니 만약 성공했다면 그들은 결코 순순히 투항하진 않았을 것이다. 사건 이후 청계천에서의 무기 암거래는 공공연한 사실이라는 보도가 이어졌다. 같은 해 발생한 국제종교문제연구소장 탁명환 씨 살인사건의 범인 임 모씨는 세운상가에서 구입한 군용 특수 건

전지를 이용해 사제폭탄으로 만들어 탁씨를 암살하는 방법을 연구했었다.

　시민들은 작은 범죄조직이 불법적인 무기를 그렇게 쉽게 소유할 수 있었다는 것에 놀랐다. 당시 세운상가는 작은 전자제품에서부터 현금인출기, 조명공사 부품, 컴퓨터 PCB, 의료용 기계 등 거의 모든 기계를 수리하거나 그 부품을 조달할 수 있었다. 게다가 미처 국내에 들여오지 못한 외국의 신제품을 신속히 유통할 수 있는 시스템을 갖춘 국내 유일무이한 제작·판매 공간이었다. 사건 이후로 위험하다는 이미지 때문에 세운상가 일대에 손님이 잠시 끊겼다. 자체적으로 상가문화를 정화하려고 노력해온 상인들 입장에서는 억울한 일이었다.

　배종호(범진정밀, 64세, 2010) 씨에 의하면, 우리나라에서 선풍기를 처음 선보인 것은 신일산업이 아니라 세운상가의 제작자들이었다고 한다.[28] 대량 제작할 형편은 안 되었지만, 철판으로 밑판을 깎고 자동 타이머와 작은 모터를 조립해 선풍기를 만들어 공급했다. KS규격 문제 때문에 더 이상 영세사업체에서 제작할 수 없었던 것일 뿐, 성능은 충분히 발휘되는 제품이었다. 그는 이러한 세운상가의 개발 노하우가 대기업으로 흡수되어 간 것이 한국 가전제품의 역사라고 증언한다. 한편 윤태웅(서일콘넥터, 81세, 2010) 씨는 원자력발전소에 세운상가의 기술자들이 가서 전압기를 설치해주며 되려 한 수 가르쳐준 것을 기억한다.[29]

—— 세운상가 광고. 《동아일보》1999. 12. 8. 29면

　　원자력연구소 사람들이 이론적으로 설계를 해가지고 왔지만 정
작 실제로 설치할 미군부대 부품들의 미묘한 특성은 알지 못했고, 그
들의 설계대로 조립하면 제 성능이 나오지 않을 터였다. 여기서 세운
상가 기술자들의 힘이 빛을 발하게 된다. 그들은 경험으로 다져진 자
신들만의 노하우로 재설계를 했고, 전압기를 성공적으로 설치했다.
이 같은 숙련공과 기술자들의 활약이 "부품만 있으면 인공위성도 만
든다"는 신화를 만들어냈다. 무엇이든 구하고 만들 수 있다는 세운상
가의 기술력은 항상 합법과 불법의 경계에 있었다.

기생하게 된 전자산업

없는 것이 없고, 못 만드는 것이 없는 세운상가는 누가 기획한 것일
까? 당초 세운상가 건설취지는 기술제작자들을 위한 것이 아니었다.

세운상가는 주상복합아파트로 기획되었다. 서울 시내에 미래지향적이고 모범적인 상업 주거형태를 선보이기 위해 당시 서울시장 김현옥이 밀어붙이고, 건축가 김수근이 디자인했다. 서울 대개조 프로젝트의 일환이었다. 1968년 건설 당시 조감도를 보면 낙후한 주변부에 위용을 자랑하듯이 도드라지게 서 있는 건물을 볼 수 있다.

통상 세운상가로 불리기는 하지만 실제로는 세운, 청계, 삼풍, 신성 등 4개의 상가로 구분된다. 종묘 입구에서 청계천 3가, 을지로 3가, 진흥로를 거쳐 퇴계로 3가까지 뻗치는 폭 50미터의 1만 3,708평의 거대한 건물이었다. 연속적 보행 몰 조성을 위한 보행 데크, 1층의 주차와 3층의 보행공간을 분리하는 혁신적인 디자인, 5층 주거공간 내 아트리움 등 60년대 서울 안에서는 찾아볼 수 없는 첨단의 건물이었다. 혹은 작은 도시로 보아도 좋았다.

문화연구자 이동연은 시민들에게 쇼핑공간이자 보행공간으로 디자인된 세운상가는 일종의 거대한 아케이드 공간에 가까웠다고 평가한다. 나이트클럽과 데이트를 위한 위락시설까지 들어설 계획으로 보아 세운상가가 서구식 대중문화의 라이프 스타일을 확산하는 전진기지 역할을 맡으려 했다고 해석하고 있다.[30]

하지만 실제 운용해보니 많은 문제점이 노출되었다. 서울 시내 차가 2만 대도 안 되던 시절, 1층을 고스란히 주차공간으로 사용한다는 발상은 시기상조였고, 때문에 1층에는 상가가 빼곡히 들어섰다. 덕분에 3층 보행몰에는 애초 계획했던 것보다 사람들 발길이 뜸했고,

도심 가로지른 괴물빌딩. 《동아일보》 1980. 4. 7. 7면. 세운상가 1층은 짐차들이 불법주차를 상습적으로 하고 있어 주변 교통상황을 악화시켜 큰 골칫거리였다. 게다가 종로, 을지로, 충무로 등 서울의 주요 장소를 직선으로 관통하고 있어 그 배치 때문에 흉물로 이해하는 사람들이 많았다.

보차분리 디자인은 실패하고 만다. 건물 내 아트리움은 실은 온도조절을 위한 복잡한 장치가 없는 상태에서 밀폐된 실내에 채광만 가능케 한 것으로 그리 안락함을 주지 못했다. 개장한 지 몇 달도 안 되어 화재사고가 나는가 하면, 건물 내 시설미비에 대한 시비가 끝없이 일어났다. 게다가 상가 내 유흥업소가 많아지자 거주자들은 단지 내 교육여건이 나쁘다는 결론을 내렸다. 세운상가는 주거용으로는 시설과 환경 모두 부적합했던 것이다.

이러한 이유로 자연스럽게 거주자들이 빠져나가고 그 자리는 전자제품 유통과 수리제작을 위한 업무용 공간으로 변경됐다. 이로써 세운상가의 전자산업은 예측하지 못한 방식으로 도심 내에 기생해 발전할 수 있었다.

세운상가 1층은 짐차들이 불법주차를 상습적으로 하고 있어 주변 교통상황을 악화시켜 큰 골칫거리였다. 게다가 종로, 을지로, 충무로 등 서울의 주요 장소를 직선으로 관통하고 있어 그 배치 때문에 흉물로 이해하는 사람들이 많았다.

_____ 수리에서 제작기술로 진화

시인 유하는 세운상가에 대해 "진실은 없었다, 오직 후끼된 진실만이

'현대상가에서 시멘트 떨어져 행인 중태'
《동아일보》 1977. 03. 09. 7면

눈앞에 어른거렸을 뿐"[31]이라고 썼다. 사전적으로 일본어 후끼ふき는 불법적인 일을 뜻하고, 은어로는 중고를 수리해 새것처럼 속이는 행위를 뜻한다. 불법적 진실. 이 말처럼 세운상가를 잘 설명할 표현은 없을 것이다.

물자가 귀하던 시절이니, 고장이 나면 고쳐 쓰는 일이 많았기에 상인들은 유통과 수리업을 같이 할 수밖에 없었다. 외국의 새 제품을 수리하기 위해서는 남들보다 빨리 뜯어봐야 했고, 이 경험이 수리업자들에게 기술적 노하우를 얻도록 만들었다. 새로 얻은 수리기술이 쌓여 비슷하게 모방할 수 있는 실력이 되면 독자적인 제품들을 만들 수 있게 되었다.

이 같은 '수리→기술습득→자가 생산'의 루트는 그 역사성이 있었다. 세운상가가 있기 전 청계천에는 주로 미군부대에서 흘러나온 물자를 수리해서 재판매하던 고물시장이 자연스럽게 형성되어 있었다. 여러 중고 물건의 부품을 교차해서 성능이 발휘되는 제품을 하나 만드는 방식이었다. 대표적인 사례가 케이스 같이 시계였다. A사의 케이스와 B사와 C사의 무브먼트를 혼합해 세상에 없는 시계를 만들어내는 것이다. 부품이 귀했기에 선택할 수밖에 없는 수리방법이었다.

이러한 경향 속에서 세운상가는 자연스럽게 유통업체와 수리, 제작업체가 공존하는 문화로 발전해 나갔다. 물건의 부족에서 기인하는 수리업의 발달과 이로써 익히게 된 역설계reverse engineering 학습이

자산이 되어 세운상가의 기술자들을 만들어냈다. 애플2의 카피모델을 국내 최초로 만든 곳은 세운상가였다. 세운상가는 독학자들의 천국이었다. 고객에게 수리의뢰를 받은 기계를 고칠 수 있다고 자신있게 외친 후, 밤을 새워 뜯어보고 원리를 알아내거나 최신 기술습득을 위해 미국과 일본 서적을 구독하는 기술자들이 많았다. 세운상가의 동력은 자생적인 독학자들의 탐구심과 생활력에서 나왔다.

세운상가의 설계를 맡았던 윤승준은 세운상가 건설의 기획이 애초 낙후한 서울시에 영향을 줘서 상가 주변부가 같이 발전할 것을 기대했다고 한다. 그런데 웬일인지 상가 주변은 아무런 변화가 없었고 80년대 이후에는 재개발 지구로 묶어버려 결국 세운상가가 '서울의 벽'처럼 흉측하게 남아버렸다고 판단한다.[32] 실패한 기획이라는 말이다. 건물의 외관만 보면 그의 말이 맞다.

대신, 주거 용도의 성격이 사라진 세운상가는 독특한 시스템으로 움직이는 공장이 되어갔다. 도심 속 가정식 공장이 가지는 한계, 즉 협소한 사업장과 제한적 기술이 각 공정 단위들 간의 협업을 자연스럽게 유도했다. 주문자의 요구가 들어오면 필요한 각 공정에 최적화된 협업 단위를 그때그때 구성한다. 납품가격과 기술적 난이도 같은 어려움들은 이 구성체에서 공동으로 협의해 해결해 나간다. 이러한 관계가 자주 반복되면 소위 길드 같은 소규모 공동체가 구축되는 것이다. 예를 들어 냉동기 밸브 하나를 만들기 위해서는 '주물→단조→압연→압출→선반가공→밀링 가공→용접→조립→누수실험→도장' 등의 복잡한 단계가 필요하다. 이 모든 것을 공간적 제약과 기술적 제약 때문에 한 가게에서 할 수가 없다. 당연히 적당한 파트너와 협력관계를 마련해야 하는 것이다.

하나의 건물 안에서 각 공정별 결과물이 신속히 배달 운송될 수 있다는 것은 매우 큰 이익이었다. 거리가 멀수록 물건의 배송, 파손 등에 대한 위험부담이 커지기 때문이다. 이는 작업속도를 높이고 제품 불량률을 낮추는 효과를 낳는다. 그래서 무거운 짐 배달에 용이하게 개량된 삼발 오토바이는 세운상가의 상징이다. 물론 도시 외곽의 공장으로 가면 이 모든 공정을 한 번에 할 수 있지만, 다양한 주문에 유연하게 대응하기가 어렵다. 현재 전자 분야는 용산이나 강변 등에, 기계금속 분야는 구로나 시흥 등에 그 기능을 많이 뺏겼지만, 논스톱으로 모든 공정을 시동할 수 있는 곳으로서 세운상가의 쓸모는 여전히 유효하다. 이를 두고 김용창은 도심부형 소기업 클러스터, 다른 표현으로는 네트워크 경제의 원조라고 평가했다.[33] 금속 가공공장에서 일했던 한 기술자는 다음과 같이 말했다.

혼자 할 수 있는 건 작은 거고, 협력하지 않으면 할 수 없지. 왜 바닷가에 모래알 같은 거 있잖아. 멀리서 보면 하나같지만 가까이 자세히 보면 다 다르다구요. 청계천도 마찬가지야. 청계천도 청계천이라고 하는 큰 곳으로 보일 뿐이지 자세히 보면 개개인이 다 달라요. 협력하지 않으면 안 돼.[34]

_____ 메이커 문화와 새로운 동거, 재생하는 세운상가

점차 일거리가 줄어들어 상가 전체의 분위기가 꺾인 것이 오늘날 세운상가의 현실이다. 경제적 가치가 약해졌다면 세운상가의 문화적 가치를 어떻게 활용할 수 있을지 고민할 필요가 있다. 다행히도 2015년 서울시가 세운상가에 대한 도시재생계획을 발표하면서 이러한 문제를 고민할 기회와 여유가 생겼다. 손쉬워진 기술을 응용하여 개인이 만든 제작물이 취미에서 산업 영역까지 아우르며 새로운 일자리와 제조업의 토대가 되리라는 전망이 메이커 운동Maker Movement으로 드러나고 있다. 메이커들의 정신적 계보에서 세운상가는 최초 메이커들의 보금자리로 기록될 수 있지 않을까.

한국 첫 우주인 후보였던 고산 씨는 이러한 세운상가의 가능성을 높게 쳐 사무실을 세운상가 내에 개설했다. 그는 작은 부품 하나도 찾기 쉽고, 숙련자에게 관련 충고도 곧바로 들을 수 있는 시스템은 세운상가가 유일하며, 이 장점을 살려 공생한다면 자신과 같은 벤처기업인도 세운상가의 새로운 동력이 될 수 있다고 주장한다. 젊은 이들로 구성된 문화기획팀 '세운공공'은 세운상가의 오래된 음향기기를 이용해 같이 즐기는 음감회(세운소리 듣기 展 21.9KHz.)와 세운상가 내 장인을 찾아 추억의 기계들을 수리하는 이벤트(수리수리얍) 등 다양한 방법으로 상가에 활기를 불어넣고 있다. 다른 예로는 백남준 비디오 작품의 기술적 작업을 도맡아 했던 이정성 장인과 신예 미디어 아티스트 전유진이 협업해 아날로그 텔레비전을 이용한 오디오 비주얼

―――― 세운상가 그리고 메이커스. 출처 http://seoulpowerstation.org/pc/main.asp

레이션 워크숍을 열기도 했다.

　구시대의 기술은 쓸모없는 것이 아니라 단지 사용되지 않을 뿐이다. 그 기술의 쓸모를 상품논리로만 판단할 수는 없다. 이는 보존되어 언제든 꺼내 새롭게 접속할 수 있는 잠재성의 가치로 평가되어야 한다. 문화연구자 김일림은 "세운상가의 상인과 기술자들이 장인으로 언급되는 것은 그들이 전문가의 능력을 지녔으나 소외되고 있다는 공감대에서 비롯된다"고 지적했다.[35] 한때는 기술자로 불렸으나 이제는 장인으로 불리는 이들이 박물관 속의 낡은 유물처럼 취급받

—— 세운상가 최근 풍경. 사진 윤주혜

지 않도록 해야 한다. 젊은이들의 메이커운동과 세운상가의 전자 장인들이 만나 화학반응을 일으키고 오래된 기술이 계승되고 보존되는 과정이 소중한 이유다.[36]

만약 서울이라는 도시가 인간의 몸이라면, 세운상가는 잘못 절개된 외과수술 자국이다. 이 흉터를 없애는 것도 방법이지만, 이미 새살과 엉켜 몸의 일부가 된 자국과 함께 살아가는 것도 또 다른 방법이다. 세운상가의 역설계 기술자와 숙련공들의 네트워크와 경험지經驗知는 매우 소중한 자산이다. 이를 잘 활용한다면 시민 스스로 디자인하고 무언가 만들어내는 학습장을 발명할 수 있을 것이다. 이렇게 획득하는 제작기술은 다가올 시민기술시대의 첫 단추가 된다. 'DIY

Maker* 문화나 3D 프린터처럼 새롭게 떠오르는 손재주 문화는 세운 상가 기술자들의 자산을 전통으로 이어받아 마땅하다.

20_____ '사이버대학'이 의미하는 것

_____ 원격교육의 이념

19세기 우편 시스템을 이용해 속기나 언어를 가르치던 일이, 20세기에는 라디오, TV를 이용해 방송교육으로 발전하고, 21세기에는 인터넷을 이용한 사이버대학 등으로 발전해왔다. 원격대학의 이념은 피교육자의 지리, 사회, 경제, 연령, 신체 등 어떠한 여건이나 처지를 막론하고 하등의 제약을 가하지 않는다는 교육철학에 기반한다. 테크놀로지는 제약으로부터 학생과 선생을 해방시키는 기초다. 원격교육 distance education의 역사는 곧 테크놀로지의 변천사이며, 앞으로도 새로운 기술에 의해 진화할 것이다.

1921년 '조선통신중학관'의 설립은 이 땅의 원격교육의 시작으로 기술되어야 할 것이다. 그 이념은 다음과 같았다.

문명이 진보하면 진보할수록 수학의 기회를 풍부히 하되 교육방법을 학교에 한하지 아니하고 혹은 확장하야 민중화함에 지하지 아니하고 통신 교육의 제도를 안출하야 발달한 인쇄술을 민중교육에 적용하게 되는도 다. 이제 통신교육의 특징을 논거하면, 일. 공간적 무함이니 (중략) 이. 시간적 무함이니 (생략)[37]

하지만 조선통신중학관의 원격교육은 학교 없이 독학할 수 있는 강의록을 제때 발행하는 것만으로도 벅찼다. 예고된 일정에 강의록 출판이 되지 않자. "조선교육학회에서와 조선통신중학관에서 발행 한다는 중학 강의록은 십월 일일에는 귀어히 된다더니 엇지한 연고 인지 아모 소식도 업스니 참 갑갑"하다고 하소연하는 푸념이 독자란 에 올라오는가 하면[38] 조선교육학회의 주간 박승영은 자신의 재산을 탕진하면서까지 강의록을 발간했으니 채 2년이 지나지 않아 새로운 유지의 참가를 고대한다고 인터뷰했다.[39]

문학연구자 박형준은 이들의 "통신교육은 3·1운동 이후 일제의 교육탄압으로 인해 교육 기회와 사회 진출의 길이 상당 부분 통제당 한 상황에서 이루어진 것"이며, 그 점에서 "조선통신중학관의《중학 강의록》이 그 기대를 충족시켜준 사회계몽 운동의 성격을 지녔다고

조선통신중학강의록 광고. 《동아일보》 1921.07.23

보아도 좋"[40]다고 평가한다. 또한 일본에서는 한창 유행하고 있었으나 여건이 안 되어 조선에는 들여올 수 없었던 통신교육의 실험을 했다는 점에서 우선 괄목할 사건으로 본다. 박승영은 "현재 조선에 보통학교를 졸업한 후 여러 가지 사성으로 중학교에 드러가지 못하는 소년이 년 수 만 명이 될 터인데 그들에게는 강의록이라도 발행하야 상식을 기르게 하는 것이 목적"이었다고 밝혔다.

해방 이후의 원격대학은 1972년 설립한 한국방송통신대학이었다. 농어촌 직장인 군인 등 근로 청년들과 주부들에게 고등교육의 기회를 부여해 국민 교육수준의 향상을 꾀하기 위해 만들어졌다. 하지만 당시 이 방송의 가청 지역은 전국의 40%에 불과했다. 방송을 듣지 못한 채 교재만으로 독학하라는 것 아니냐는 비판을 받았다. 결국 KBS 3채널과 MBC라디오 전국망을 이용해 간신히 방송교육을 시작할 수 있었다.

반면, 1986년 일찍이 힐쯔Starr Roxanne Hiltz는 TV나 라디오 같은 일방향 미디어가 아니라 인터넷이라는 쌍방향 미디어를 통해 과거와는 질적으로 다른 의사소통이 교수 학습자 간 원격으로 이루어진다는 가상교실The Virtual Classroom의 개념을 제시했다. 하지만 이 같은 전망이 곧바로 실현되기 어려웠다. 개인용 컴퓨터와 네트워크 통신기술의 보급이 대중화되기를 기다려야 했다. 실험적인 기술을 교육현장에 적용해 보편적인 교육 시스템을 새로 구축하는 일은 전혀 다른 차원의 문제였다.

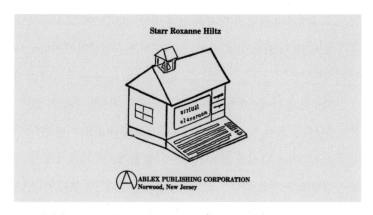

─── 가상 학교. The *Virtual Classroom*: Learning Without Limits Via Computer
Networks. Starr Roxanne *Hiltz*. Intellect Books, 1994

─────── '사이버대학'이라는 장밋빛 미래

2000년대의 한국은 세계 어느 나라보다 IT 인프라를 잘 갖추고 있었
다. 미국이나 영국의 원격대학과 비슷하거나 더 월등한 환경에서 사
이버대학을 구축할 수 있었다. 정부가 세계 교육의 변화를 재빠르게
수용해나갔다. 교육과학기술부가 평생교육을 진흥할 목적으로 1998
년 〈가상대학 프로그램 시범운영대학 선정계획〉을 발표했고, 약 2년
간 시범 운영을 거친 후 「평생교육법」을 공표했다. 2000년부터 사이
버대학의 인가를 시작했다. 2001년에는 9개였던 것이 2008년에는
17개 대학이 되었다. 이것이 지금까지 이어져 현재 21개교 약 10만
명의 재학생이 사이버대학을 통해 교육받고 있다. 사이버대학은 원
격교육의 진화 끝에 있는 듯 보인다. 군이 사이버대학이 아니더라도

민간 교육기업의 인터넷 강의를 쉽게 접할 수 있으며 그 사용자도 많다. 이쯤 되면 힐쯔의 가상교실 유토피아는 오늘날의 대한민국이어야 한다.

2000년대 사이버대학의 미래를 예견하는 자들은 이렇게 썼다. 사이버대학을 통해 한국인들은 미국의 명문대 학위도 어렵지 않게 취득한다.[41] 아침 11시에 일어나 늦은 아침을 먹으며 집에서 첫 강의를 수강하며, 여행을 하면서도 노트북으로 기말고사를 본다. 직장인들은 틈틈이 자기계발을 하거나 업무에 필요한 교육을 사이버대학을 통해 받는다.[42]

그러나 현실은 이렇다. 영미권 명문대의 사이버대학 학위를 따려고 해도 영어의 진입장벽이 커 생각보다 쉽지 않았다. 게다가 한국에 상륙하려던 외국 사이버대학들은 벌써 철수해 버려서 절차를 밟기 어렵다. 사회적으로 사이버대학의 학위는 직장인들의 경력 형성을 위한 것쯤으로 취급하고 실제로 그렇게 운용된다. 한 사이버대학은 돈만 받고 학점을 퍼주다가 감사에 걸렸고 또 다른 사이버대학의 이사장은 교비 80억을 횡령했다.[43] 학습의욕을 가진 학생들이 있으나 여전히 일방향적이고 형식적인 교안에 별 다른 흥미를 느끼지 못한다. 그럼에도 불구하고 돈이 되는 강의는 마구잡이로 개설해 수강생을 늘린다.[44]

여기에 10년 전 개인적인 이야기지만 필자가 사이버대학에서 튜터로 일한 경험도 추가해야 할 듯하다. 필자는 수업을 보조하는 튜

터였음에도 불구하고 중간과 기말고사 문제를 출제하고 채점했다. 그 수업은 필자의 전공과는 거리가 먼 과목이었음에도 불구하고 말이다. 새로운 교과목 강의 스크립트를 짜는 일도 했었는데, 담당 교수는 필자가 시나리오를 써주지 않으면 강의녹화가 불가능했다. 그는 학식이 부족한 것은 아니었으나 녹화강의에 적절한 교수법을 갖추지 못했다.

_____ 디지털 졸업장 공장이 된 대학

새로운 미디어가 그 도입 초기 좌충우돌하는 것은 자연스럽다. 이제부터라도 원격대학의 테크놀로지가 안정적으로 사회화되었다는 것을 방증할 필요가 있을 것이다. 연구논문의 페이퍼 워크나 통계분석은 테크놀로지의 사회화를 제대로 증명할 수 없다. 대신 공적으로 인준할 만한 스토리텔링의 사례가 떠오르는지 확인해보자. 그런 면에서 사이버대학은 그 교육효과에 대해 또렷하게 증명할 수 있는 케이스가 보고된 적이 없다고 필자는 판단한다. 학생 입장에서 쓰인 생생한 증언이 없다는 말이다. 더 나은 교육을 받을 수 있음에도 불구하고 테크놀로지의 역량이 가속화되지 않는 점에 분노해야 한다.

어쩌면 한국의 교육문화라는 것이 배우는 일보다는 학위가 주는 간판을 중요시했기 때문에 원격교육의 취지를 살리기 어렵다는 의견이 있을 수도 있다. 하지만 진짜 문제는 학습자의 욕망이 아니라 그 욕망을 추인하고 이용하는 쪽에 있음을 직시해야 한다. 이 점에서는 한국이나 미국이나 매한가지다. 투박한 착취냐 세련된 착취냐의 문제일 뿐이다. 기술사학자 데이비드 노블David F. Noble은《디지털 졸업장 공장: 대학교육의 자동화와 고등교육의 미래》(그린비, 2006)를 통해 미국 지식산업 자본가들이 원격내학의 신화를 과장하면서 한편으로는 학위 장사를 하고 있다고 주장한다. 그는 19세기 말부터 시작된 미국의 우편교육 붐을 분석하면서 지금도 반복되는 사기극의 원형이라고 소개한다.

우편교육이 돈이 될 것으로 전망되자 하버드나 컬럼비아 같은 명문 대학들이 원격교육 사업에 나섰다. 당시 누구나 언제 어디서든 받을 수 있는 교육이라는 선전문구는 작금의 사이버대학 붐과 너무나 닮아 있다. 교육이 필요한 노동자들을 학생으로 받아들이면서도 정작 교육은 당장 생계가 어려운 시간강사나 대학원생들이 도맡았다. 많은 양의 과제를 처리하는 이들이 질 높은 교육을 제공할 리 만무하다.

그는 로버트 레이드의 연구를 인용하며 이렇게 적고 있다. "교실은 없고, 교수들은 종종 훈련되지 않았거나 존재하지 않고", "대학의 행정담당자들은 그들이 제공하는 것과 똑같이, 비도덕이고 이기주의자다."[45] 그는 "오늘날 사이버대학 붐 뒤에는 이보다 더 악랄한 음모가 있다"고 지적한다. 교수에 의해 만들어진 교육 콘텐츠들은 교수의 수업을 수업교재의 차원으로 전락시킨다. 이제 더 이상 교수들의 활동이 필요하지 않게 된다. 교수가 떠나도 강의 동영상은 남게 되어

——— 데이비드 노블, 《디지털 졸업장 공장》

교수는 잉여 인력이 된다. 체화된 교수의 지식과 수업설계 능력이 기
계로 전이되어 학교 행정국의 손아귀에 떨어지게 된다. 이제 행정국
은 패키지화된 교과목을 전달하기만 하면 되는, 숙련도 낮은 지식노
동자만을 고용하면 된다. 이것은 우리에게도 곧 다가올 미래의 암울
한 풍경이다.

그렇다면 원격교육의 주도권을 정부에게 맡기는 것은 어떨까?
1996년 교육부는 에듀넷을 만들어 국가멀티미디어 교육지원센터로
기능하고자 했었다. 기초교육뿐 아니라 고등교육의 원격지원을 위한
기반 시스템으로 구상되었다. 가까운 시일에 초고속망이 전국적으로
갖춰지면 에듀넷의 원격학교를 통해 평생교육을 받을 수 있을 것이

라고 공표했다. 20년이 지난 지금 에듀넷은 본래의 목표에 제대로 접근하지 못하고 있다. 학습자료의 무료화라든가 농어촌 지역을 위한 수업자료개발 등은 칭찬할 일이지만 그 정도뿐이다. 원격교육 콘텐츠를 선도적으로 만들고 보급하고 있지 못하다. 규모나 인기 면에서는 민간 업체의 인터넷 강의가 앞선다.

———— 귀감이 될 만한 살만 칸의 성공사례

지식산업 자본가나 정부가 아닌 곳에서 그 가능성을 얻어보자. 칸 아카데미의 설립자 살만 칸의 성공사례가 귀감이 될 수 있을 것이다. 그는 멀리 사는 조카의 수학실력을 향상시키기 위해 유튜브에 과외영상을 업로드를 하면서 온라인 교육을 시작했다. 어느 날 그의 수학강의를 빌게이츠의 자녀가 보게 되고, 이를 통해 칸의 비범한 능력을 알아본 빌 게이츠가 수백만 달러를 칸 아카데미에 기부하게 된 이야기는 유명하다. 그의 강의는 유독 학습효과가 높다고 평가되는데, 그 이유를 살펴보면 흥미롭다.

그가 유튜브를 사용한 이유는 돈을 들이지 않고 동영상을 자유롭게 업로드 할 수 있는 플랫폼이었기 때문이다. 유튜브는 당시 10분 제한으로 업로드 분량을 제한했는데 그래서 언제나 수업영상을 10분 단위로 끊어 올려야 했다. 우연하게도 10분이라는 시간은 네티즌들이 집중력을 유지할 수 있는 가장 적당한 시간이었다. 또한 자신의 얼굴을 비춰줄 카메라와 조명을 구입할 수 없어 검은 전자칠판만을 녹화했는데, 마치 옆에서 같이 지도해주는 과외선생님과 같은 정서적 효과를 냈다. 학생은 선생의 얼굴을 보면 학습에 오히려 방해를 받는다.

기술과 자본의 제약에서 시작한 매우 사적인 영상물이었지만 그의 콘텐츠는 누구나 공부하고 싶게 만들었다. 게다가 칸은 유능하게도 간단한 퀴즈와 상호작용을 요구하는 프로그램을 만들 줄 알았고, 이 능력을 이용해 학습자의 지속적으로 학습자의 요구에 맞춰 나갔다. 그의 강의 스타일은 수년간의 피드백과 연구 끝에 완성한 것이며, 지금도 계속해서 수정 개발 중이다. 각종 기부금이 몰려들고 있는 칸 아카데미는 칸을 비롯한 여러 선생님들이 수학, 과학, 예술사, 역사, 생물학 분야의 강의 수천 개를 제작해 무료 공개하고 있다. 칸의 강의처럼 완전히 무료로 공개되는 강의들을 MOOC^{Massive Open Online Courses}라고 부른다.

대표적으로 코세라^{coursera}, 에드엑스^{edX}, 유다시티^{udacity}, 노보에드^{NovoED}, 퓨처런^{Futurelearn} 등의 단체들이 있다. 대개 비영리단체이거

살만 칸의 mooc 강의

나 기업체일지라도 기본적으로 무료로 강의를 공개하는 방향으로 정책을 세우고 있다. 과거의 어떤 원격교육보다 본연의 개방성과 상호작용성을 유지하려는 기조가 형성되고 있다. 비유하자면 웹1.0과 웹2.0의 차이와도 같다.

기존의 사이버대학의 커리큘럼과 MOOC의 차이는 교육을 네트워크 위에 '어떻게' 얹을 것인가에 대한 고민에서 나온다. MOOC는 사이버대학이 설립 초기 약속했던 각 학교 단위 간 자유로운 학점교류를 구현하고 있으며, 배우는 선에서 모든 것이 공짜다. 이들의 수익모델은 기부나 코스 수료를 확인하는 증서발급에서 나온다. 이 증서는 기존 대학의 학점 같은 것이 아니다. 성적 대신 학습자가 다양한 전공과목을 어떻게 믹스해왔는지 추적하여 보여준다. 즉 자신의 성적이 아니라 포트폴리오를 보여주는 방식이다. 이들은 이제 우리의 교육이 평가가 아니라 창조를 지향해야 한다고 주장한다.

다시 칸의 사례에서 배워보자. 그는 강의의 난이도를 학습자별로 더욱 세분화하는 방법을 택한다. 하나의 난이도를 가진 코스는 본

아프리카 TV를 이용한 원주고등학교의 방학식 장면. 출처 http://m.blog.naver.com/sumina00/20202227335

의와 무관히 솎아내기를 하지만 다양한 난이도를 가진 코스는 천천히 그러나 결국은 최종단계에 학습자를 이르게 하기 때문이다. 즉 그는 80%짜리 이해는 없다고 생각한다. 언제나 학습자가 100% 이해에 이르도록 다양하게 루트를 열어주고 있는 것이다. 사실 칸의 방법은 간단한 것이다. 도처에 널려 있는 인터넷 자원을 가지고 최대한의 상호작용을 디자인하는 일이다. 이 점에서 MOOC는 기술이 아니라 배려의 문제다.[46]

데이비드 노블은 기술이 곧 종교가 되는 순간을 피하라고 충고한다. 과거 '사이버대학은 교육혁명이다'라는 말이 대표적이다. 마찬가지로 현재 국가평생교육진흥원이 주도해 만들고 있는 한국형 MOOC에 대해서도 똑같이 조언해야 한다. 'MOOC는 교육혁명이다'라는 주장을 하기 전에 '왜'라고 물어야 하며, '어떻게'를 같이 구상해야 한다.[47] 그 파트너는 상호작용을 밥 먹듯이 하면서 자란 아이들이 되어야 한다. 아프리카TV로 중계되는 방학식에서 가상 화폐인 초콜릿을 감히 교장선생님에게 쏘는 그런 아이들 말이다.

1 강이수, 〈1930년대 여성노동자의 실태〉, 《國史館論叢 第51輯》, 1994.06. p. 73.

2 '여공생활기', 《동아일보》 1934년 1월 2일, 11면.

3 〈무명 여인의 '방적가'에 대하여〉 (강전섭, 《한국학보》 62, 일지사, 1991)에서 발췌

4 '방적기 반출문제로', 《동아일보》 1947년 10월 30일, 2면.

5 이 부분에 대한 자세한 논의는 주익종, 《대군의 척후》, 푸른역사, 2008을 참조하라.

6 '국제기업전쟁 (8) 면방공업', 《매일경제》 1969년 3월 6일, 6면.

7 임소정, 〈금오공업고등학교의 설립과 엘리트 기능 인력의 활용, 1973-1979〉, 서울대
   학교 대학원 석사논문. p. 38.

8 임소정, 위의 논문. p. 50.

9 Tae-Ho Kim, "'Technicians' Olympics' : Vocational Skills as Signs of National
   Potential in South Korea in the 1970s," *oral presentation at the Annual Meeting
   of the Association for Asian Studies*, Chicago, IL, U.S.A., (March 26-29, 2009).

10 '전 대통령 "여대생도 결혼상대로 기능인 선택하는 사회 곧 온다"', 《경향신문》 1982년
   7월 1일, 2면.

11 '새 가정 풍속도 (15) 4부자가 모범 기능인 이승복씨 집', 《경향신문》 1982년 6월 12일,
   7면.

12 '메달메이커보다는 우수기능인 대우를', 《동아일보》 1981년 7월 4일, 9면.

13 조성재 외, 《한국의 산업발전과 숙련노동》, 2013.

14 '"대학생독서" 무거워지고 있다', 《동아일보》 1983년 8월 17일, 12면.

15 '중소기업 해외로 뻗는다 - 유망 소액 수출상품 점검 〈6〉 운동용구', 《매일경제》 1983년
   10월 14일, 9면.

16 '절전 외면한 오락실 적절한 규제 있기를', 《동아일보》 1979년 9월 7일, 4면.

17 '화폐는 국가의 거울', 《경향신문》, 1980년 10월 22일, 4면.

18 나보라, 〈'게임성'의 통사적 연구: 한국 전자오락사의 이론적 고찰〉, 2016년 2월 연세
   대학교 커뮤니케이션대학원 박사학위 논문.

19 위의 논문, p. 180.

20 김이연, '파괴적 쾌락', 《동아일보》 1983년 9월 19일, 5면.

21 이영호, 창작동화 '전자오락', 《동아일보》 1984년 2월 2일, 12면.

22 '이색호황…전자 게임기', 《매일경제》 1982년 12월 24일, 7면.

23 홍일래 한국 전자상우회 회장(1987~1992)의 증언, 《게임문화》 2012년 6월호. p. 22.

24 독자투고 '전자오락실 소음공해 심하다', 《동아일보》 1983년 5월 19일, 9면.

25 '전자오락가로 변한 신촌대학가', 《경향신문》 1983년 3월 10일, 10면.

26 '전자오락 프로그램 수출모색', 《매일경제》 1984년 7월 25일, 6면.

27 《경향신문》 1983년 1월 24일.

28 《도심 속 상공인 마을》, 서울역사박물관. 2010. p. 28.

29 위의 책. p. 28.

30 이동연, 〈세운상가의 근대적 욕망: 한국적 아케이드 프로젝트의 변형과 굴절〉, 《사회

와 역사》, 82권(2009), p. 275.

31 유하, 〈세운상가 키드의 사랑 2〉, 《세운상가 키드의 사랑》, 문학과 지성사, 1995.

32 《세운상가와 그 이웃들》, 서울역사박물관, 2010. p. 65.

33 김용창, 《서울시 토지이용에서 위치이용의 지역적 특성과 도심부 소규모 사업장의 존재양식》, 서울대 지리학 박사학위 논문, 1997.

34 위의 논문. p. 115.

35 김일림, 〈세운상가와 아키하바라의 공간학〉, 《인문콘텐츠》 NO.39. 2015, p. 151.

36 일본의 경우, 우리의 세운상가와 비슷한 공간이 아키하바라다. 아키하바라는 80년대부터 기술제작문화에서 대중문화 그 중에서도 오타쿠를 중심으로 한 서브컬처 중심지로 변모했다. 기술제작문화로서의 아키하바라를 기억하는 사람들은 이 점을 안타깝게 생각하는 경향이 있다. 하지만 일본의 기술제작문화는 꼭 아키하바라가 중심이 되지 않아도 충분히 자가발전할 수 있는 성숙한 단계와 규모에 이르렀다.

37 '통신교육의 효시 조선통신중학관과 조선교육학회의 美擧〉, 《동아일보》 1921년 7월 26일, 1면.

38 '때의 소리', 《동아일보》 1921년 10월 15일, 4면.

39 '교육학회곤경 유지의 참가를 고대', 《동아일보》 1923년 1월 22일, 3면.

40 박형준, 〈근대 통신학교의 성립과 국어교육〉, 《國語教育學研究》 vol48, 2013 p. 237.

41 '안방서 미 대학 학위 딴다', 《동아일보》 1999년 4월 3일, 3면.

42 '뉴 밀레니엄 뉴 라이프 (6) 사이버 학교', 《동아일보》 1999년 11월 11일, 11면.

43 '친·인척 채용… 무시험 학점… 학교 돈 유용… 사이버대 "사이비 운영"', 《경향신문》 2013년 11월 7일, 6면.

44 '서울대, 돈만 된다면 늘리고… 온라인 유료강의 중·고생 확대', 《경향신문》 2010년 12월 17일, 8면.

45 데이비드 노블, 〈디지털 졸업장 공장-고등학교의 자동화〉, 《중등우리교육》 200년 6월호, p. 58.

46 신나민, 임정훈, 이혜정(2015)에 의하면 현재 한국의 원격교육 학위논문은 테크놀로지에 관한 연구가 53%로 전체의 상당수를 차지하며, 그 다음으로 교수학습전략(15.55%), 제도 및 정책(15.35%), 교수자 및 학습자(7.87%) 순이다. 기술이 중요한 만큼 학습자와 교수자가 어떤 교육적 체험을 하(할 수 있)는지에 대한 연구도 중요하다. : 〈한국 원격교육 연구의 동향과 전망 1985~2005년도를 중심으로〉, 《교육공학연구》 21권 4호, 2005. p. 215.

47 이 글을 쓰는 기간에 한국에 터진 원격교육 스캔들이 있다. k-mooc에 참여한 이화여대 류철균 교수의 수업 〈영화 스토리텔링의 이해〉 수업에 최순실의 딸 정유라가 부정으로 온라인 출석을 인정받고 학점이 부여된 사건이다. 원격교육에 있어 진짜 중요한 것은 교육윤리가 아닐까?

5

거친 시대의 매끄러운 테크놀로지

전치형

21____ 신소재 플라스틱, '원래의 것'들을 대체하다

_____ 대체의 명수

"제2의 산업혁명기 도래!! 신세대의 생활구는 보다 새로운 플라스틱 활용으로!"[1] 천광산업사는 1958년 《동아일보》에 실은 광고에서 이렇게 외쳤다. 그 혁명의 전선으로 천광산업이 내보낸 물건들은 작고 소박했다. 의약품 용기, 화장품 용기, 과자 용기, 장신구…. 혁명이 대체로 그러하듯, 플라스틱과 함께 도래한 '제2의 산업혁명'은 삶의 현장에서 산발적이면서도 전면적으로 시작하고 있었다.

플라스틱이 주로 맡은 역할은 '대체代替'였다. 석탄이나 석유에서 분리한 물질을 화학적으로 처리하여 생산한 플라스틱은 그릇을 만들던 놋이나 사기를, 주사기를 만들던 유리를, 안경테를 만들던 뿔을, 당구공을 만들던 상아를, 장난감을 만들던 나무를, 빗물받이를 만들던 함석을 대체했다. 옷을 지어 입던 비단과 양털이 나일론과 인조털실로 대체되었고, 조롱박이 플라스틱 바가지로 대체되었고, 시멘트

'함석보다 값이 싸고 20년 간 사용할 수 있는 프라스틱 빗물받이' 광고. 《동아일보》 1966.
10. 18. 6면

쓰레기통이 플라스틱 휴지통으로 바뀌었고, 시간이 지나면서 자동
차, 기계류, 전자제품에 들어가는 금속부품도 플라스틱 소재로 대체
되었다. 플라스틱으로 바꾸지 못할 것이 없어 보였다.[2]

1966년 11월 28일 충청북도 청원군 대한플라스틱 PVC폴리염화비닐
공장 준공식에 참석한 박정희 대통령도 청중에게 이 '대체'의 가능성
을 설명했다. PVC는 '무진장으로 많은' 쓸모가 있는데, 생활에서 널
리 쓰이지만 국내에서 충분히 생산해내지 못하는 각종 재료들을 대
체할 것이라는 얘기였다.

(…) 이 PVC 공장 같은 것이 앞으로 여러 개 건설되면, 우리나라에서 부
족한 이러한 철강재·목재·고무 등에 대한 자재를 이것으로 대체할 수
있는 것입니다. (…) 큰 물건으로서는 이런 건물을 짓는 데 필요한 목재-
이것이 PVC로 대체되는 것입니다. 저 지붕도 이것으로 대체하리라 믿

—— 1966년 대한플라스틱 PVC 공장 준공식에서 연설하는 박정희 대통령. 사진 대통령기록관

니다. 또한 우리가 상수도 시설을 하는 데 필요한 철관·수도 파이프–이런 것도 이 PVC로써 전부 대체할 수 있는 것입니다.[3]

국내 최초로 PVC를 생산하게 된 대한플라스틱공업사는 수입원료를 대체함으로써 외화를 절약하고 "정부의 중대 과업인 조국 근대화와 경제자립의 터전을 마련하는 주춧돌이 될 굳은 결의와 각오"를 표명했다. 이 공장은 제2차 경제개발 5개년계획의 첫 해이자 '전진의 해'로 명명된 1967년에 약 6천 톤의 PVC를 처음 생산했다. 그 다음해 국내 PVC 생산량은 1만 5,985톤으로 늘어났고, 수입량은 5,266톤에서 837톤으로 줄어들었다. 전진하는 플라스틱으로 이루지 못할 일이 없어 보였다.[4]

"모두 바뀐다"

플라스틱을 환영하고 옹호하는 이유는 플라스틱이 대체하는 물건의 종류만큼 다양했다. 건축자재로 쓰인 플라스틱은 값도 싸고 모양도 좋고 썩지도 않고 습기도 막아준다고 했다.[5] 플라스틱 식기는 "놋그릇처럼 무겁고 비싸며 또 다루고 힘든 것이 아니고 사기그릇같이 쉽게 깨어지는 결점이 없으며 또 알루미늄 합금의 그릇같이 변질하거나 변형하는 일도 없다"고 여겨졌다.[6] "각가지 고운 빛과 멋진 데자인"으로 만든 그릇과 용품은 "부엌살림과 식생활을 즐겁게 해"주었다.[7] 플라스틱 사용은 심지어 산림을 보호하는 일이기도 했다. 1961년 11월 정부는 "매년 21억 6천만 환 어치의 나무가 젓가락을 위해서 산을 떠났다"는 이유를 들며 식당에서 쓰는 나무젓가락을 플라스틱으로 바꾸라고 지시했다.[8]

플라스틱은 현재를 과거로부터 단절시키는 재료였다. 플라스틱이 퍼지자 자연에서 나온 것들과 오랫동안 써오던 것들은 이제 느리고 불편하고 거칠고 더럽고 위험하고 비싸다고 느끼게 되었다. 플라스틱 식기는 놋그릇이 얼마나 무거운지, 사기그릇이 얼마나 잘 깨어지는지, 알루미늄 합금 그릇이 얼마나 잘 변하는지 알게 해주었다. 나일론이 나오자 누에에서 비단까지 이르는 과정은 지루해졌다. 인조털실이 있는 마당에 양을 기르고 털을 깎는 일은 답답했다. 락희화학(지금의 LG화학)의 치약과 칫솔이 있는데 소금과 손가락으로 이를 닦을 수는 없는 일이었다. 나무로 만든 상자는 음료 병을 싣고서 새로

———— '새 시대의 새로운 파이프' 럭키 PVC 파이프 광고. 《매일경제》1968. 9. 5. 1면

뚫린 고속도로를 달리기에 적합하지 않았다. '새 시대의 새로운 파이프'라는 럭키 PVC 파이프 광고 문구처럼, 새 시대에는 새로운 물건과 새로운 방식이 필요하다고 믿었다.[9]

　플라스틱은 또 미래로 향하는 재료였다. 21세기가 오고야 만다면 그 세상은 플라스틱으로 이루어져 있을 터였다. 1962년《경향신문》은 "강철, 석재, 목재는 '플라스틱'에 의해 쫓겨"난 21세기 '플라스틱 시대'를 전망했다. "주택들은 가볍고 모양을 마음대로 곡선, 직선으로 조절하며 빛깔을 자유자재로 선택할 수 있는 '플라스틱'으로 되어 있다. 가구도 마찬가지다. '테이블', 옷장, 창문의 유리도, 식기도 모두 바뀐다".[10] 1970년 1월에 2000년을 전망했던《동아일보》기사도 "갖가지 색깔로 조화를 이룬 수 십 층 플라스틱 빌딩 숲" 도심에서 "미니 플라스틱 자동차"를 타고 다니는 사람들을 묘사했다. 50년 전의 플라스틱은 요즘 꿈의 신소재라고 불리는 그래핀graphene보다 더 강

력하게 사람들의 미래상을 지배했다.[11]

_____ 가짜의 세상

현재와 미래의 삶의 재료가 급속히 바뀌어가는 것을 모두가 두 손 들어 환영한 것은 아니었다. 1950~60년대 플라스틱의 비판자들은 플라스틱 시대를 거부하고 철기 시대에 남기를 원하거나 플라스틱이 야기할 환경문제를 집중적으로 경고하지는 않았다. 그 대신 표출된 것은 가짜가 진짜를 대체하는 현상에 대한 불편함이었다. 영문학자이자 수필가인 피천득은 1959년 7월에 쓴 '여자 여름옷'이라는 《동아일보》 칼럼에서 자연을 저버린 '인조'나 '합성'이 얼마나 싫은지 자세히 설명했다.

> '인조'라는 말이 붙은 물건을 나는 싫어한다. 인조견, 인조진주 같은 것들이다. '인조위성'이라고 아니하고 '인공위성'이라고 하는 것도 나에게는 불쾌한 존재다. '인조'라는 말과 뜻이 같은 '합성'이라는 말이 붙은 물건도 나는 싫어한다. 예를 들면 합성주 같은 것이다. 그리고 '합성'이라는 말이 아니 붙어도 '빙초산'이나 '사까링' 같은 것을 나는 또한 싫어한다. '사까링'이 설탕보다 영양이 있고 꿀보다도 향기롭다 하더라도 나는 싫어할 것이다.[12]

인견, 인조진주, 심지어 인공위성도 불쾌하게 생각했던 영문학자는 "'푸라스틱' 접시에 담긴 음식을 먹어야 할 때면 진열장에 내논 '비후스텍'을 볼 때와 같이 속이 아니꼬와진다"고 고백했다. 가짜 접시에 담은 가짜 음식이 판치는 세상이 안타까웠던 것이다.

"아마 천사도 여름이면 모시를 입을 것"이라고 생각했던 피천득에게 당시 거리에 넘쳐나는 나일론은 여름옷을 징그러운 가짜로 만들어버리는 주범이었다. 온갖 색깔과 무늬를 섞어놓은 나일론은 "독나방 날개 같은 적삼과 뱀 껍질 같은 치마"를 낳았다. 모시나 베 대신에 나일론 옷을 입으면 "더운 몸이 옷 속에 감금을 당하고 있는 셈"이었다. 그는 설사 모양과 기능 모두를 다 갖춘다고 해도 가짜는 가짜일 뿐이라고 믿었다. "'사까링'이 설탕보다 영양이 있고 꿀보다도 향기롭다 하더라도 나는 싫어할 것"이라는 피천득이 보기에 나일론, 비닐, 플라스틱은 제아무리 잘난 체해도 모시나 베를 따라잡을 수 없었다. 하지만 그도 이런 가짜들이 진짜를 몰아내면서 기세등등하게 돌아다닐 뿐만 아니라 "내가 싫어하는 인공위성과 같이 나날이 발전할 것"이라고 인정할 수밖에 없었다. 인조와 합성의 시대가 다가오고 있었다.

'인조'라는 플라스틱의 특성을 가장 선명하게 보여주는 물건 중 하나가 플라스틱 조화造花다. 대부분의 플라스틱 제품이 사람이 만들어 쓰던 도구나 용품을 개선하고 대체하는 역할을 했다면, 조화는 자연물의 모습 자체를 모방하여 대체했다고 할 수 있다. 그래서 조롱박을 플라스틱 바가지로 교체하는 것과 장미를 플라스틱 장미로 바꾸는 것 사이에는 정서적인 차이가 있다. 플라스틱 장미는 단지 기능적 재료의 전환이 아니라 이 세계의 모양과 성질이 총체적으로 변화해가는 조짐으로 읽혔다. 이화여대 교수 이영로는 '조화'라는 제목의 1970년 3월 20일자 《동아일보》 칼럼에서 이러한 세태를 바라보는 불편한 마음을 드러냈다.

> 꽃색도 좋고 시들지 않고 시기를 가리지 않고 빨리 보아서 생화와 다름없고 그리고 생화에 비해 싼 값이어서 점점 그 사용도는 높아가고 있다. 마치 요즈음 우리 둘레에 범람하고 있는 나일론, 테토론 등의 화학섬유로 된 옷감이라든지 인조다이아 인조진주 등과 같다. 멀지 않아서 우리는 인조고기 인조쌀도 풍성하게 먹고 살 수가 있을 것이다. 그리고 보면 우리가 사는 집도 인조석으로 되어가고, 심지어는 우리가 읽는 책도 인조판(해적판)인 것이 있다. 인조품이 많아져서 여러모로 좋기는 하나 아직도 그것들은 천연적인 것이 가지고 있는 풍성한 품위를 갖추기에는 거리가 멀다.[13]

'인조'를 대하는 태도는 11년 전 피천득의 글에서 크게 달라지지 않았다. 문제는 피천득도 예견했듯이 "이 가짜꽃이 점점 진짜꽃의 영역을 침범하고 이제는 마치 주인공인 양 호기를 부리고 있다"는 것이었다. "생화는 진짜꽃이요, 조화는 아무리 잘 만들어져 있어도 역시 어디인가 모자라는 가짜꽃이다"라는 식의 당연한 지적은 가짜꽃의

—— 1970년 공보처에서 찍은 대
한조화공업사 모습. 사진 국
가기록원

기세를 꺾기에는 역부족이었다.

　가짜꽃의 범람이 못마땅한 사람들은 당시 서울 구로에 있었던
대한조화공업사의 분주한 생산라인을 보고 싶지 않았을 것이다. 만
국기가 드리워진 그 공장 안에서는 파란 작업복에 노란 머릿수건을
쓴 여공들이 작업대 가득 화려한 꽃더미를 제조하고 있었다. 정부의
시책에 따라 대한잉크페인트사(지금의 노루페인트)가 1967년에 설립한
대한조화공업사는 그 이름만으로도 자연을 인공화하고, 더 나아가
공업화하고, 그 과정에 국가가 적극적으로 개입했던 한국의 근대화
과정을 잘 설명해준다. 1968년의 대한뉴스는 이 공장의 기계가 뽑아

거친 시대의 매끄러운 테크놀로지

낸 꽃을 수북이 쌓아놓고 가위로 다듬어 상자에 담은 후 수출선에 싣는 모습을 '자립경제의 발판'으로 묘사했다. 하지만 수출 실적이 부진하자 회사는 1972년 무렵 조화 생산을 중단하고 공업용 부품과 완구류로 전환했다. 생화보다 오래간다던 플라스틱 조화의 수명은 당연하게도, 생산설비와 시장이 없으면 무의미한 것이었다.[14]

_____ **새로운 재료, 새로운 시대**

모든 플라스틱이 가짜라고 불린 것은 아니었다. 하지만 대부분의 플라스틱은 그로 인해 대체된 원래의 것, 자연의 것, 익숙한 것들과 계속 비교당했다. 플라스틱은 그것들보다 우월하기도 했고 열등하기도 했다. 그것들에 '못지않다' 정도가 무난한 평가일지도 모른다. 플라스틱은 그 아름다움과 편리함과 가벼움을 칭송받기도 하고, 모조고 싸구려고 경박하다고 손가락질 당하기도 했다. 무엇인가를 플라스틱으로 대체하는 것은 풍요와 진보에 대한 약속이기도 했고, 이 정도에서 적당히 만족하라는 지시이기도 했다. '가성비'를 따져보라는 말이었다. 가짜와 진짜를 구분하면서 플라스틱을 평가하는 것은 이제 유효하지 않다. 가짜는 오래 살아남고 진짜는 죽어 없어진다는 부조리한 사실을 생각하면 더욱 그렇다.

대신 플라스틱이 스며들어 만들어낸 물리적, 상징적 세계의 모습을 차분히 관찰할 필요는 있다. 폴리에틸렌 필름을 써서 만든 비닐하우스는 기존의 세계를 모방하거나 대체한 것이라기보다는 플라스틱으로 둘러싸인 새로운 세계가 생겨난 것이라고 볼 수도 있다. 이렇게 생긴 세계에서는 자연과 인공의 구분도 애매하다. 그 애매함이 언어를 통해 나타나는 현상을 '뿔테 안경'에서 볼 수 있다. 〈네이버 국어사전〉은 '뿔테'를 "짐승의 뿔로 만든 안경테. 요즘은 플라스틱으로 만든 안경테를 이른다"라고 정의하고, 〈다음 국어사전〉은 "짐승의 뿔이나 합성수지로 만든 안경테"라고 정의한다. 희귀하고 비싼 진짜 자연 뿔테는 이제 단어로만 남았고, 플라스틱 가짜 뿔테가 뿔테 안경의 대표가 되었다. 공간을 감싸고 몸에 달라붙은 플라스틱은 곧 언어와 의식에도 흡수되었다.

플라스틱에 대한 태도는 곧 세상에 대한 태도가 되었다. 아날로그와 디지털 기술에 대한 취향의 차이가 2000년대를 사는 사람의 세계관을 드러내게 되었듯이, 플라스틱은 20세기 중후반에 일어난 기술과 사회의 변화를 판단하는 기준이 된다. 플라스틱은 무겁고, 느리고, 거칠고, 투박하고, 줄줄 새고, 썩어버리는 아날로그식 자연을 대체하는 가볍고, 빠르고, 매끈하고, 세련되고, 새지 않고, 썩지 않는 디지털 같은 재료였다. 또는 플라스틱을 가공하듯 무엇이든 원하는 대로 뽑아내고(사출) 만들어낼(성형) 수 있다는 의지 혹은 강박이 넘쳤던 시대의 표상이었다. 썩지 말아야 할 것들은 썩어 없어지고, 사라져야 할 것들은 끝없이 남아서 맴도는 시대를 만들었던 재료였다. 튼튼하다고 믿었지만 언제든 허무하게 깨져버릴 수 있었던 시대의 재료이기도 했다.

플라스틱도 언젠가는 대체되고 말 운명일까? 가볍고, 빠르고, 썩지 않는 물질로 가득 찬 세계를 더 이상 지속할 수 없다는 생각이 퍼지면서 여기저기서 플라스틱 시대를 대체할 가능성을 모색하기 시작했다. 2016년 1월 다보스 세계경제포럼에 맞추어 발표된 앨런 맥아더 기구의 보고서 〈새로운 플라스틱 경제〉는 이대로 가다가는 2050년쯤 바다 속에는 물고기 무게를 다 합한 것보다 더 많은 플라스틱이 버려져 있을 거라고 경고한다.[15]

국제 환경단체 그린피스의 최근 캠페인도 "바다는 지금 플라스틱으로 뒤덮여 있다"면서 그 중에서도 "바다의 숨통을 조이는 미세 플라스틱" 사용을 금지하라고 주장한다. 아주 작은 알갱이가 되어 바다로 들어간 미세 플라스틱은 마치 물 잔에 퍼진 잉크처럼 되담을 수 없을지도 모른다. 그래도 그린피스는 "변화는 숟가락에서 시작됩니다"라며 앞으로 플라스틱 숟가락을 쓰지 않겠다는 서명운동도 벌이고 있다.[16] 반세기 전에는 나무를 살리기 위한 대체품으로 권장되었던 플라스틱 수저를 이제 다시 대체하자는 셈이다. 새로운 물질로 새로운 세계를 구성하려는 노력은 플라스틱이 인간과 세계에 초래한 변화가 불가항력적이고 비가역적이라는 생각을 뒤집는 데에서부터 시작할 수 있을 것이다.

22_____ 아스팔트 따라 흐르던 권력, 경부고속도로

_____ 꿈꾸는 70년대의 표상

경부고속도로는 한국의 1970년대를 상징한다. 2017년에도 우리는 서울과 부산을 오가며 경부고속도로 위를 달리지만, 우리가 경부고속도로를 바라보는 시선은 70년대에 맞추어져 있다. 개통 후 47년이 지나면서 이제 당시의 도로 모습은 별로 남아 있지 않더라도 경부고속도로는 여전히 1970년대의 한국 사회를 담고 있다. 더 정확하게는 21세기를 전망하면서 희망에 들떠 있던 1970년대의 한국의 모습이다. 1968년 초에 시작한 경부고속도로 공사가 아직 다 끝나지 않은 1970년 1월 1일, 《동아일보》는 '서기 2000년의 한국상상도'에 경부선을 중심으로 남북한 곳곳을 잇는 고속도로 네트워크를 그려 넣었다. 고속도로가 주축이 된 미래의 한반도는 고층빌딩과 산업시설로 가득 찼다. 7월 7일에는 전 구간 개통식이 성대하게 열려 "근대화와 통일로 가는 길"을 축복했다. 준공기념탑에 새겨진 〈고속도로의 노

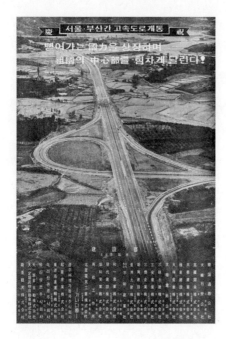

—— '뻗어가는 국력을 상징하며 조국의 중심부를 힘차게 달린다.' 건설부가 건설사, 운수회사와 함께 실은 경부고속도로 개통 축하 광고. 《경향신문》 1970. 7. 7. 8면

래〉는 이 길을 "세기를 앞당기는 고속도로", "역사를 창조하는 고속도로"라고 불렀다.[17]

언론과 학계에서 내놓는 경부고속도로에 대한 평가는 박정희 시대 전반에 대한 해석과 분리될 수 없을 것이다. 경부고속도로는 한국의 근대화와 산업화에 얼마나 기여했는가? 경부고속도로라는 '공'은 그 시대의 '과'를 덮을 만큼 대단한가? 박정희 대통령은 왜, 어떻게 경부고속도로를 만들기로 결정했으며, 그로부터 어떤 정치적 이익을 얻었는가? 이러한 질문들에 대답하는 것은 경부고속도로라는 하나의 도로에 대한 의견을 내놓는 일에 그치지 않고 박정희 시대에

대한 입장을 표명하는 일이 되기 십상이다. '경부고속도로 건설은 잘
한 일이었나?'로 요약할 수 있는 이러한 논의들은 가장 중요한 한국
의 고속도로에 대한 더 다양한 분석으로 확대되지 못했다.

공과 과를 따지는 정치적 · 경제적 평가를 보완하는 한 가지 방
법은 경부고속도로를 '테크노컬처'의 관점에서 생각해보는 것이다.
고속도로를 정치적 · 경제적 · 사회적 관계 속에서 만들어지고 작동하
는 하나의 테크놀로지로 간주하고, 한국인들이 그 테크놀로지에 어
떤 문화적 의미를 부여했으며, 그 테크놀로지가 사람들의 의식과 행
동과 세계관에 어떤 영향을 미쳤는지 검토하는 것이 '테크노컬처'의
관점이다. 경부고속도로를 달리면서 한국인들은 무엇을 보고 무엇을
느꼈는가? 고속도로의 '감각'과 '경험'은 어떤 형태로 우리에게 남아
있으며, 어떠한 다른 인공물들로 전이되었는가? 고속도로는 사람과
화물만 실어나른 것이 아니라 일종의 정서, 태도, 이념을 함께 전파
했다. 이것들을 따라가봄으로써 우리는 경부고속도로의 시대를 조금
더 이해할 수 있게 된다.

_____ **매끄럽고 비정한 도로**

1970년 서울-부산 전 구간이 개통되었을 때 많은 사람들이 경부고
속도로에서 '매끄러움'을 보고 느꼈다. 대부분의 근현대 테크놀로지
는 모종의 매끄러움을 추구한다고 할 수 있다. 그러나 그 느낌은 인
공물의 재질과 모양과 크기와 용도에 따라 조금씩 다르다.[18] 1960년

대에 한국인들이 대량으로 사용하기 시작한 플라스틱 제품들의 매끄러움이 주로 촉각적이었다면, 1970년대에 펼쳐진 고속도로의 매끄러움은 시각적인 동시에 근감각적이었다. 탁 트인 공간으로 끊김 없이 뻗어가는 선과 면을 보면서 느끼는 매끄러움이 있었는가 하면, 아스팔트 위를 달리는 자동차에 앉아서 온몸으로 느끼는 매끄러움도 있었다. 눈과 몸 모두 고속도로를 따라 빠르게 미끄러져 갔다.

경부고속도로 전 구간 개통일인 1970년 7월 7일 박목월 시인은 〈새벽을 달린다〉라는 제목으로 《동아일보》에 실은 시에서 고속도로가 전달하는 감각을 표현했다. "우리는 새벽을 달린다. 조국의 찬란한 내일을 약속하는 지평으로 뻐친 고속도로 위로 열리는 열리는 장미빛 새벽을 우리는 달린다. 이슬에 젖은 아스팔트의 기름진 윤기. 꿈같은 리듬 찰찰찰 안으로 마찰되는 안정된 속도감. 우리는 어둡고 미련한 낡은 껍질과 인습을 벗고 태만과 타성을 벗고 신선한 근대의 속도를 체험한다." 시인은 새벽 아스팔트에서 찬란한 근대가 움직이는 것을 느꼈다. "눈부신 광명 속에 황홀한 아스팔트… 야무진 각성이여. 우렁찬 전진이여."

고속도로 아스팔트에서 윤기와 황홀을 경험한 박목월 시인과 달리 이청준 작가는 고속도로가 "좀 비정#情적인 길"이라고 느꼈다. 경부고속도로 전 구간 개통 직후 그 의미를 탐색하는 글을 《경향신문》에 여러 차례에 걸쳐 실은 이청준은 고속도로의 기하학적인 특성에 주목했다. 작가의 눈에 비친 고속도로에는 가로수 그늘도 없고 개구리도 없었다. 대신 "엄격하고 단조로운 주행선과 잔디가 입혀진 중앙 분리대만이 끝없이 계속"될 뿐이었다. 고속도로는 "심한 요철과 굴곡으로 무질서하게 단절된 국토의 넓이를 가장 효과적인 방법으로 제도해 나갈 기본 선분"과 같았다. 이처럼 "지극히 기하학적인 길"에서는 속도를 실감하기가 어려웠다. 단지 인지할 수 있을 뿐이었다. "주행속도를 계기반에 의해서밖에 그 당장은 별로 실감을 할 수 없는 것도 하나의 특징"이라고 말할 때, 작가는 고속도로를 달리는 자동차 운전석과 하늘을 나는 비행기 조종석 사이의 유사성을 지적하는 것처럼 보인다. 공기를 뚫고 가는 움직임이 너무나 빠르고 매끄러워 맨눈과 맨몸으로는 속도를 가늠할 수 없는 비행기 조종사처럼, 고속도로 위를 흘러가는 자동차 운전자도 자신의 움직임을 느끼지 못할 정도였다는 것이다.

고속도로에서 느끼는 독특한 속도감은 단지 빠른 움직임이 아니라 공간의 매끄러움과 운동의 단조로움에서 비롯하는 것이었다. 이청준은 1970년의 고속도로를 달리면서 오늘날 우리가 자동차 내비게이션에서 목격하는 것과 비슷한 상황을 떠올렸다. "만약 우리들이 탄 차가 고속도로를 달리는 동안 5만분의 1 지도를 가지고 있다면 그 지도 위를 달리고 있는 우리 자신의 움직임을 육안으로도 역력히 읽을 수 있을 정도"라는 것이다. 작가는 오늘날 고속도로를 주행하는 자동차의 내비게이션 지도 위에서 자동차 모양 아이콘이 앞으로 움직이는 것을 바라보는 기분을 미리 상상한 것만 같다. 그에게 고속도로를 달리는 속도감이란 제도하듯 잘 그려진 기하학적 공간 안에서 하나의 기호가 밋밋하게 움직이는 느낌이었다. 고속도로 주행은 육감적인 '경험'이 아니라 추상적인 '상태'였다.

고속도로가 국토를 제도하는 선분이라는 기하학적 인식으로부터 이청준 작가는 한국인들이 앞으로 마땅히 받아들이고 추구해야 할 변화를 제안할 수 있었다. 경부고속도로라는 '최초의 선분'을 가지게 된 한국인들은 "이제부터 이 하나의 선분을 어떻게 우리의 목적에 충실히 봉사시켜 그것을 면面으로 살쪄 나가게 할 것인가"를 고민해야 했다. 작가는 선분이 면이 되는 과정이 지역과 국토에 대한 의식을 팽창시킬 수도 있고 축소시킬 수도 있다고 보았다. 우선 좋든 싫든 고속도로라는 선분에 맞닿게 된 지역들은 "이 길을 향해 문을 열어놓아야 하고 좋내는 이 길을 통해 모든 생활방식과 기질이 보다 빨리 소통, 동질화하게 될 것"이었다. 쭉 뻗은 선분에 올라타서 넓은 세계로 나가자는 말이다. 그러나 선분을 통한 생활세계의 확장은 "우리의 의식 속에서 국토의 넓이가 형편없이 좁아져"버리는 결과를 낳을 수도 있었다. 작가는 "자칫 그 때문에 우리 땅에 대한 동경과 꿈을 잃게 될 염려"를 표명했다. 고속도로를 통해 세계는 넓어지는 동시에 좁아진다. 이것이 바로 고속도로의 기하학이 제기하는 까다로운 문제였다.[19]

_____ 인프라들의 인프라

매끄럽고 단조로워서 더 강력한 고속도로의 기하학적 이미지는 인프라가 가지는 상징적인 힘, 문화적인 영향력을 잘 드러내준다. 도로, 철도, 통신망 같은 인프라는 경제와 산업 발전을 위한 도구적 기능만 수행하는 것이 아니라, 그것이 자리 잡고 있는 영토에 대한 상상과 함께 그것을 건설하고 관리하는 국가와 권력에 대한 상상을 만들어 낸다. 고속도로는 이동의 경로와 시간을 바꿈으로써 우리의 지리적 감각을 재구성한다. 고속도로가 미치는 곳이 곧 국가의 경제력과 지도자의 정치력이 선명하게 작동하는 영역으로 인식된다.

고속도로가 하나의 상징으로서 가지는 힘을 당시의 우표들에서 관찰할 수 있다. 1972년 발행된 '통일동산 만들기'라는 제목의 우표는 나무가 빼곡한 녹색의 한반도 지도 위에 부산에서 서울을 거쳐 평안북도와 함경북도 끝까지 뻗은 고속도로를 그려넣음으로써 정치, 경제, 자연의 남북통일을 형상화했다. 1967년 6대 대통령 취임기념

1970년에 열린 경부고속도로 개통 기념 마라톤 대회. 앞만 보고 달리는 경부고속도로의 이미지와 잘 맞는다. 사진 국가기록원

───── 고속도로가 등장한 1970년대 우표들. 왼쪽부터 1971년 제7대 대통령 취임 기념우표,
1972년 제8대 대통령 취임 기념우표, 1972년 통일동산 만들기 우표

우표와 1971년 7대 대통령 취임 기념우표 사이의 변화는 우리가 지
금 경부고속도로를 기억하는 관점의 시작이라 부를 만하다. 경부고
속도로가 완공된 바로 다음 해에 또 취임한 7대 대통령 박정희의 얼
굴 옆에는 고속도로 인터체인지가 새로 등장했다. 그 다음 해의 8대
대통령 취임 기념우표에서도 대통령 얼굴 옆으로 고속도로를 볼 수
있다. 경제발전의 활력과 대통령의 정치력이 고속도로를 따라 흐르
고 있는 것처럼 보였다. 그 이후 경부고속도로는 박정희라는 캐릭터
와 떨어진 적이 없다.

　　이런 강력한 상징성은 고속도로를 다른 인프라들의 기준점, 인
프라들의 인프라로 만들었다. 경부고속도로의 역할과 의미를 한마
디로 묘사할 때 흔히 사용된 것은 "국가의 대동맥"이라는 생명현상의
메타포였다. 기존의 인프라에 빗대는 것으로는 경부고속도로를 표현
하기 어려웠던 것이다. 반면 그 이후에 등장한 주요 인프라들은 '고
속도로'라는 메타포를 통해 그 국가적 의미를 쉽게 전달할 수 있었

다. 초고속 정보통신망은 곧 21세기로 향하는 "정보 고속도로"였다. 한반도 대운하 계획은 "물길의 경부고속도로"를 짓는 일이라고 불리기도 했다. 이 '고속도로'들도 경부고속도로처럼 국토의 곳곳을 연결하고 물질과 정보를 순환시킴으로써 한국 사회를 재구성하겠다는 의지를 표출하고 있었다. 대동맥보다 훨씬 빠른 움직임을 연상시킨다는 점도 고속도로라는 말이 여기저기 사용되는 데 영향을 미쳤을 것이다. 경부고속도로의 성공을 모델로 삼은 인프라 프로젝트들은 고속도로 위로 사람과 물자, 그리고 권력까지도 매끄럽게 이동하는 이미지를 모방하려 했다.

누구든 권력을 잡으면 '○○의 고속도로'라고 이름 붙일 만한 거대한 네트워크 하나쯤 짓고 싶어할 수 있다. 그러나 권력자가 인프라를 통해 자신의 이름을 남기는 동시에 자신의 정치적, 경제적 비전을 물리적으로 구현하려는 시도가 항상 성공하는 것은 아니다. 1992년 대선에 출마한 정주영 현대그룹 명예회장은 경부고속도로 복층화를 공약으로 내걸었지만 그 뜻을 이루지 못했다.[20] 정주영 회장의 현대건설에서 일하면서 경부고속도로의 힘을 목격했던 이명박 대통령은 '물길의 경부고속도로'를 만들겠다고 마음먹었고, 결국 그렇게 할 수 있는 기회를 잡았다. 그러나 한반도 대운하 계획이 변형된 '4대강 살리기 사업'은 경부고속도로처럼 매끄러운 표면과 운동을 만들어내지 못했다. 흩어져서 흐르던 강들을 하나로 연결하겠다는 야심은 물과 물고기가 움직임을 멈추면서 실패했다. 물길은 고속도로가 되지 못했다.

대신 이명박 대통령은 2012년 4월 개통한 '4대강 자전거길'을 통해 국토를 가로지르는 고속도로의 꿈을 이룰 수 있었다. 물길 대신 자전거길이 고속도로가 된 것이다. 4대강 줄기를 따라 건설된 총 1,757킬로미터의 자전거길이 '자전거 고속도로'라고 불리는 것은 단순한 우연이 아니다. 주로 4대강 사업을 옹호하는 이들이 4대강 자전거길을 의식적으로 경부고속도로와 연결시켰다. "1970년 7월 7일 제1호 고속국도인 경부고속도로가 준공된 지 42년 만에 한국인들은 '경부 자전거도로'를 갖게 됐다"는 것이다.[21] 4대강 자전거길은 실제로 서울에서 부산까지 자전거로 주파할 수 있는 고속도로처럼 만들어졌다. 한강과 낙동강을 연결해서 운하로 만들겠다는 계획은 좌절되었지만, '한강 자전거길'과 '낙동강 자전거길'은 충주 탄금대와 상주 상풍교를 잇는 100킬로미터짜리 '새재 자전거길'을 통해 기어이 연결되고야 말았다. 강을 따라 가는 것이 아니라 이화령 고개를 숨차게 넘어가는 '새재 자전거길'을 군이 4대강 자전거길 사업에 포함시킴으로써 명실상부한 "경부 자전거도로"를 완성할 수 있었던 것이다. 고속도로의 유혹은 이토록 강렬하다.

──────── **업데이트가 필요한 성공신화**

경부고속도로에서 연상되는 매끄러운 표면 아래에는 거칠고 위험한 현실이 있었다. 428킬로미터의 고속도로를 29개월 만에 건설하는 현장은 산업전사들이 적을 향해 무작정 돌격하는 전쟁터였다. 개통 날짜에 맞추어 겨우 마무리한 도로는 이내 파이고 깨져 나갔다. 본 공사에서 시간과 돈을 아긴 대신, 도로공사 엔지니어들은 험난한 유지보수 작업을 떠맡았다. 신화처럼 전해지는 최단기간, 최소비용의 업적이 이들에게는 '자랑할 수 없는 기록'으로 남았다. 박정희 정권이 막을 내린 직후인 1980년 무렵에는 "누더기 고속도로", "졸속의 표본"이라는 비판도 받았다.[22] 1994년 성수대교가 무너졌을 때에는 건설업계에 팽배한 온갖 부조리의 근원이 경부고속도로 사업에 있다는 얘기도 나왔다. 신화 속 탄탄대로가 아닌 실제의 경부고속도로는 상처 많은 한국 현대사의 집약체다.

경부고속도로가 매우 거친 테크놀로지였음을 지적한다고 해서 그 성공신화가 사라질 리는 없다. 신화에는 언제나 사실과 과장과 허구가 뒤섞여 있고, 경부고속도로는 이 요소들이 적절하게 배합된 한국 현대사 성공신화의 원형이자 핵심 사례다. 다만 우리는 신화가 구체적인 시대의 맥락 속에서 탄생하고 변형된다는 사실을 상기할 수 있을 것이다. 개통 30주년인 2000년 무렵에 경부고속도로에 대한 관심과 찬양이 부쩍 늘어난 것은 그 즈음 한국 사회가 박정희와 그의 시대에 대한 향수에 젖어든 현상과 무관하지 않다. 그 이후 박정희를 존경하고 닮으려 하거나 그를 직접적으로 계승하는 정치인들이 속속 힘을 얻으면서 박정희의 '작품'이라 일컬어지는 경부고속도로의 신화는 더 굳건해졌다. 경부고속도로는 박정희의 1970년대, 그 중에서도 1970년의 테크놀로지로 각인되었다.

경부고속도로는 1970년 7월 7일 개통식 순간에 완성된 것이 아니라 수많은 사람들에 의해 서서히 마무리되고, 힘들게 자리를 잡고, 꾸준히 개선되어왔다. 이것이 모든 인프라가 존재하고 작동하는 방식이다. 우리는 경부고속도로를 1970년에 세워진 거대한 기념조형물이 아니라 그 이후 하루도 빠짐없이 거친 환경을 견디면서 기능을 유지해온 기계로 생각해야 한다. 경부고속도로가 한국 사회의 바탕을 이루고 그 구성원들의 삶을 떠받치는 인프라의 역할을 계속하려면, 1970년에 머물러 있는 성공신화도 더 길고 복잡한 이야기로 업데이트할 필요가 있다. 한 사람의 결단에만 주목할 것이 아니라 오랜 세월 이것을 만들고, 다듬고, 사용해온 사람들의 경험을 복기함으로써 고속도로라는 인프라의 기능과 의미를 제대로 이해할 수 있다.[23]

그 시절 '하면 된다'와 '잘살아보세'를 이정표로 삼았던 경부고속도로가 이제 새로운 목적지를 설정할 수 있을까? 갈수록 낡아가는 고속도로가 더 이상 미래로 향하는 길로 보이지 않게 될 때, 경부고속도로에 대한 평가는 어떻게 달라질 것인가. 2010년 7월 7일, 한나라당 박근혜 의원이 트위터에 올린 글이 여러모로 참고할 만하다. "오늘 경부고속도로 개통 40주년입니다. 경부고속도로의 의미는 큰 공사가 아니라 발상의 전환에 있었다고 생각합니다. 지금 우리가 선진국이 되기 위해 필요한 것도 발상의 전환이 아닌가 생각합니다."

개통 50주년이 되는 2020년 7월 7일에는 누가 어떤 발상의 전환을 통해 경부고속도로의 의미를 새롭게 평가하게 될지 궁금하다.

23____ 인체공학적 사무용 가구, 노동의 무게를 덜어주었나

_____ 넥타이 부대 혹은 회사원

1987년 6월 '넥타이 부대'가 거리로 나와 '독재 타도, 호헌 철폐'를 외치는 모습은 민주화 운동 역사의 상징적인 순간 중 하나다. 넥타이 부대는 조용하고 깨끗한 사무실을 박차고 나와 소란스러운 역사의 현장에 섰고, 그 일부가 되었다. 광장과 골목을 휘돌아 감는 변화의 물결을 고층빌딩 사무실에서 지켜보고만 있을 수 없었던 것이다. 거리가 참여의 공간이라면 사무실은 순응의 공간이었다. 잠시나마 사무실을 벗어나 넥타이 부대가 됨으로써 한국의 화이트칼라들은 현실에 안주하지 않고 직접 현실을 만들어냈다.

한국 정치사가 거리에 선 '넥타이 부대'를 발견했다면, 테크노컬처의 역사는 사무실 책상에 앉아 있는 '회사원'에 주목한다. 넥타이 부대가 거리의 일을 마치고 일터로 돌아갔을 때 그들의 사무실은 어떤 모습이었을까? 넥타이 부대가 아닌 회사원으로 사는 시간 동안 그들은 어떤 의자에 앉아 어떤 책상에서 일을 했을까? 1980년대에는 거리뿐 아니라 사무실도 큰 변화를 겪고 있었다. 그 변화는 사무실 바깥의 민주화와 무관하지 않지만 그것만으로 다 설명할 수는 없는 종류의 것이었다.

_____ "새 시대 새 가구"

1980년대를 거치며 사무실은 하나의 '시스템'이 되었다. 사무실에 일어난 큰 변화의 키워드는 사무자동화OA, office automation였다. 컴퓨터, 팩스, 복사기 등 최신 사무용 기기들이 등장했고 이와 함께 기기들을 체계적으로 배치하고 사용해서 업무효율을 높이려는 움직임이 일어났다. 사무기기와 그 사용자인 회사원들을 하나의 시스템으로 엮어준 것은 사무용 가구였다. '시스템 가구'나 '오피스 시스템 퍼니처'라고 불리기도 했던 새로운 사무용 가구는 회사원들이 과거와는 다른 방식으로 앉아서 다른 방식으로 일하는 다른 사람이 되도록 해주었다. 사무실로 돌아온 넥타이 부대는 과학적으로 설계된 가구와 기기를 사용해서 최고의 성과를 올릴 것을 요구받는 회사원이 되었다.

1988년 5월의 《동아일보》 기사는 "삶의 치열한 전쟁터이자 제2의 가정이나 마찬가지"인 사무실의 환경을 바꿈으로써 "저절로 '일할 기분'을 갖도록" 만들려는 움직임을 보도했다. 새로운 사무용 가구 시장에서는 기존의 삭막한 철제가구 대신 목제와 멜라민 가구가 점차 인기를 얻고 있었다. 호황을 누리는 기업들이 비싼 돈을 들여서라

—— 사무용 가구를 배치한 1993년 큐닉스 컴퓨터 사무실. 《경향신문》 1993. 1. 25

도 부드러운 느낌의 사무실을 만들려고 애썼다. 무엇보다 일하기에 편한 기능성 가구를 갖추는 것이 중요했다. 몸에 맞게 조절이 가능하고, 사무자동화 기기와 잘 어울리고, 필요에 따라 이동 가능한 제품들을 구비했다. "직원들이 건강하게 능력을 발휘, 근무의욕이 솟아날 수 있도록 신경을 썼다"는 것이다.[24]

가구회사들이 강조한 새 사무용 가구의 특징은 편리함, 편안함, 능률이었다. "새 시대 새 가구"를 모토로 삼은 동서가구는 인체공학적 설계를 적용했다는 사무용 회전의자를 광고했다. "그 모양만으로도 안락한 느낌이 든다"는 동서카사 의자의 "뛰어난 안락감, 편리한

편리, 편안, 능률을 강조하는 사무용 가구 신문 광고들. 왼쪽부터 시계방향으로 하이팩 의자 광고(《경향신문》 1985. 12. 12. 12면), 보루네오 사무용 의자 광고(《매일경제》 1989. 10. 20. 13면), 서울특별시 금속가구공업협동조합 광고(《매일경제》 1990. 3. 19. 19면)

기능은 앉은 자세를 바르게 하여 피로감 없이 업무능률을 향상시켜" 줄 것이라 했다. 등판 높낮이, 좌판 높낮이, 전후 기울기 등 의자의 모든 것이 조절 가능했다. 이제 과장님은 "고도의 가공기술로 제작된 우레탄 인젝션 성형 완성한 부드러운 촉감의 팔걸이"에 두 팔을 올린 채 몸을 좌우로 돌리거나, "이동이 부드럽고 잡음이 없는 쌍륜 캐스터"를 이용해 의자를 앞뒤로 굴리면서 회의 안건을 구상할 수 있었다.[25]

보루네오가구는 "인재제일주의! 능률제일주의!"를 내세웠다. 사무용 가구를 바꿔서 좋은 근무환경을 주는 것이 곧 "인재를 아끼는 마음"이고, 이는 자연스럽게 능률향상으로 이어진다는 것이다.[26] 국세청, 대법원, 한국무역협회, 한국외환은행, KBS, MBC, 대우그룹, 선경그룹 등에 사무용 의자를 납품했던 보루네오가구는 "국영기업체, 관공서, 일반 사무실—8시간 근무가 쾌적하기만 합니다"라고 광고했다.[27] 일하는 시간 내내 편안하고 쾌적할 수 있다면 그곳이 곧 유토피아가 아닌가. 동서가구는 바로 이런 생각을 담아 '동서 오피스 퍼니처 유토피아DOFIA'라는 사무용 가구 토탈 브랜드를 출시하기도 했다. "사무용 가구의 유토피아를 추구하여 보다 쾌적한 사무환경을 제공하고 인간과 함께 미래의 꿈을 펼친다는 의지"가 들어 있었다.[28]

사무용 가구 업체들이 제시하는 좋은 근무환경의 핵심은 사무실에 "오랜 시간 앉아 있어도 피로하지 않다"는 것이었는데, 이 믿기 어려운 주장을 뒷받침한 것은 인체공학 또는 인간공학이라는 학문 분야였다. 2차 세계대전을 거치며 미국과 유럽에서 발달한 인간공학은 1980년대 중반 이후 한국에서도 주목을 받았다. 인간 신체의 크기와 모양을 정밀하게 연구하여 그에 꼭 맞는 제품을 설계함으로써 근무자의 피로를 줄이고 작업능률을 올리는 것이 인간공학의 핵심 과제였다. 항공기 조종석, 자동차 계기반, 전화기 다이얼, 책상과 의자, 스포츠 용품 등 인간과 인공물이 접촉하는 모든 인터페이스가 인간공학의 대상이 되었다. 인간공학자의 눈에는 모든 사람들이 자기 몸에 맞지 않는 제품과 환경 때문에 고생하고 있는 것처럼 보였다. 몸에 잘 맞지 않아 편안하지 않은 것들은 인류문명 발전의 적이었다.[29]

1980년대 후반과 90년대 초반 한국에서 인간공학을 대중적으로 널리 알리는 데 성공한 사람은 서울대 산업공학과의 이면우 교수였다. 이면우 교수가 1992년에 출간하여 큰 화제가 된 《W이론을 만들자―한국형 기술 한국형 산업문화 발전전략》의 첫머리에는 그가 1980년대부터 연구하고 디자인한 각종 인간공학적 제품들의 사진이 실려 있다. "팔목 자세가 가장 편안하게 설계된 인간공학적 키보드"나 "인간공학적 특성을 고려하여 설계된 노인 전용 전화기", "컴퓨터에 의해 최적 운전자세가 계산되고 리모콘으로 자동 조정되는 인간공학적 첨단 운전석" 등이다.[30]

책에서 가장 인상적인 부분은 그가 한 공장에서 노동자들을 설득하고 교육하면서 작업과정에 컴퓨터를 도입하도록 만들자, 이내 생산성이 급격히 올라가고 노동자들이 "신들린 작업자들"로 변모했다는 사례다. 함께 실린 새 작업대와 여성 작업자의 사진에는 인간공학의 놀라운 성취를 요약하는 설명이 붙었다. "인간공학적인 작업대·부품함·조명·개인 사물함을 설치하여 작업자들의 잠재욕구를 만족시킴으로써 작업개시 2시간 만에 60%의 생산성이 향상되었다." 편안하게 맞춰주면 신나게 일한다는 것이다. 한국형 발전전략이라는 이면우 교수의 'W이론'은 그가 공장에서 한국인의 몸과 습관에 꼭 맞는 작업환경을 만든 것처럼 한국 현실에 꼭 맞는 독자적인 경영철학을 만들자는 주장이었다. 인간공학은 실용적 기술에서 그치지 않고 사회이론으로 확장될 수도 있었다.

_____ **몸과 가구의 어긋남**

한 사람의 몸에 잘 맞는 인간공학적 제품을 만들려면 온 나라 사람들의 신체 데이터가 필요했다. 1980년 6월 처음으로 발표된 〈국민표준체위조사〉 연구가 이를 위한 첫 번째 시도였다. 공업진흥청이 이 사업을 주관했다는 사실에서 알 수 있듯이, 여기서는 국민의 신체를 보건의료만이 아니라 산업용 표준을 확립하기 위한 목적으로 측정하고 분석했다. 한국과학기술연구소와 서울대 가정대학 연구원들이 1979년 하반기부터 전국을 돌면서 약 2만 명의 몸을 사진으로 찍고 한 사람 몸에서 117개 부위의 길이를 측정했다.[31]

이런 데이터를 활용하여 대한기계학회는 1985년 〈사무용 가구 설계기준〉 연구보고서를 공업진흥청에 제출했다. 이 보고서는 사무용 가구의 새로운 인간공학적 표준이 필요한 이유 중 하나로 직장에서 여성 비율이 올라갔다는 사실을 제시했다. 뿐만 아니라 "종일 책상에 앉아 작업을 하고 있는 것은 대부분 여성이기 때문에 설계 대상으로 여성의 중요성이 더욱 크다"고 지적했다. 통상적으로 남자의 몸을 기준으로 삼던 설계 관행이 바뀌어야 한다는 것이다. 보고서는 또 자기 몸에 비해 높은 책상을 사용하는 사무원의 경우 눈, 어깨, 허벅지 피로를 겪는 여성이 남성의 두 배나 된다는 점을 들어 "여자가 남자보다도 무리한 자세로 작업을 강행하고 있는 것"이라는 해석도 제시했다.[32] 이 보고서의 저자들은 은연중에 책상 디자인이 기계공학적 측정의 문제인 동시에 사회학, 여성학의 토론 주제가 될 수 있음을

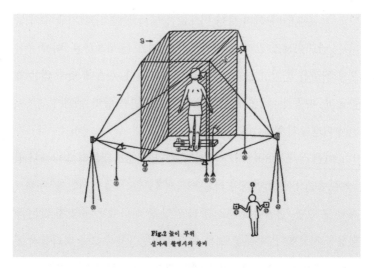

Fig.2 높이 부위
선자세 촬영시의 장비

——— 1980년 발표된 '국민표준체위조사'에서 실시한 신체 측정 촬영 개념도. 이순원, 〈산업의 표준치 설정을 위한 국민표준체위 조사 연구〉, 《한국의류학회지》 4 (1980), p. 60

보여주었다.

　문제는 이렇게 얻은 숫자와 지식이 편안한 책상과 의자의 설계와 보급으로 잘 이어지지 않았다는 것이다. 고급 사무실은 광고 속에서나마 "사무용 가구의 유토피아"를 꿈꿀 수 있었지만, 가장 성장이 빠른 사람들이 모여 있는 학교에서는 인간과 가구 사이의 어긋남이 오랫동안 계속되었다. 〈국민표준체위조사〉 결과가 발표되기 직전인 1980년 4월, 《동아일보》 보도는 "수업이 일종의 고문인 셈"이 되어버린 학생들의 호소를 전했다. "의자는 높고 책상은 너무 낮아 종일 앉아 있으면 허리가 쑤시고 몸이 뒤틀린다"는 여고생도 있고, "의자는 낮고 책상은 높아 어깨 목이 아프고 등널이 좁아 뒤로 기댈 수가 없다"는 남중생도 있었다. 뒷자리에 앉는 키가 큰 학생들은 "아예 무릎으로 책상을 받치고 앉아 있어야 할 정도"였다. 현실에 맞지 않는 표준규격, 부족한 예산, 부족한 학교 내 보수인력 등의 문제가 겹쳐지면서 학생들의 몸은 계속 뒤틀렸다.[33]

이런 상태는 80년대가 다 지나도록 달라지지 않았다. 1989년 2월 "작은 책걸상이 병 만든다"라는 제목의 《경향신문》 기사는 당시 빠르게 늘고 있던 '틴에이저 디스크'의 원인 중 하나로 몸에 맞지 않는 책걸상을 지목했다. 책걸상 교체 속도가 학생들의 수요를 따라잡지 못하는 상황에서, 작은 책상 때문에 나쁜 자세로 공부하던 학생들이 요통을 얻어 병원을 찾고 있다는 것이다. 가령 한 여자고등학교 학생은 "신장 162센티미터로 학급에서 큰 편이지만 다리를 제대로 집어넣을 수 없는 작은 책상에서 자율학습을 포함, 하루 14시간 정도 구부린 채 공부해오다 지난 연말부터 심한 요통증세를 보여왔다"고 했다. 이 학생의 담임교사는 "학급에서 3명이 요통 증세를 앓고 있으며 이양 등 2명은 증세가 심해 치료를 받고 있는데, 대부분 키 큰 학생들이 책·걸상의 불편을 호소하고 있다"고 말했다. 같은 기사에서 서울의 한 고등학교 담임교사는 "학급당 7~8명이 요통에 시달리고 있으며 주원인은 체격에 맞지 않는 책·걸상에서의 장시간 학습 때문"이라고 말했다.[34]

몸에 맞는 책걸상이 공교육 현장에 제대로 공급되지 못하고, 또

장시간 학습을 요구하는 입시제도가 바뀌지 않는 상황에서, 여유가 있는 부모들은 수험생 자녀에게 인간공학적 의자를 따로 마련해주기도 했다. "자녀들의 건강과 학습능률은 의자 선택에서도 좌우됩니다"라는 광고 문구를 내건 '하이팩 의자'는 자녀가 한 자리에 오래 앉아 공부를 하면서도 피곤해 하지 않고 계속 건강하기를 바랐던 부모들을 겨냥했다. 광고에 등장하는 한 고3 남학생은 '최첨단의 과학적인 의자'에 투자한 부모가 꼭 듣고 싶어할 증언을 해주었다. "허리나 엉덩이가 아프지 않으면서도 쉽게 졸리는 일이 없어 신기하기만 합니다. 바른 자세로 수험공부나 학습에 열중할 수 있는 하이팩 덕분에 학습능률이 높아져감을 부인할 수 없답니다".[35] 고등학교 졸업시즌인 2월에는 "하이팩 의자를 사용한 수험생 여러분의 합격을 축하합니다"라는 광고도 나왔다.[36] 대학에 들어가면서 이 학생들은 마침내 장시간 공부의 의무에서 벗어났을지 모르지만 하이팩 의자에서 벗어날 수는 없었을 것이다.

_____ 인간적인 디자인, 비인간적인 노동

여기서 우리는 한국의 수험생들이 겪은 고통의 진짜 원인이 무엇인지 묻게 된다. '작은 책걸상이 병 만든다'라는 기사 제목처럼, 학생들은 체격에 맞지 않는 작은 책걸상 때문에 아팠던 것일까? 아니면 하루 14시간 동안 자리에 앉아서 공부를 하는 것이 문제였을까? 오래 앉아 있어도 피곤하지 않다는 첨단 인간공학 의자를 모두에게 주었다면 학생들의 요통은 사라질 수 있었을까? 바로 이 지점에 인체공학적 디자인의 딜레마 혹은 한계가 있다. 신체의 특성을 세심하게 고려한 디자인은 제품 사용자의 몸을 당장 편안하게 해주지만, 애초에 '그 몸이 그 자리에 왜, 어떻게 놓여야 하는가'라는 질문은 여전히 남는다. 고등학생이 몸에 맞지 않는 책걸상에 아프도록 오래 앉아 있어야만 하는 상황은 학생 본인, 부모, 담임교사 중 누구도 쉽게 저항하기 힘들었던 일종의 사회적 명령이었다. 학생이 힘겹게 작은 책걸상을 벗어나 성인이 되고 마침내 회사원이 되었을 때, 그는 비슷한 명령과 다시 마주치게 될 터였다. "편한 의자를 줄 테니 최대한 오래 앉아 있으시오." 학생이든 회사원이든 한 사람의 몸을 가구와 어떻게 결합시키느냐 하는 것은 인간공학의 과제일 뿐만 아니라 사회적 의제인 것이다.

요즘 몸을 편하게 하는 사무용 가구에 가장 큰 관심을 기울이는 곳은 정보기술IT 업계이다. 2011년 《한겨레》 보도에 따르면 네이버, 엔씨소프트, 안철수연구소 같은 주요 기업들이 고가의 사무용 의자를 일괄 구입해서 직원들에게 제공했다. "4~5시간 동안 꼼짝 않고 앉아 있기가 일쑤고, 누워 있는 시간과 출퇴근 시간을 뺀 하루 대부분을 의자에서 보낸다고 해도 과언이 아니"라는 IT 개발자들에게 편한 의자는 "사원복지의 제1척도"라는 것이다. 기사는 "허리와 어깨가 아픈 게 직업병인데, 의자를 바꾸고 한결 편안해졌다"는 한 개발자의 말을 인용했다. 튼튼하고 매끄러운 사무실 의자에 투자함으로써 회

안철수연구소 직원들이 새로 받은 사무용 의자에 앉아 있다. IT업계는 직원복지의 일환으로 인체공학적 사무용 의자를 도입해왔다. 사진《한겨레》신소영 기자 http://www.hani.co.kr/arti/economy/it/500482.html

사는 개발자들이 일하고 싶은 마음, 회사를 자랑스러워하는 마음을 키우도록 만든다.[37]

공교롭게도 IT업계는 노동시간이 긴 것으로 유명하기도 하다. 2013년 조사에 따르면 IT산업 노동자는 일주일에 평균 57.3시간 일하고, 그 중 19.4%는 70시간 넘게, 4.8%는 100시간 넘게 일한다.[38] "개발자는 24시간 코딩기계가 되어야 한다"는 말도 듣는다.[39] 편안한 인체공학 의자가 불안한 노동의 무게를 다 견디지 못할 때 사람이 쓰러진다. 오래 앉아 있어도 편안한 의자를 제공하는 것으로 이들의 건강을 지킬 수는 없을 것이다. 그래도 이들은 불편한 책상에서 하루 14시간 공부하던 1989년의 여고생보다는 나은 처지라고 해야 할까? 갑갑하게 넥타이를 맨 채 뛰어야 했던 1987년의 선배들보다 더 자유로운 것일까?

24____ 공공성의 테크놀로지, 공중전화

____ 추억하는 기계

2010년대 한국에서 공중전화는 1990년대를 추억할 때 유용한 물건이 되었다. 공중전화 통화 장면이 등장하는 것만으로도 그 드라마는 20세기 말을 배경으로 하고 있다는 것을 누구나 알아차릴 수 있다. 드라마 주인공이 공중전화 부스로 걸어 들어가 동전을 넣고 전화를 거는 장면에서 우리는 지금은 존재하지 않는 삶의 모습을 상기하고 애틋한 감정을 느낀다. 통화가 시작하고 끝나는 것을 알리는 동전 내려가는 소리를 모처럼 들으면 정겹다. "떨리는 수화기를 들고 너를 사랑해, 눈물을 흘리며 말해도, 아무도 대답하지 않고 야윈 두 손엔 외로운 동전 두 개뿐." 1990년에 나온 015B의 〈텅 빈 거리에서〉 노래 가사를 이해하느냐 못하느냐로 어느 세대에 속하는지 가늠해보기도 한다. 이렇게 공중전화는 한 시절을 대변한다.

수십 년의 역사를 가진 공중전화를 군이 1990년대와 연결지어

—— 드라마에서 공중전화는 1990년대를 추억하는 장치로 등장했다. tvN 드라마 〈응답하라 1994〉 장면

생각하는 것은 그때가 공중전화의 전성기였기 때문이다. 관리하거나 감시하는 사람이 붙어 있지 않은 무인 공중전화가 처음 설치된 것은 1962년이었다. 전국에 설치된 무인 공중전화 수는 꾸준히 증가하여 1990년에는 약 11만 6천 대가 되었고, 1999년에 약 15만 3천 대로 최대치를 기록한 후 하락하기 시작해 현재는 채 7만 대도 남아 있지 않다. 공중전화가 가장 많이 있던 1999년 무렵 무선호출기 수는 이미 급격하게 감소하고 있었고, 대신 핸드폰 수가 빠르게 늘어나고 있었다.[40] 이제는 자기 집이나 회사 근처, 학교 캠퍼스 안에 공중전화가 어디에 있는지 아는 사람도 많지 않을 것이다. 그래도 여기저기 꽤 많은 공중전화 부스가 지난 시대의 화석처럼 서 있다.

_____ 공중전화와 현대인의 삶

공중전화, 그 중에서도 1990년대의 무인 공중전화란 어떤 테크놀로지인가? 주요 길목이나 공공장소에 공중전화가 설치되기 이전에 대부분의 사람들은 집이나 사무실 등 고유한 전화번호를 부여받은 장소에서 전화를 걸고 받았다. 집과 사무실 밖으로 나가서 거리를 활보하는 동안은 통화가 불가능했다. 이동의 자유는 통신의 자유와 아직 결합하지 못했던 것이다. 이는 개인의 삶과 사회의 구조를 유동적으로 만드는 데 걸림돌로 작용했다.

공중전화는 거리에 나간 사람이 실내로 들어오지 않고도 통신할 수 있도록 해줌으로써 현대인의 '유동하는 삶'을 매끄럽게 구현하는 수단이 되었다.[41] 즉 공중전화는 움직이는 사람들의 미디어였다. 터미널과 기차역에서, 또 거리 곳곳에서 마주치는 공중전화를 통해 한국인들은 '이동통신'의 초기 형태를 체험할 수 있었다. 물론 현실에서는 모든 것이 기대처럼 매끄럽지는 않았다. 공중전화 수가 계속 증가한 1990년대에도 서울 시민들은 필요한 장소에서 공중전화를 쉽게 찾고 쓸 수 없다고 느꼈다. 특히 지하철역 구내와 승강장의 공중전화 부족은 서울 시민들의 자유로운 '이동통신'을 크게 방해했다.

1991년 《동아일보》는 이용 인구가 많은 지하철역 구내에서는 공중전화 줄이 5~6미터에 달하며, 승강장 102곳 중에는 57곳에만 공중전화가 설치되고 있다고 지적했다.[42] 지하철 공중전화 문제는 90년대 말까지도 해결되지 못했는지, 한 시민은 1998년에 "지하철을

———— 1980년대 공중전화를 사용하려고 줄을 선 모습. 사진 《경향신문》 http://weekly.khan.co.kr/khnm.html?mode=view&artid=201605161601501&code=116

타고 가다 급한 일이 생길 때 공중전화가 없는 곳은 개찰구 밖으로 나가서 전화를 하고 다시 지하철을 타야 하므로 불편함은 말할 것도 없다"고 신문에 편지를 보냈다.[43] 이 무렵 지하철 안에서 생긴 급한 일이란 대개 '삐삐'로 온 호출에 응답하거나 음성 메시지를 확인하는 것이었다. 대합실로 나와서 공중전화를 발견한 후에도 줄을 서야 할 때가 많았다. 지하철역 이외에도 사람이 붐비는 곳에서는 공중전화 줄도 길어졌다. 통신을 하기 위해서는 여전히 이동을 멈추고 발신 차례가 돌아오기를 기다려야 했다.

공중전화를 조금 더 자유롭고 편하게 쓸 수 있도록 만든 한 가지 큰 변화는 1986년 아시안 게임을 앞두고 도입된 카드식 공중전화와 전화카드였다. 전화카드 사용자가 아직 많지 않았던 1990년대 초에는 동전식 전화기 뒤로 길게 늘어선 줄을 피해 그 옆에 비어 있는 카드식 전화기 부스로 쓱 들어갈 수 있었다. 카드 전화기는 마치 요즘의 고속도로 하이패스처럼 미리 구입한 카드를 가진 사람들이 더 빨리 통화를 하고 다시 움직일 수 있도록 해주었다. 또 주머니 속에 있는 동전을 하나씩 넣으면서 동전이 다 없어질 때까지만 통화를 할 수 있었던 이전과 달리, 전화카드 한 장을 넣으면 잔액이 있는 한 통화를 계속할 수 있었다. 무게가 2.45그램인 5천 원짜리 전화카드 한 장이면 100원짜리 동전 50개의 무게만큼 통화를 할 수 있었던 것이다. 아주 약한 소리만 내면서 부드럽게 잔액이 줄어드는 카드식 전화기를 사용하면 예전에 동전을 새로 넣을 때마다 날아오던 다음 사람의 따가운 시선도 어느 정도 피할 수 있었다.

서로 모르는 사람들이 한정된 서비스를 선착순으로 독점 사용하도록 할 때 생길 수 있는 온갖 일들이 공중전화 부스에서 일어났다. 감독하거나 중재해줄 사람이 없는 무인 공중전화 앞에서 시민들은 서로의 필요와 인내를 조절하는 법을 실습해야 했다. 공중전화 부스

무선호출기로 연락을 받고서 공중전화로 전화를 거는 모습. 1990년대에는 흔한 풍경이었다. 사진 《경향신문》 http://weekly.khan.co.kr/khnm. html?mode=view&artid=201605161601501&code=116

주위에는 통화를 하는 사람과 기다리는 사람 사이에 미묘한 관계가 생겨났다. 앞사람은 눈치를 보면서 통화를 이어갔고, 뒷사람은 무언의 압력을 가했다. 통화를 오래하거나 두세 통을 연달아 했다는 이유로 앞사람을 폭행하거나, 통화가 길다고 타박하는 뒷사람을 폭행하는 일들이 있었다. 1990년 여름에는 유독 공중전화 폭력사건 보도가 많았는데, 그 중에는 결국 실명이나 사망에 이르게 된 사건들도 있었다. 개인주의와 자제심 부족에서부터 인명 경시 풍조와 험악한 사회 분위기까지 여러 진단이 나왔다.[44]

전화 부스 자체가 혹사와 폭력의 대상이 되기도 했다. 전화를 하다가 혹은 길거리를 지나가다가 공중전화를 파손하는 경우가 많았다. 많은 사람들이 전화 부스에 담배꽁초를 버리고 침을 뱉고 음료수 캔을 버려두고 나갔다. 전화기 번호판을 불로 태워서 녹이는 사람도 있었고, 전화기 자체를 훔쳐가는 사례가 일 년에 천 건 넘게 발생하기도 했다.[45] 가장 흔한 훼손은 공중전화 부스의 유리창을 깨는 일이었는데, 1997년 11월부터 1998년 2월 사이에만 3만 6천 건 이상의 유리파손이 있었다. 한국통신 관계자는 "웬만한 성인이 발로 차도 깨지지 않을 만큼 유리가 단단한데 술에 취한 사람들이 도구를 이용해 기를 쓰고 깨고 있다"고 설명했다. 이 소식을 전한 기자는 "IMF 체제로 국민들 모두가 심한 고통을 받자 최근 들어 애꿎은 공중전화 부스에 '화풀이'를 하는 사례"라고 진단했다.[46] 한층 삭막해진 거리에서 공중전화는 내 맘대로 해도 되는 유일한 대상으로 여겨졌을 것이다.

공중전화가 설치되는 수와 파손되는 수가 모두 많았던 1990년대 말은 '공중전화 사회학'이 쓰여질 법한 때였다.

———— 공공성의 테크놀로지

1990년대에 나온 공중전화 관련 신문기사의 상당수가 독자편지나 의견란에 등장했다. 공중전화는 시민들이 손쉽게 직접 관찰하고, 지적하고, 제안할 수 있는 평범하고 만만한 인공물이었다. 자기 물건이 아니라고 함부로 다루지 말자는 당부,[47] 전화 부스 안 흡연을 단속하라는 요구,[48] 전화 부스 재질을 잘 깨지는 유리 대신 플라스틱으로 바꾸자는 제안,[49] 통화시간을 줄이기 위해 요금 부과기준을 바꾸자는 의견,[50] 요금체계가 아니라 전화카드 사용으로 인해 시간-돈 관계를 제대로 인식하지 못하는 것이 문제라는 분석까지,[51] 공중전화는 공중의 토론을 잘 이끌어내는 재주가 있는 물건이었다. 시민들은 공중전화를 통해 이른바 공중도덕의 수준이 내려가고 있음을 진단하고, 세상살이가 점점 팍팍해지고 있음을 직감하고, 이 사회는 공중전화를 쓰는 사람들과 쓸 일이 없는 사람들로 나뉘어져 있음을 파악했다.

무엇보다 시민들은 공중전화에서 통신기술의 공공성을 목격했다. 경제성을 고려하되 사적 이익에 완전히 종속되지 않고, 실적이나 수익 이외의 다른 척도로 평가하는 것이 필요한 테크놀로지가 존재하며, 그런 테크놀로지들이 현대사회의 기본적인 작동에 필수적이라는 것을 공중전화는 이해하기 쉽게 보여주었다. 또 그런 테크놀로지의 설계와 운영에 모두가 당사자로서 한 마디씩 보태는 것이 가능하고 바람직하다는 사실을 경험하도록 해주었다. 공중전화는 '주어지는 혜택'이 아니라 '요구하는 권리'로서 테크놀로지를 이해하는 좋은 사례가 되었다. 휴대전화의 등장으로 공중전화의 지위가 점차 위협받고 있던 1998년 어느 시민은 이렇게 질타하고 요구했다. "공공기업마저 이익에만 급급한다면 서민들의 삶은 비참해질 수밖에 없다. 곳곳에 카드용 공중전화를 설치해 통신 편의를 제공하기 바란다. 공중전화를 찾아 헤매는 서민의 얼굴엔 근심이 가득하다."[52]

2000년대 들어 전국의 공중전화 수와 통화량이 급격하게 줄어들었지만, 공중전화는 우리가 여전히 테크놀로지의 공공성이라는 생각을 완전히 잊지 않도록 하는 상징적 존재다. 경제적 이유로 혹은 어떤 일시적인 상황 때문에 사적인 통신수단을 소유하지 못한 사람도 동전 몇 개를 들고 몇 백 미터를 걸어가면 꼭 필요한 통신을 할 수 있어야 한다는 것은 쉽게 포기할 수 없는 원칙이다. 공중전화는 개인이 구입해서 소유하지 않아도 누릴 수 있는 기본적인 편의를 국가가 제공하고 관리해야 하는 필요성을 상기시켜준다.

공중전화가 감소하는 경향을 되돌릴 수 없음이 확실해졌고 그 수익성을 따지기도 어려워진 2004년의 한 조사에서, 절반 정도의 사람들이 비용을 충당하지 못해도 공중전화를 없애서는 안 된다고 대답했다는 사실은 공중전화의 상징적 힘을 잘 보여주었다.[53] 텅 빈 공중전화 부스는 수익이 나지 않는다는 이유로 무엇이든 다 없애버릴 수는 없다는 생각을 희미하게나마 붙들어 담아주는 공간이었다.

_____ 혁신보다 관리

하지만 2010년대 들어 공중전화의 입지는 점점 더 좁아지고 있다. 1990년대에 공중전화 사용의 에티켓과 전화기 주변의 사건사고를 다루던 언론은 이제 "애물단지"가 되어가는 공중전화의 문제점을 들 춰내는 보도를 내보낸다.[54] 잊을 만하면 한 번씩 나오는 공중전화 보도는 '현장출동', '추적현장', '밀착카메라' 등 현장고발 형식을 띠고 있다. 항상 길거리에 서 있는 공중전화는 항상 문제를 안고 있기 마련이고, 그래서 관찰하고 고발하기도 좋은 소재인 것이다. 2010년대의 공중전화는 제대로 관리받지 못하는 공공시설이 얼마나 빠르게 도시의 흉물이 될 수 있는지를 보여주는 사례로 등장한다. 수화기에는 검은 먼지가 쌓여 있고, 바닥에는 쓰레기가 널려 있다. 공중전화를 관리하는 KT링커스 관계자의 말은 대부분의 보편적 서비스가 처한 상황을 잘 보여준다. "저희들이 정기적으로 점검은 하고 있습니다만, 항상 외부에 노출되어 있으니까 바람도 불고 먼지도 많이 불고 하니까 또 안 되는 수가 있고…"[55]

적자를 면치 못하는 주제에 흉물스럽다는 고발은 공중전화도 시대에 맞게 '변신'해야 한다는 요구로 이어진다. "시대가 바뀌면 공공재의 모습도 그에 따라 바뀌어야" 한다는 것이다. 2016년 10월의 JTBC 뉴스는 공중전화를 "무작정 없앨 수도 없는 노릇이어서 최근엔

고육지책까지 동원되고 있습니다"라고 현실을 설명했다.[56] '변신'의 주된 내용은 전화 부스에 새로운 무언가를 집어넣어서 시민들을 공중전화 부스로 다시 끌어들인다는 것이다. 전화기에 자동심장충격기나 현금자동인출기를 같이 붙여 넣거나, 전화 부스를 전기차 충전소나 길거리의 위험상황을 모면하는 대피소로 쓰게 하는 방법이 나와 있다. 공중전화는 통화 이외의 쓸모를 입증하지 않으면 생존을 위협받는 상황에 처한 듯하다.

'변신'의 극단은 공중전화에서 전화기를 빼버리는 것이다. 국립세종도서관에서는 문까지 제대로 갖춘 공중전화 부스 모양의 구조물을 설치해놓고 도서관 이용자가 그 안에 들어가 핸드폰 통화를 하도록 유도한다. 공중전화 부스는 변신을 거듭하여 '간이 도서관'이 되기도 하고, 4대강 자전거길 종주 확인도장을 찍어주는 '인증센터'가 되기도 한다.[57] 전화기가 빠진 공중전화 부스는 향수와 호기심을 자극하는 빈 공간이 됨으로써 겨우 살아남았다. 이제 공중전화는 〈응답하라〉 시리즈에 등장하는 역할 이외에 무엇을 할 수 있을까?[58]

공중전화에 필요한 것은 '혁신'이 아니라 '관리'다. 공중전화는 크게 성공시켜야 할 테크놀로지가 아니라 죽지 않도록 유지하는 것이 중요한 테크놀로지다. 누구든 필요한 때에 선명한 음성통화를 할 수 있도록 준비하고 있는 것이 공중전화의 기본 임무다. 공중전화가 무용지물이 되는 것은 단지 휴대폰이 보급되었기 때문이 아니라, 공중전화를 충분히 관리하지 않고 있기 때문이기도 하다. 2015년 10월

——— 공중전화 부스의 새로운 용도. 왼쪽은 경부고속도로 안성휴게소에 설치된 공중전화와 심장마비 환자용 전기충격기, 오른쪽은 국립세종도서관 로비에 설치된 휴대폰 사용자용 부스. 사진 전치형

MBC 보도에서 지적했듯이, 공중전화기가 새로 나온 동전을 인식하지 못하고, 신용카드를 넣어도 반응이 없고, 전화카드를 파는 곳을 찾을 수 없는 경험이 반복될수록 공중전화를 사용하는 사람은 더 빠르게 줄어들 것이다.[59]

공중전화가 '보편적 통신 서비스'로서 최소한의 필수 기능을 다 하도록 유지하고 보수하는 일은 화려한 조명을 받지 못한다. 현장의 관리는 실험실의 혁신에 비해 언제나 과소평가된다. 그러나 버려진 듯 서 있는 공중전화는 삶의 현장에서, 특히 예상치 못한 위기의 순간에 우리를 안전하게 지켜주는 것은 '파괴적인 혁신'이 아니라 '끊임없는 관리'라는 사실을 상기시키고 있다. 혹은 어떤 경고를 하고 있는지도 모르겠다.[60]

25___ 거친 세상을 가리는 매끄러움, 스마트폰 터치스크린

___21세기 테크노컬처의 상징

스마트폰은 2000년대 테크노컬처의 가장 간단하고 강력한 상징이다. 스마트폰은 창조경제와 창업열풍을, 3차인지 4차인지 확실하지는 않지만 지금 일어나고 있다는 산업혁명을, 언제 어디서든 연결되어 있지만 가깝지는 않은 인간관계를, 손가락 끝으로 생각하고 사랑하고 싸우는 라이프 스타일을 상징한다. 또 스마트폰은 이 시대를 지배하는 하나의 감각 혹은 욕망인 '매끄러움'을 상징한다. 매끄러운 연결과 결합, 매끄러운 이동, 매끄러운 소비가 스마트폰을 장착한 2000년대 테크노컬처의 지향점이다.

매끄러움이 하나의 기술적, 문화적 특성으로서 21세기에 처음 등장한 것은 아니다. 한국인들은 1960년대의 플라스틱에서 거친 자연을 대체하는 매끄러운 물질을 경험했고, 70년대의 고속도로에서 전국을 하나로 이어주는 매끄러운 이동을 경험했고, 80년대의 인체공학적 사무용 가구에서 일하는 몸을 떠받쳐주는 매끄러운 구조를 경험했다. 매끄러움은 현대의 다양한 테크놀로지를 하나로 묶어주는 기술적 스펙이자 문화적 가치가 되었다. 테크놀로지의 경험을 통해 한국인들은 깨끗하고 풍요롭고 편안한 세계, 마찰과 갈등과 위험이 없는 매끄러운 세계를 꿈꾸었고, 그 불가능성에 절망하기도 했다. 스마트폰은 매끄러움이라는 기술감각적 특성을 가장 작은 단위 안에 가장 집약적으로 구현함으로써 한국인들을 다시 한 번 설레게 한다.

———— 매끄러움의 미학

매끄러움은 우리를 편하게 하고, 즐겁게 하고, 또 현실을 긍정하게 하고 미래를 낙관하게 한다. 그러므로 우리는 스마트폰의 매끄러움을 환영하는 동시에 경계해야 한다. 2016년 번역 출간된 《아름다움의 구원》 첫 장에서 철학자 한병철은 마치 스스로 재생하는 '인공 피부'처럼 매끄러운 LG의 스마트폰 지플렉스를 언급했다. 이 제품의 상처 나지 않는 피부는 부드러운 곡면을 이루고 있어서 통화할 때는 얼굴에, 보관할 때는 엉덩이에 매끄럽게 달라붙는다. 한병철은 "이러한 밀착성과 무저항성이 '매끄러움의 미학'의 본질적인 특징들"이며, 스마트폰이 구성하는 세계는 제프 쿤스의 매끄러운 예술작품이 보여주는 세계와 닮아 있다고 지적한다. 그것은 "미식美食의 세계, 순수한 긍정성의 세계이며, 그 안에는 어떤 고통도, 상처도, 책임도 없다."[61] 스마트폰을 만질 때, 또 그 화면을 들여다볼 때 우리는 세계도 그처럼 매끄럽기를 소망한다.

스마트폰에 이르러 매끄러움의 가장 선명한 경험은 손가락으로 집중되었다. 많은 이들에게 스마트폰의 위력은 빠른 계산 속도가 아니라 터치스크린을 누르는 손끝의 감각을 통해 인지되었다. 2009년 애플의 아이폰이 한국에 들어오기 전까지 스마트폰과 터치폰은 서로 구별되는 범주의 제품으로 다루어졌고, 이를 결합하는 '터치 스마트폰'이 새로운 경향으로 제시되기도 했다. 지금은 손가락 터치로 작동하지 않는 스마트폰을 상상하기 어렵고, '스마트'는 직관적인 사용자 인터페이스를 통한 손쉬운 작동과 연결이라는 뜻을 포함하게 되었다. 매끈한 화면에 손끝을 대자마자 경쾌하게 반응하는 애플리케이션은 우리의 소통과 오락과 구매를 손쉽게 만들어주었다. 손가락으로 화면을 가볍게 쓸어서 사진이나 전자책 페이지를 넘기고, 화면 위의 개체를 손가락 끝에 달고서 이곳저곳으로 돌아다니는 것은 기술적으로 또 심리적으로 놀라운 일이었다. 스마트폰 위에서 세계는 평평하고 매끄러운 곳이 되었다.

이 평평하고 매끄러운 세계, 즉 스마트폰의 화면을 소중하게 다루고 지켜내는 일에 상당한 돈과 정성이 들어가고 있다. 금이 간 스마트폰 화면은 주변 사람들의 즉각적인 공감과 동정을 유발하고, 지문 자국으로 뒤덮인 화면은 보는 사람의 마음을 어지럽게 한다. 물리적 충격으로 화면이 깨지거나 금이 가는 것을 막아주는 케이스와 지문, 기름기, 긁힘을 막아주는 보호필름은 대부분의 스마트폰 사용자

───── 스마트폰 터치스크린의 매끄러움. 사진 pexels.com 사용자 Pixabay

들에게 필수 아이템이 되었다.

2013년 KT경제경영연구소가 의뢰한 설문조사에 따르면 스마트폰 사용자의 94%가 케이스를, 90%가 보호필름을 쓰고 있었다. 이무렵 스마트폰 케이스는 약 1조 원, 보호필름은 약 4,800억 원에 달하는 큰 시장을 형성했다.[62] 이는 일차적으로 스마트폰이 사람들이 몸에 지닌 물건 중 가장 비싼 것이기 때문이겠다. 하지만 스마트폰의 핵심이 청각을 이용하는 전화가 아니라 시각과 촉각에 호소하는 터치스크린에 있음을 분명하게 보여주는 현상이기도 하다.

유리 위의 유리

터치스크린에 보호필름을 잘 붙이려면 상당한 기술과 끈기를 갖추어야 한다. '요령만 알면 어렵지 않은 액정 보호필름 붙이는 방법'을 설명하는 컴퓨터 블로거는 이 작업을 "신속, 정확, 먼지와의 싸움!"이라고 표현했다.[63] 한 디지털 기술 분야 웹사이트 에디터는 그 일의 의미를 이렇게 설명했다. "새 핸드폰 구입 후 폰을 지키기 위해 거쳐야 할 필수 코스. 액정 보호필름 붙이기! 이거 참, 별 거 아닌 것 같은데 귀찮고 힘들고, 만에 하나 실패라도 한다면 분통 터지곤 하죠."[64] 작업은 모두 다섯 단계에 걸쳐 이루어진다. "스텝 1. 핸드폰 액정의 먼지를 완벽히 제거합니다." 이를 위해 극세사 천이나 안경 닦을 때 쓰는 천이 필요하다. "스텝 2. 필름의 접착면에 분무기를 이용하여 극소량의 액체를 분사합니다." 핸드폰 내부에 물이 들어가면 안되기 때문에 전화기가 아니라 필름에 뿌리되, "직접 뿌리는 것이 아니라 허공에 뿌린 물방울들이 안착하는 느낌으로 뿌려"야 한다. 그런 다음 보호필름을 스크린 위에 올려놓고(스텝 3), 극세사 천으로 안에 있는 물기를 뺀다(스텝 4). 이때 "액정 필름 포장지 안에 들어있는 밀대나 자를 이용해서 쭉쭉 밀어주면 효과만점"이다(신용카드를 사용할 수도 있다고 한다). 물기가 다 날아갈 때까지 기다렸다가 "외부 필름을 떼어내면 완성"이다(스텝 5).

터치스크린이 상처를 입거나 지저분해지는 것을 막아주는 보호필름의 한 가지 단점은 손가락과 스마트폰 표면의 강화유리 사이에

얇은 막을 집어넣음으로써 원래의 매끄러운 촉감을 감소시킨다는 것이다. 또 시각적인 선명함과 투명함에도 영향을 미칠 수 있다. 스마트폰 자체의 강화유리가 제공하는 매끄러운 시각과 촉각을 손상하지 않는 동시에 그것이 직접 외부의 자극에 노출되지 않도록 막는 일은 생각보다 쉽지 않다.

이 난제를 해결하는 한 가지 방법으로 등장한 것이 보호필름 자체를 유리로 만들자는 생각이다. 0.2밀리미터 정도 두께에 경도 9H 정도의 단단한 유리를 스마트폰 위에 덧씌우면 시각과 촉각의 매끄러움을 유지하면서 보호막의 기능도 충실히 할 수 있다는 것이다. 유리로 만든 '리얼 글래스 필름'은 스마트폰 화면 보호필름 중 고가 제품군에 속한다. 그렇지만 여러 종류의 보호필름을 비교분석한 기자에 따르면, "뛰어난 투과율과 필름이 따라할 수 없는 유리만의 매끈한 촉감, 그리고 일반 유리보다 훨씬 높고 다이아몬드에 근접한 경도로 스마트폰의 화면을 완벽하게 보호하면서 수명도 부착해 둔 스마트폰의 수명과 거의 동일하게 사용할 수 있기 때문에 오히려 더 경제적으로 볼 수도 있다"고 한다.[65] 잘 모르는 사람이 보기에는 유리를 유리로 덮어서 보호한다는 건 어딘가 어색하다. 그만큼 손가락이 느끼는 매끄러움을 포기하지 않으면서 스마트폰 화면을 지켜내려는 의지가 강력하다는 뜻이다.

_____ 새로운 차원의 깊이

스마트폰 화면의 평평함과 매끄러움은 그것을 통한 의사소통에 '깊이'가 결여되어 있다는 의심을 불러일으킨다. 흔히 대화의 깊이와 연결지어 생각하는 대화의 내밀함이 사라지고 있기 때문이다. 음성 통화를 하는 두 사람이 자신들의 대화에서 온전한 주역을 맡았다면, 카카오톡과 같은 모바일 메신저에서 대화를 나누는 사람은 자신의 대화의 관객이 된다. 대화에 참여하는 동시에 한발 물러서서 대화를 관람하는 것이다. 대화의 내용은 시간에 따라 화면 위쪽으로 움직여 가는 대본의 모습을 띤다. 지나간 대화의 흐름을 한눈에 파악할 수 있어서 편하지만, 이것은 언제라도 갈무리되어 인터넷 공간에 전시될 가능성을 전제하는 대화다. 스마트폰상의 대화를 담은 대본은 사진을 찍듯 있는 그대로 들어 올려진 다음, 페이스북과 트위터의 서버를 경유하여, 낯선 이들의 스마트폰 화면에 구경거리로 깔린다. 발화에서 저장과 전시까지 모든 과정이 손가락 끝에서 매끄럽게 진행된다.

스마트폰은 느림과 불편함에서 나오는 옛날식 '깊이' 대신 부드럽고 빠른 실시간, 쌍방향 소통의 기쁨과 효용을 준다는 평가도 있다. 그러나 터치스크린 위의 대화는 대면 대화나 음성 통화의 격렬한 실시간성과 쌍방향성을 따라가지 못한다. 오히려 그 강렬한 상호작용을 회피하는 수단으로 쓰인다고 해야 할 것이다. 전통적인 대화에서 종종 경험하는 쑥스러움, 긴장감, 짜증이 스마트폰 대화에서는 한결 줄어든다. 대면 대화나 음성 통화를 매끄럽게 이어나가기 위해 힘

— 아이폰 3D 터치 기술 개념도. '깊이'라는 새로운 차원을 강조하고 있다. 사진 애플.http://www.apple.com/kr/iphone-6s/3d-touch/

들게 익혀야 했던 각종 언어적, 심리적, 신체적 기술들이 스마트폰 메신저 대화에서는 별로 필요하지 않게 되었다. 또는 각종 자음과 모음이나 움직이는 이모티콘을 적재적소에 타이핑하는 기술로 대체되었다.

　　스마트폰 시대의 대화의 문제를 연구하는 사회학자 셰리 터클 Sherry Turkle이 지적했듯이, 이제 상대방의 목소리를 듣는 것을 두려워하는 사람들이 많아지고 있다. 목소리를 들려주고 듣는 행위는 지인들 중 소수에게만 허락하는 점점 귀한 일이 되었다. 목소리로 대화하자는 요청은 소음을 발생시키고 사생활을 침해할 것이라는 혐의를 받는다. 터치스크린 대화의 매끄러움과 편안함에 비해 목소리 대화는 거칠고 어색하다. 그렇다고 해서 반드시 더 깊이가 있는 것은 아니겠지만 더 많은 노력과 경험이 필요하기는 하다.[66]

종류가 다를지는 몰라도, 최신 스마트폰은 나름대로의 '깊이'를 추구하고 있다. 아이폰6s에 장착된 '3D 터치' 기능은 손가락이 화면을 누르는 세기를 구분하여 사용자가 다양한 선택을 할 수 있도록 해준다. 가로와 세로만 있던 터치스크린에 세 번째 축인 '깊이'를 도입하여 왠지 3차원의 세계에 더 가까이 다가간다는 느낌을 준다. 아이폰 사용자는 손가락에 힘을 주어 화면을 꾸욱 누름으로써 숨어 있는 내용을 미리 보거나 원하는 기능을 더 빠르게 실행할 수 있게 되었다. 애플은 이것을 "어떤 일이든지 좀 더 깊이 누르기만 하면 너무나도 다양한 방식으로 그 경험이 향상됩니다"라고 설명한다.[67]

경험의 재정의

당연한 말이지만 3D 터치가 향상시키는 경험은 '현실세계의 경험'이 아니라 '아이폰 사용의 경험'이다. 아이폰의 3차원 깊이는 흔히 기술과 인문학이 결합하는 지점이라고 말하는 '사용자 경험'UX, user experience 연구의 영역이다. 여기에서 추구하는 '깊이'라는 요소가 터치스크린 위에서 3차원 현실세계의 복잡성을 경험하도록 해주지는 못한다. 대신 세계에서 필요한 부분만 빠르고 선명하게 부각시켜 사용자에게 보여줌으로써 사용자의 일을 더 간편하게 만들어준다.

　문제는 '아이폰 사용의 경험'이 '현실세계의 경험'을 빠르게 대체하면서 그 뜻을 재정의하고 있다는 점이다. 스마트폰의 보편적 사용과 함께 '경험', '관계', '깊이' 같은 말들이 새로운 의미를 얻어 '사용자', 즉 스마트 기기 사용자를 중심으로 하는 개념으로 확장(또는 축소)되었다. 이제 이 개념들은 사람과 사람 사이 혹은 사람과 세계 사이가 아니라 사용자와 기기 사이에서, 즉 디지털 인터페이스에서 발생하고 구현된다. 경험이란 사용자가 인터페이스를 겪으면서 획득하는 것이고, 관계란 인터페이스를 통과해서만 생성되는 것이고, 깊이란 인터페이스를 조금 비틀어서 만들어내는 것이다. 그러면서 이 개념들은 모두 조금씩 매끄러워졌다. 긁히지 않는 강화유리의 보호를 받으며 실패와 고통의 가능성은 최소화되었다. 스마트폰 인터페이스처럼 직관적인 것은 좋아지고, 직관적이지 않은 것은 불편해졌다. 일반 터치와 3D 터치 사이의 미세한 차이가 터치스크린 안과 밖의 거대한 차이 못지않게 주목받게 되었다.

터치스크린의 안과 밖이 별로 다르지 않기를 희망하거나 그 차이가 사라지고 있다고 주장하는 사람들에게 2016년 여름의 포켓몬고 열풍은 고무적인 소식이었다. 바깥세상은 GPS 데이터를 통해 스크린 위로 매끄럽게 흘러 들어왔고, 게임 속 캐릭터들은 스크린 바깥의 거리와 공원으로 진출한 것 같았다. 포켓몬이 있는 곳으로 열심히 다리를 움직여 찾아간 다음, 화면 위에서 손가락을 빠르고 정교하게 움직여서 포켓몬을 잡다보면, 스마트폰 안과 밖의 현실이 교차하면서 '증강'된 것처럼 보였다. 하루 종일 컴퓨터 앞에 앉아 게임을 하던 사람들이 포켓몬을 잡으러 마침내 집밖으로 나와 걷고 달리기 시작했다는 훈훈한 소식도 전해졌다. 스크린 위의 터치가 현실에 개입할 수 있는 하나의 모범사례를 보여준 것만 같았다.

———— 유리벽 위에 붙은 포스트잇

그래도, 아직, 현실은 스크린을 매끄럽게 터치하는 것으로 다 잡을
수가 없다. 현실은 터치스크린에 묻은 지문과 기름기보다 조금 더 지
저분하고 끈적거린다. 포켓몬고 열풍이 불기 얼마 전 강남역 10번 출
구와 구의역 스크린도어에는 포스트잇 메모지가 잔뜩 붙었다. 강남
역 근처에서 아무 이유도 없이 살해된 젊은 여성과 구의역에서 스크
린도어를 수리하다가 열차에 치여 사망한 젊은 남성을 추모하고, 이
런 일들이 다시 일어나지 않도록 행동을 요구하고 다짐하는 메시지
들이었다.[68]

포스트잇은 터치스크린의 매끄러움과 닿아 있으면서도 그것과
구별되는 끈끈함을 지녔다. 일회용으로 가볍게 쓰인 다음 흔적 없이
매끄럽게 떼어지고 버려지는 줄 알았던 포스트잇이 거친 현실을 고
발하고 거기에 착 달라붙어서 놓지 않으려는 의지의 상징이 되었다.
스마트폰 화면을 옆으로 밀고 3D 터치를 깊게 눌러도 가닿을 수 없
었던 공포와 분노가 지하철역 출구의 투명한 벽에 포스트잇을 꾹 눌
러 붙이는 것으로 표출되었다. 스마트폰 스크린에서 우리가 그토록
제거하려고 애쓰는 손때와 끈끈함이 포스트잇의 모습으로 매끄러운
스크린도어를 뒤덮었다.

터치스크린에 비하면 포스트잇은 거칠고 불편한 매체다. 스마

――― 강남역 10번 출구 살인사건의 여성 희생자를 추모하는 메모들. 사진 서울시 http://www.
newstomato.com/ReadNews.aspx?no=710859

트폰 스크린은 세계를 통째로 보여준다는데, 포스트잇은 겨우 한두
개의 문장을 잠시 동안만 담을 수 있을 뿐이다. 기자들은 포스트잇
메시지를 보도하기 위해 일일이 카메라로 찍고 노트북 컴퓨터에 옮
겨 적어야 했고, 서울시는 강남역 포스트잇이 비를 맞지 않도록 옮겨
서 보관해야 했다. 한번 터치만 해놓으면 클라우드에 영구히 저장되
는 매끄러운 감정의 표출 대신, 바람 불면 날아가고 비가 오면 떨어
질 포스트잇을 붙이고 보관하는 행위의 의미는 무엇일까? 오직 한
마디를 적어놓기 위해 지하철 2호선을 타고 강남역과 구의역으로 찾
아간 사람들은 어떤 변화의 조짐을 보여주는 것일까?

1　《동아일보》1958년 3월 8일.

2　나근배,《플라스틱 바로 알기》, 바우프러스, 2011, pp. 26~30.

3　박정희 대통령 대한플라스틱 PVC 공장 준공식 치사 (1966년 11월 28일). http://pa.go.kr/research/contents/speech/index.jsp?spMode=view&catid=c_pa02062&artid=1305782 (최종접속 2016년 10월 6일).

4　대한프라스틱공업주식회사 광고《동아일보》1967년 3월 13일 1면; 나근배,《플라스틱 바로 알기》, p. 109.

5　《경향신문》1959년 3월 17일.

6　《동아일보》1959년 9월 22일.

7　《경향신문》1960년 7월 5일.

8　《경향신문》1961년 12월 21일.

9　'푸라스틱 식기',《동아일보》1959년 9월 22일; '플라스틱 시대',《경향신문》1962년 11월 2일; '유통과정과 포장에 혁신을 주는 럭키 프라스틱 운반상자' 광고《경향신문》1970년 7월 29일 7면; '새 시대의 파이프, 럭키 PVC 파이프' 광고《경향신문》1967년 3월 15일 1면; '새 시대의 새로운 파이프, 럭키 PVC 파이프' 광고《매일경제》1968년 9월 5일 1면.

10　《경향신문》1962년 11월 2일.

11　《동아일보》1970년 1월 1일.

12　《동아일보》1959년 7월 30일.

13　《동아일보》1970년 3월 20일.

14　《노루70년사》, 노루홀딩스, 2015, pp. 124~131. http://www.noroopaint.com/e-book/noroo/EBook.htm (최종접속 2016년 10월 6일); '발전하는 우리의 기술' (대한뉴스 제 669호, 1968년 4월 5일); http://www.ehistory.go.kr/page/pop/movie_pop.jsp?srcgbn=KV&mediaid=511&mediadtl=4075&gbn=DH&quality=H (최종접속 2016년 10월 8일).

15　Ellen MacArthur Foundation, *The New Plastics Economy: Rethinking the Future of Plastics* (Ellen MacArthur Foundation, 2016).

16　박샘은, Ariana Densham,《바다의 숨통을 조이는 미세 플라스틱: 세면대에서 바다까지, 마이크로비즈 규제의 필요성》, 그린피스 동아시아 서울사무소, 2016; 그린피스, '변화는 숟가락에서 시작됩니다', 그린피스 서울사무소 웹사이트. http://act.greenpeace.org/ea-action/action?ea.client.id=1851&ea.campaign.id=43593 (최종접속 2016년 10월 6일).

17　이 글에 사용한 자료와 인용문 일부는 2010년에 출판된 논문에서 가져온 것이다. Chihyung Jeon, "A Road to Modernization and Unification: The Construction of the Gyeongbu Highway in South Korea," *Technology and Culture* 51 (2010): pp. 55~79.

18　Mimi Sheller, *Aluminium Dreams: The Making of Light Modernity* (Cambridge,

MA: The MIT Press, 2014); Christina Cogdell, *Eugenic Design: Streamlining America in the 1930s* (Philadelphia: University of Pennsylvania Press, 2004).

19 《경향신문》 1970년 7월 13, 14, 17일.

20 경부고속도로 복층화라는 아이디어는 이후 2007년 한나라당 대선후보 경선에 나선 홍준표 의원이 공약으로 제시했고, 같은 해 무소속으로 대선에 출마한 이회창 후보도 고속도로 일부 복층화 공약을 발표했다.

21 《조선일보》 2012년 7월 27일.

22 《동아일보》 1980년 7월 7일, 11월 25일.

23 데이비드 에저턴, 정동욱 · 박민아 옮김, 《낡고 오래된 것들의 세계사: 석탄, 자전거, 콘돔으로 보는 20세기 기술사》, 휴먼사이언스, 2015.

24 《동아일보》 1988년 5월 31일.

25 《매일경제》 1987년 5월 15일 광고.

26 《매일경제》 1986년 2월 13일 광고.

27 《매일경제》 1989년 10월 20일 광고.

28 《매일경제》 1991년 9월 4일 광고.

29 Kim Vincente, *The Human Factor: Revolutionizing the Way People Live with Technology* (New York: Routledge, 2006).

30 이면우, 《W이론을 만들자: 한국형 기술 한국형 산업문화 발전전략》, 지식산업사, 1992.

31 이순원, 〈산업의 표준치 설정을 위한 국민표준체위 조사 연구〉, 《대한의류학회지》 제4권 1-2호 (1980), pp. 57~61.

32 대한기계학회, 〈사무용 가구 (책, 걸상 및 캐비닛) 설계기준, 최종보고서〉, 공업진흥청, 1985.

33 《동아일보》 1980년 4월 4일.

34 《경향신문》 1989년 2월 25일.

35 《경향신문》 1985년 10월 12일 광고.

36 《동아일보》 1989년 2월 2일 광고.

37 고가의 인체공학적 의자 이후에 최근 유행하고 있는 사무용 가구 아이템은 '스탠딩 데스크'다. 스탠딩 데스크는 IT 개발자, 사무직 노동자, 학생 등 오래 앉아 일하면서 건강을 해칠 우려가 있는 이들에게 허리를 펴고 선 채로 일할 수 있는 환경을 제공한다.

38 한국노동사회연구소, 《사무직 근로자의 근로시간 실태조사 및 개선방안 연구: IT 업종을 중심으로》, 고용노동부, 2013.

39 《경향신문》 2013년 6월 7일.

40 나상우, 〈주요국의 보편적서비스로서의 공중전화 제공의무 개편 동향 및 시사점〉, 《정보통신방송정책》 26권 15호 (2014), pp. 1~33; 고석승, '쌓이는 적자, 변신 더 필요한 공중전화', JTBC 뉴스, 2016년 10월 4일. http://news.jtbc.joins.com/article/article.aspx?news_id=NB11325713&pDate=20161004 (최종접속 2016년 10월 6

일).

41 Zygmunt Bauman, *Liquid Life* (Cambridge : Polity Press, 2005).

42 《동아일보》 1991년 11월 5일.

43 《한겨레》 1998년 6월 27일.

44 《동아일보》 1990년 8월 24일, 8월 25일, 8월 28일, 9월 3일, 9월 10일. 2015
   년 YTN 뉴스도 과거의 공중전화 살인사건 사례를 다루었다. '공중전화의 변
   신은 무죄', YTN 이슈 & 이슈, 2015년 3월 13일. http://www.ytn.co.kr/_
   ln/0103_201503131029473824 (최종접속 2016년 10월 6일)

45 《경향신문》 1991년 11월 9일 ; 《동아일보》 1991년 10월 23일 ; 《경향신문》 1992년 12
   월 11일.

46 《매일경제》 1998년 3월 19일.

47 《경향신문》 1992년 12월 11일.

48 《동아일보》 1994년 5월 3일.

49 《동아일보》 1993년 11월 16일.

50 《동아일보》 1997년 10월 27일.

51 《동아일보》 1997년 11월 5일.

52 《한겨레》 1998년 7월 18일.

53 권기환, 김용철, 홍효진, 〈보편적 역무로서의 공중전화 서비스〉, 《KISDI 이슈리포트》,
   2004년 8월 9일.

54 나연수, '스마트 시대, 공중전화는 애물단지?' YTN, 2013년 7월 12일. http://www.
   ytn.co.kr/_ln/0103_201307120501446100 (최종접속 2016년 10월 5일).

55 서유정, '시민 위한 공중전화, 정작 급할 땐 무용지물', MBC 뉴스데스크, 2015년 10
   월 17일. http://imnews.imbc.com/replay/2015/nwdesk/article/3791458_17821.
   html (최종접속 2016년 10월 5일).

56 고석승, '쌓이는 적자, 변신 더 필요한 공중전화', JTBC 뉴스, 2016년 10월 4일.
   http://news.jtbc.joins.com/article/article.aspx?news_id=NB11325713&pDate
   =20161004 (최종접속 2016년 10월 6일).

57 김봉기, 〈잊혀졌던…. 공중전화 부스의 변신〉, 《조선일보》 온라인, 2016년 6월 6일.
   http://news.chosun.com/site/data/html_dir/2016/06/06/2016060601649.html
   (최종접속 2016년 10월 6일).

58 임태훈, 〈공중전화의 종말이 전하는 진짜 메시지〉, 《월간 문화재사랑》 2014년 2월호.

59 서유정, '시민 위한 공중전화, 정작 급할 땐 무용지물', MBC 뉴스데스크, 2015년 10
   월 17일. http://imnews.imbc.com/replay/2015/nwdesk/article/3791458_17821.
   html (최종접속 2016년 10월 5일).

60 기술의 역사를 연구하는 학자들 사이에서도 기술을 관리, 유지, 보수하는 작업과 그
   일에 종사하는 사람들에 대한 관심이 늘어난 것은 비교적 최근의 일이다. 데이비드
   에저턴, 정동욱 · 박민아 옮김, 《낡고 오래된 것들의 세계사 : 석탄, 자전거, 콘돔으로

보는 20세기 기술사》, 휴먼사이언스, 2015; Andrew Russell and Lee Vinsel, "Hail the Maintainers," *Aeon*, 4 April 2016. https://aeon.co/essays/innovation-is-overvalued-maintenance-often-matters-more (최종접속 2016년 10월 5일) 등을 참조할 수 있다.

61 한병철, 이재영 옮김, 《아름다움의 구원》, 문학과지성사, 2016, pp. 9~16.

62 손영훈, 홍원균, 〈틈새에서 Major로! 스마트폰 액세서리 시장〉, 《KT경제경영연구소 Issue & Trend 보고서》, 2013.

63 '스마트 기기에 액정 보호필름 붙이는 방법. 신속 정확, 먼지와의 싸움!' (2014년 2월 7일 작성) http://comterman.tistory.com/655 (최종접속, 2016년 9월 16일).

64 '스마트폰 액정필름 깔끔하게 붙이는 법' (2014년 1월 27일 작성). http://sharehows.com/how-to-perfectly-apply-a-screen-protector-on-your-smartphone (최종접속, 2016년 9월 16일).

65 원수연, '에폭시 수지부터 글래스 필름까지, 액정보호 필름의 진화', 앱스토리 매거진 (2014년 5월 22일 작성) http://monthly.appstory.co.kr/plan5440 (최종접속 2016년 9월 16일).

66 셰리 터클, 이은주 옮김, 《외로워지는 사람들: 테크놀로지가 인간관계를 조정한다》, 청림출판, 2012; Sherry Turkle, *Reclaiming Conversation: The Power of Talk in a Digital Age* (New York: Penguin Press, 2015).

67 애플 코리아 웹사이트 아이폰6s 설명 페이지www.apple.com/kr/iphone-6s/ (최종접속 2016년 6월 16일). 이후 웹사이트가 개편되면서 현재는 이 문구를 포함하는 페이지를 찾을 수 없다. 3D 터치를 설명하는 애플의 공식 동영상은 https://youtu.be/0_qWLBCXco0 에서 볼 수 있다 (최종접속 2016년 9월 16일).

68 경향신문 사회부 사건팀, ''강남역 10번 출구 포스트잇' 경향신문이 1004건을 모두 기록했습니다', 《경향신문》 온라인판 2016년 5월 25일. http://news.khan.co.kr/kh_news/khan_art_view.html?artid=201605231716001 (최종접속 2016년 9월 18일); 손국희, 김나한, 백민경, '강남역 이어 구의역도 포스트잇 추모...2030이 움직였다', 《중앙일보》 온라인판 2016년 6월 1일. http://news.joins.com/article/20107746 (최종접속 2016년 9월 18일).

임태훈

성균관대학교 국문학과를 졸업했으며, 동 대학원에서 박사학위를 받았다. 대구경북과학기술원 융복합대학 기초학부 교수이다. 대표 저작으로 《검색되지 않을 자유》, 《우애의 미디올로지》, 《시민을 위한 테크놀로지 가이드》(공저)가 있다.

이영준

기계비평가. 저서로 《기계비평》(2006), 《비평의 눈초리》(2008), 《초조한 도시》(2010), 《페가서스 10000마일》(2012), 《기계산책자》(2012), 《엔진의 역사》(근간) 등이 있다. 〈우주생활-NASA 기록 이미지들〉(일민미술관) 등의 전시를 기획했다.

최형섭

서울대학교 재료공학부를 졸업하고 미국 존스 홉킨스 대학교에서 과학기술사로 박사학위를 받았다. 현재 서울과학기술대학교 기초교육학부 교수로 일하면서 한국 근현대사에서 기술의 이야기를 발굴하는 데 노력을 기울이고 있다. 《한국과학사학회지》 부편집인과 《과학잡지 에피Epi》 편집위원으로 활동하고 있다.

오영진

문화평론가. 2012년 이후부터 문학과 문화의 영역을 오가는 강의를 하고 글을 발표하고 있다. 주요 평론으로 〈컴퓨터 게임과 유희자본주의〉, 〈인디의 추억〉 등이 있고, 〈거울신경세포와 서정의 원리〉, 〈공감장치로서의 가상현실〉 등의 논문을 썼다. 한양대 ERICA 융복합 교과목 '기계비평'의 기획자 겸 주관교수이기도 하다. 현재 인문학협동조합 총괄이사이자 수유너머 104 회원으로 활동하고 있다.

전치형

서울대학교 전기공학부를 졸업하고, 같은 대학 과학사 및 과학철학 협동과정에서 공부한 후, 매사추세츠공과대학MIT '과학기술과 사회' 과정에서 박사학위를 받았다. 독일 막스플랑크 과학사 연구소 박사후 연구원을 거쳐 KAIST 과학기술정책대학원 교수다.

한국 테크노컬처 연대기-배반당한 과학기술 입국의 해부도

1판 1쇄 찍음 2017년 10월 26일
1판 1쇄 펴냄 2017년 11월 1일

지은이 임태훈 이영준 최형섭 오영진 전치형
기획 인문학협동조합
펴낸이 안지미
책임편집 채미애
디자인 한승연
제작처 공간

펴낸곳 알마 출판사
출판등록 2006년 6월 22일 제406-2006-000044호
주소 우. 03990 서울시 마포구 연남로 1길 8, 4~5층
전화 02.324.3800 판매 02.324.2844 편집
전송 02.324.1144

전자우편 alma@almabook.com
페이스북 /almabooks
트위터 @alma_books
인스타그램 @alma_books

ISBN 979-11-5992-126-1 03300

이 책의 내용을 이용하려면 반드시 저작권자와 알마 출판사의 동의를 받아야 합니다.

이 도서의 국립중앙도서관 출판시도서목록CIP은 서지정보유통지원시스템 홈페이지
http://seoji.nl.go.kr와 국가자료공동목록시스템 http://www.nl.go.kr/kolisnet에서
이용하실 수 있습니다. CIP제어번호: 2017026840

알마는 아이쿱생협과 더불어 협동조합의 가치를 실천하는 출판사입니다.

종이 표지_CCP 250g/㎡ 본문_전주 그린라이트 80g/㎡